Catolicismo y moralidad
en el cine español de la transición

Catolicismo y moralidad en el cine español de la transición

Manuel Jesús González Manrique

www.librosenred.com

Dirección General: Marcelo Perazolo
Diseño de cubierta: Stefanie Sancassano
Imagen de cubierta: Damián Martínez
Diagramación de interiores: Vanesa L. Rivera

Está prohibida la reproducción total o parcial de este libro, su tratamiento informático, la transmisión de cualquier forma o de cualquier medio, ya sea electrónico, mecánico, por fotocopia, registro u otros métodos, sin el permiso previo escrito de los titulares del Copyright.

Primera edición en español - Impresión bajo demanda

© LibrosEnRed, 2013
Una marca registrada de Amertown International S.A.

ISBN: 978-1-62915-022-2

Para encargar más copias de este libro o conocer otros libros de esta colección visite www.librosenred.com

Catolicismo y moralidad en el cine español de la transición

Manuel Jesús González Manrique

www.librosenred.com

Dirección General: Marcelo Perazolo
Diseño de cubierta: Stefanie Sancassano
Imagen de cubierta: Damián Martínez
Diagramación de interiores: Vanesa L. Rivera

Está prohibida la reproducción total o parcial de este libro, su tratamiento informático, la transmisión de cualquier forma o de cualquier medio, ya sea electrónico, mecánico, por fotocopia, registro u otros métodos, sin el permiso previo escrito de los titulares del Copyright.

Primera edición en español - Impresión bajo demanda

© LibrosEnRed, 2013
Una marca registrada de Amertown International S.A.

ISBN: 978-1-62915-022-2

Para encargar más copias de este libro o conocer otros libros de esta colección visite www.librosenred.com

Introducción

La decadencia y posterior desaparición del régimen franquista provocó en España una oleada de nuevas tendencias culturales, sociales y políticas que impregnaron, sin contemplaciones, la totalidad aspectual del país. La paulatina búsqueda de los caminos cortados por la dictadura dio lugar a unas tendencias cinematográficas que fueron desde la implicación política comprometida, hasta el aprovechamiento conservador de las libertades que se fueron conquistando.

Si tenemos en cuenta que la vida española estuvo teñida durante casi cuarenta años de una obligatoria moral cristiana, era de esperar que tras la muerte del dictador y el inicio de la etapa democrática, la Iglesia católica mermara su poder e influencia, por lo que nos encontraríamos con un "cambio" moral en la sociedad española y, por lo tanto, un cambio rotundo (en algunos casos) de la moral expuesta en el cine.

Dentro del cine español de la época, demagógicamente tachado por algunos investigadores de vacío y oportunista, lógicamente debido al nacimiento de la tendencia erótica imperante, el "destape", nos encontramos también con uno de los períodos más interesantes de nuestro cine. Dentro de él nacen directores como Víctor Erice, Pilar Miró o Iván Zulueta, conviviendo sus novedades y cuidadas propuestas por la continuación de la comercialidad de directores como Mariano Ozores, García Delgado o Pedro Masó, y configurando un complejo campus que nos habla del amplio abanico creador de una época caracterizada por la imparable conquista de libertades.

ANÁLISIS DE LA INVESTIGACIÓN

Para llevar a cabo este estudio, en un principio, hemos clasificado los que según los textos de los más variados especialistas en el período (Caparrós Lera, Monterde, Hopewell, Heredero...) se podrían considerar como los principales y más abaladas películas de la horquilla temporal que nos ocupa, junto con las que, por temática y repercusión social influyeron en alguno de los aspectos de interés del estudio (culturales, sociales, iconográficos...).

Desde el punto de vista estructural, en un principio ha sido necesario analizar la situación general de la Iglesia católica en nuestro país para así poder valorar los vaivenes de su influencia en la sociedad. Por otra parte, los estudios dedicados a la Iglesia católica y el cine que, aunque ninguno tocaba directamente el tema de estudio, la moral, sí bosquejaban la situación general de implicación, permisividad e importancia que la Iglesia católica en general y particularmente en España ha dado a la ficción cinematográfica.

Una vez establecida la imagen de los representantes de la Iglesia católica en el cine español de la Transición, y a la hora de analizar en profundidad la moral de la época, sus cambios y su reflejo en el cine, ha sido necesario el uso como base de bastos recursos hemerográficos para adoptar el tono e importancia de la época, tanto en los problemas políticos, sociales y culturales, así como las críticas cinematográficas, que evidenciaban las sorpresas que gestaban en su momento muchas de las producciones y la acogida que de ellos se tenía tanto para la crítica como para el público.

Objetivos

1) Cómo reflejan en estas películas los cambios morales que se producen en nuestro país a raíz de la "desaparición" de la obligatoriedad de la religión Católica.
2) Analizar la cómo afecta la paulatina desaparición de la censura en la cinematografía española.
3) Encuadrarlos dentro del marco adecuado, cultural, social y políticamente y, a partir de ahí, obtener las conclusiones respecto a la influencia social, estética y moral fundamentalmente.
4) Ofrecer una aportación crítica más amplia y acorde con la realidad social de nuestros días.

Para conseguir estos objetivos hemos tenido que tener en cuenta la función del cine en nuestra cultura, que se halla dentro del complejo entramado de que está formado nuestro mundo. Y hemos tenido en cuenta las diferentes formas de aproximarse al cine para su simple lectura, su enseñanza o su estudio.

Debemos partir del cine como arte subjetivo, que se crea en un ámbito psicológico individual pero, al mismo tiempo, es producto del mundo que le rodea, y dentro de este mundo, la moral como una de las bases de comportamiento.

Dentro del análisis cinematográfico hemos tenido en cuenta las dos partes básicas. En principio la creativa, más íntima y personal; y en segundo lugar la aceptación y asimilación del público una vez la película ha sido estrenada.

El cine, por su parte, se interrelaciona con otros procesos culturales o de otra índole –sociales o de mercado– en el momento de ser creado o recibido un film. Una obra cinematográfica no puede verse como un elemento aislado, sino como un eslabón dentro de una red de relaciones sociales y culturales. Por su parte, la mediación previa a la exposición pública de la obra o a las exigencias del mercado influyen en el resultado final y nos hablan de la situación en la que se produce la obra, así como la asimilación del público de la obra viene, en cierta medida reflejado tanto en la crítica como en los análisis de taquilla.

Por otra parte es necesario tener en cuenta la procedencia de la ora, como por ejemplo en los casos de adaptaciones literarias, que atraviesan dos filtros psicológicos subjetivos, el del autor de la obra escrita y el de la obra rodada. Así como también es necesario el análisis de la propia elección de la obra pues, como veremos, en ese hecho se inicia la intencionalidad del mensaje final.

A consecuencia de todo esto, el cine está asediado por factores externos e internos que debemos analizar (la moral del director y guionista, la interpretación de los actores...) nos harán ver los hechos de una forma u otra y, dependiendo de ello, sacaremos unas u otras conclusiones.

Como vemos, la obra cinematográfica es un lugar de intercambio y los puntos de encuentro pueden ser muy variados: estéticos, temáticos, espaciales... En los medios audiovisuales se da el ambiente de la *conciencia común*, frente a la *conciencia individual* de la literatura.

Al analizar las obras más de veinte años después de su estreno, nos encontramos con el problema de la *obra reactualizada*, vistas con los ojos del siglo XXI. Es por ello necesario cambiar de normas de interpretación. Las obras no se entienden igual en las mismas épocas, y mucho menos cuando de moral se trata, ya que se ruedan y visualizan según el sistema de valores de cada época.

Del mismo modo, la visión del público, su posición ante una película y su impresión de la misma no nace solamente en la intimidad de la sala oscura, sino que viene acompañada de elementos culturales añadidos, como críticas leídas, la publicidad que le llegue, si está o no basada en una obra literaria, los comentarios que han recibido de dicha obra, y en la época que estudiamos las noticias acerca de las prohibiciones o problemas para estrenar una película. Todo esto, lógicamente, puede influir al acercarse a una película de un modo u otro.

Tampoco podemos olvidar que el cine encabeza *resacralización* social del siglo XX, y que los mitos –mucho más los norteamericanos pero también algunos españoles– influyen directamente en las vidas y opiniones del público que los adora. Si para ello tenemos en cuenta la cercana paradoja vida=arte que planteaba Abrams en *El espejo y la lámpara*, podemos deducir la influencia inmisericorde que los espectadores pudieron tener al visionar algunas de las películas que tratamos, así como la posible influencia en las ideas u opciones morales del espectador.

La actitud de la Iglesia Católica ante temas sociales contemporáneos y su reflejo en el cine

1. El aborto

1.1. Aborto: Política, movimiento social y sociedad

La interrupción voluntaria del embarazo no se legalizó hasta la reforma correspondiente del Código Penal que aprueban las Cámaras Legislativas el 2 de agosto de 1985, para tres supuestos concretos: peligro para la vida o salud de la madre, anormalidad grave o incurable del feto y violación.

El aborto constituyó una práctica al margen de la ley, aunque la reforma legal mencionada suprimirá formalmente al menos el carácter de comportamiento desviado que posee como ya sucedió con la procreación ilegítima, es decir, con la concepción fuera del matrimonio. Ambos fenómenos están relacionados con las relaciones sexuales extramatrimoniales y pueden ser un indicador de las mismas, tendiendo la sociedad, con independencia de su penalización legal, a considerar ambas prácticas marginales.

La religión y la moralidad imperantes lo rechazan. La religión lo enmarca dentro del Quinto Mandamiento, "No matarás", debido a la consideración de individuo del feto. Esta influencia del clero en los temas relacionado con el sexo provocó que buena parte de la opinión pública condenara su posible legalización. El inicio de la lenta aceptación fue merced a la consideración del problema que representa el aborto ilegal y por influjo de la legislación de otros países occidentales.

Debe añadirse a ello la presión de determinados movimientos populares, especialmente los feministas, que reclaman la legalización del aborto como método de control de natalidad, aunque no sea el más idóneo, en consideración a la práctica real existente.

Como plantea Empar Pineda, fundadora del colectivo Pro Derecho al Aborto: "eran tiempos en los que las mujeres de Madrid cogían el autobús de Villaverde y Vicálvaro, que era un puro bache y hacían varias veces el recorrido con la esperanza de abortar con los saltos. Había verdaderas tragedias porque, sin hablar de los horrores de las aborteras, muchas mujeres, además de utilizar el hinojo y el perejil, las tradicionales hierbas abortivas, hacían auténticas barbaridades. Se metían agujas de hacer punto, o se ponían lavativas de agua y lejía, mezcladas con detergentes. Había unas infecciones tremendas que las ponían a la muerte." [1]

La mayor manifestación de lucha en pro del aborto la encabezan las mujeres progresistas, que reivindican el derecho a los anticonceptivos y al propio cuerpo. "Anticonceptivos para no abortar, aborto libre para no morir", era el lema.

El punto de inflexión social más contundente se produjo en 1979, poco después de que la píldora llegara a las farmacias. El juicio de *las once de Bilbao* irrumpió en la sociedad española como un torpedo.

Las "once de Bilbao" fueron condenadas por abortar. Eran mujeres de extracción humilde, madres de familia con varios hijos, algunos con minusvalías, con maridos en paro y una penosa situación económica. Su condena fue como un aldabonazo para una sociedad que imponía un férreo pacto de silencio sobre un problema tabú. La coordinadora feminista inició una campaña de amnistía para las condenadas ligada al

---

[1] ÁZNÁREZ, Malén. "Del perejil a la píldora del día después". En *El País de nuestras vidas*. Madrid: Ediciones El País, 2001, p. 156.

derecho al "aborto libre y gratuito". Había nacido un eslogan que colearía con fuerza hasta finales de los noventa.

Hubo encierros y manifestaciones de apoyo. Un nutrido grupo de mujeres se encerró en el Palacio de Justicia de Madrid. El desalojo fue sin contemplaciones.

El movimiento social fue impactante. En Madrid muchos lectores de periódicos se topaban asombrados con ejemplares que llevaban el eslogan: "Amnistía once mujeres. Aborto libre". Pero el manifiesto más sonoro fue el manifiesto en el que más de un centenar de conocidas mujeres del mundo profesional, artístico e intelectual se autoinculparon de haber abortado en una campaña sin precedentes en España. La escritora y periodista Rosa Montero, una de las firmantes, lo recuerda así: "Personalmente fue durísimo porque al hacerlo te enfrentabas a la familia y a mucha gente, hoy no costaría casi nada, pero entonces fue muy difícil, tanto, que hubo alguna profesional que después de firmar se echó para atrás. Pero también hubo muchos casos heroicos, como el de la ginecóloga Elena Arnedo, a la que podían inhabilitar profesionalmente. Me consta que hubo grandes problemas en el hospital donde trabajaba. Fue un momento muy excitante. Tenías la sensación de que estabas contribuyendo a la constitución de este país"[2].

También por primera vez, las españolas se vieron apoyadas por conocidos varones que firmaron peticiones de despenalización del aborto, o se autoinculparon de haber ayudado a realizarlo. Finalmente, las "once de Bilbao" fueron indultadas y el aborto salió de la conspiración del silencio.

En 1981 se legalizó el divorcio, "una fábrica de huérfanos" tronaba la Iglesia, algo que a los españoles, que sentían las primeras ráfagas de aire fresco de una sociedad a la europea, no pareció importarles demasiado. Poco después las feministas empezaron a realizar abortos reivindicativos delante de la

---

2   *Ibidem*... p. 158.

prensa, e incluso de Televisión Española en un golpe de audacia sin precedentes, como bien recuerda Emprar Pineda: "El aborto incluso se emitió." [3]

A pesar de los cambios que se produjeron en los inicios de los ochenta y de las manifestaciones sociales que se produjeron en España durante los setenta, el aborto seguía en la clandestinidad y en los colegios religiosos se adoctrinaba a los adolescentes sobre sus horrores con el macabro tríptico del feto Juanito, que terminaba triturado en una aspiradora, ahogado y acuchillado.

Finalmente, aunque ya fuera de nuestro estudio, en julio de 1985 se aprobó la primera despenalización del aborto con los tres supuestos anteriormente expuestos, con la oposición del Grupo Popular y la Minoría Catalana, los tribunales para entonces habían procesado a numerosas mujeres y médicos.

1.1.1. Aborto y sociedad

El tema del aborto como interrupción voluntaria del embarazo ha sido considerado desde la década de los setenta, desde los campos sanitario y sociológico, como un fenómeno real pero oculto. Debido a esta particularidad, nunca ha habido datos fiables. En 1972, se publicó un trabajo de José María Deleyto[4] en torno a este tema, en el que se consideraba al número de abortos anuales atribuidos a la prostitución –un máximo de 40.000 y un mínimo de 36.000–, a las relaciones extramatrimoniales –un máximo de 15.000 y un mínimo de 10.000– y a la abortividad del matrimonio –entre 14.000 y 12.000– dando lugar a una cifra máxima de 114.000 abortos anuales en España, o sea, entre 6 y 7 veces superior a la cifra de abortos legales. Finalmente, la cifra de 300.000 abortos anua-

---

3   *Ibid.* p. 158.
4   DELEYTO, J. M. "El aborto en España". *Tribuna abierta*, 1 Dic. (1972), pp. 20-23.

les fue la que cogió el Fiscal General del Tribunal Supremo en la memoria de 1974, aunque sin precisar el procedimiento de cálculo.

Debemos tener en cuenta que con estos datos observamos una progresión indudable, aunque la mayor parte de los abortos ilegales se sigue realizando en el interior del país. Todo ello produce que la cifra real sea desconocida.

Sobre la base de que "internacionalmente se considera que la mortalidad femenina debida a abortos ilegales se sitúa entre el 0,5 % y el 1,0 % de los casos anuales". Sobre una cifra de 300.000 abortos ilegales, esos porcentajes supondrían del 17 al 35 por 100 de todos los fallecimientos de mujeres de 15 a 49 años de edad. Por eso Díez Nicolás y De Miguel concluyen que "esas proporciones parecen un poco altas", aunque, tal y como afirman, "el aborto ilegal es seguramente la causa más importante entre las mujeres de 15 a 49 años de edad". [5]

Esta situación ha ocasionado la intervención legal con procesamiento de las personas implicadas en las prácticas abortivas. Entre 1965 y 1970 hubo 741 delitos de aborto, con 1.067 condenados. Entre 1970 y 1975, los delitos fueron 505 y los condenados 769. En 1979, el total de procesamientos judiciales iniciados por supuestos delitos de aborto ascendió a la cifra de 201.

La opinión pública española ha sopesado esa información con los valores tradicionales éticos y religiosos de condena absoluta del aborto voluntario. Se ha desplegado un proceso por el cual una proporción cada vez mayor de personas se ha ido inclinando por la permisividad legal ante el aborto en determinados casos concretos, aunque también ha habido un reforzamiento de la minoría que defiende su legalización en cualquier supuesto. Podemos asegurar que totalmente a favor del aborto sólo había una minoría importante de personas

---

5 IGLESIAS DE USSEL. *El aborto en España*. Madrid: Centro de Investigaciones Sociológicas, 1979, p. 49.

y que se perfilaba una mayoría a favor de su legalización, al menos para el caso de que peligrase le vida de la madre.

En la década de los 70 se aprecia un incremento de niños ilegítimos hasta llegar a un 2,8 por 100 nacidos en 1979. Posiblemente, y según aseguran Salustiano del Campo y Manuel Navarro[6], se aprecia un aumento de niños ilegítimos hasta llegar a un 2,8 por 100 nacidos en 1979. Posiblemente este incremento está relacionado con la mayor liberación de los comportamientos sexuales y, sobre todo, con el aumento de las parejas que cohabitan, bien porque deciden no casarse o bien porque no pueden romper un matrimonio anterior. Ese hecho no explica suficientemente la ilegitimidad existente de origen tradicional por las relaciones sexuales al margen del matrimonio y connotaciones más o menos marginales y problemáticas. Una prueba de ello puede ser el hecho de que la mortalidad (muertes fetales tardías por 1.000 nacimientos) fuera de 8,6 entre legítimos y de 16,7 entre los ilegítimos. Además, y por otro lado, las madres del 52,4 por 100 de los niños ilegítimos nacidos en 1979 tenían 22 años o menos y en el 72 por 100 de los casos no constaba la edad del padre, lo cual viene a indicar que éste no era conocido legalmente.[7]

1.2. El aborto en el cine español de la Transición

1.2.1. Precedentes cinematográficos

Curiosamente, el precedente más sólido de cine de temática abortiva, o más bien antiabortiva, lo encontramos en una producción mexicana datada de 1951, *El derecho de nacer*, de Zacarías Gómez Urquiza. La repercusión de esta película fue

---

6   DEL CAMPO, Salustiano y Navarro, Manuel. *Análisis sociológico de la familia española*. Barcelona: Ariel, 1985, p. 133.

7   *Ibidem*, p. 134.

monumental pues, lógicamente, contó con el beneplácito del régimen franquista. Su fama y buena acogida se demuestra por las numerosas versiones que se han realizado a raíz de ella y bajo el mismo título. Así, tenemos una nueva versión dirigida por Tito Davison en 1966 y, con la expansión del medio televisivo, la de Raúl Araiza (1981), y Sergio Cataño (1983).

En esta película se narra cómo María Elena es seducida por un hombre que la deja embarazada y la abandona. Los padres de la joven no desean que su nombre se vea manchado con la "deshonra" de su hija y la envían a una alejada hacienda. Allí, con el cuidado de la nana negra Mamá Dolores, nace Alberto a quien el abuelo, Rafael, desea ver muerto. Mamá Dolores adopta al pequeño y lo educa con la ayuda de un pretendiente de María Elena, cuando ésta ingresa en un convento para lavar su pecado. Con los años Alberto se convierte en un reconocido médico que salva la vida de su abuelo Rafael, sin que ninguno de los dos pueda sospechar el vínculo familiar que los une. Siempre desconociendo su origen y quiénes son sus parientes más cercanos, Alberto se enamora de su prima carnal Isabel Cristina.

Ya en España, el precedente más inmediato es *El misterio de la vida* (1970), de Jaime Jesús Balcázar. Película que en un principio tenía como fin ser un documental instructivo sobre la vida sexual, aunque finalmente resultó algo diferente, como expone el Equipo «Cartelera Turia»: "Así, lo que tenía que ser un documental instructivo sobre la sexualidad se convierte en una aburridísima conferencia sobre la moralidad. Así, lo que debería informar la ignorancia deforma los prejuicios ya establecidos. Así, lo que deberían firmar médicos y educadores lo presentan sacerdotes y psicólogos." [8] Por ello torna de ser una película educativa a ser un catecismo, en el que los valores sexuales se reducen meramente a la reproducción y, por lo

---

8   EQUIPO TURIA. *Cine español, cine de subgéneros*. Valencia: Fernando Torres, 1974, p. 205.

tanto, antiabortiva, pues se narra tanto las maneras correctas de las damas "en la naturaleza, frente al ímpetu del macho hay un freno bienhechor de la hembra", se llega a decir, como la manera de convencer a una chica sobre la inconveniencia del aborto.

Ciertamente, en el cine español sólo encontramos, como veremos a continuación, unos cuantos films realmente en pro del aborto, teniendo en cuenta tanto la educación eminentemente religiosa como la base familiar. Resultaba imposible realizar una producción en la que la protagonista abortara sin más, ya que en la mayoría de las producciones españolas, la interrupción rara vez se llega a realizar.

1.2.2. EL ABORTO EN EL CINE DE LA TRANSICIÓN

La primera película que encontramos directamente relacionada con el tema es *Aborto Criminal* (1973) de Ignacio F. Inquino. En esta película, el director catalán, narra de manera cruda y brutal un problema de tipo social: Rosa, mujer casada; Ana, obrera; y Menchu, una menor de familia rica, están embarazadas, y se deshacen del hijo que han concebido como consecuencia de sus aventuras amorosas. Todo un contorno de vicio y corrupción palpita en esta historia, donde se mezclan los más diversos contrastes, ya que una joven prostituta –Lola–, en contrapunto con la actitud anticristiana de las demás, quiere dar vida a ese hijo, porque, según ella, es lo único que tendrá a su lado cuando sea mayor. Veintisiete mujeres se sentarán en el banquillo de los acusados.

Como veremos a continuación, la mujer que aborta siempre va a ser de bajos fondos sociales, prostituta o rica pero "excesivamente" liberal, marcando un prototipo lejos de la realidad social del momento y obviando, exceptuando la película *La familia bien, gracias*; la posibilidad del aborto dentro de una pareja casada pero que utiliza el aborto como planificador familiar.

En 1974 realiza César Fernández Ardavín la película *No matarás* (1974), que podemos inscribir dentro del tipo de realizaciones como la anteriormente citada *Aborto criminal*, o las realizadas por José Antonio de la Loma *Razzia* (1973) o *El último viaje* (1973), momento en que las leves aperturas de la censura provocan la realización de films "de denuncia" y que, con el fin de salvaguardar los tradicionales valores del pueblo español, dieron muchos beneficios a las productoras.

La película narra la historia de Lucía, una joven provinciana que llega a Madrid para trabajar y se instala en casa de unos tíos, familia compuesta por el matrimonio y tres hijos. Lucía conoce a Carlos en el autobús, un muchacho empleado en una zapatería. Los encuentros de los jóvenes se hacen cada vez más asiduos y pronto inician una relación. Un día, Lucía descubre que está embarazada. Carlos considera que es un problema para ambos, y sobre todo para él, que no se ve capaz de crear una familia todavía. Carlos la induce al aborto, pero Lucía se niega. Su prima le hace ver que es la única solución, Lucía se decide, y entre Carlos y su amigo Luis lo disponen todo. La operación no sale como estaba prevista, la vida de Lucía se va extinguiendo y Carlos se ve solo, sin saber qué hacer. Decide arrojar el cuerpo de Lucía a las vías del tren, para que parezca un accidente, pero al punto, él se arroja también y mueren abrazados.

Como vemos, en el momento en que el aborto se lleva a cabo, la muerte inunda la pantalla, o la catástrofe familiar, o la pena por el propio feto, o la tan vista en las noticias de la época, muerte de la madre. El caso es que ninguna película de esta temática termina con un final feliz en el que la chica, gracias al aborto, consigue realizarse profesionalmente o, por qué no decirlo, amorosamente.

La película que podemos considerar más cruda es la realizada en 1974 por Juan Xiol *El precio del aborto*.

En una isla habita un matrimonio compuesto por Lyn y Arturo. Este padece de impotencia sexual, lo que dificulta las relaciones con su esposa. Lyn conoce a un joven; entabla con él unas relaciones "ilegítimas", encontrándose pronto embarazada. Lyn sólo se ve capaz de resolver el problema con el aborto, y con esta idea acude al doctor Walker. El doctor promete ayudarla, pero a cambio de conseguirla a ella como pago. Lyn se niega. Lyn decide al fin, con su joven amante, buscar unas abortadoras clandestinas, y le entrega sus ahorros para que pague. Desgraciadamente, su joven amante decide desaparecer llevándose el dinero.

Conquista a un joven, le cita durante una ausencia de su marido y, aprovechando estas circunstancias, lo mata, arañándose todo el cuerpo, rompiéndose la ropa y simulando con ello una pretendida violación para justificar ante su esposo el embarazo. Finalmente es descubierta por la Policía, detenida y castigados todos cuantos intermediarios encontró.

La realización de la película es novedosa, casi podríamos adjetivarla de experimental. Ya al inicio de la película deja claro con un texto las intenciones de la misma:

Mujer:
"Siente la vocación y la grandeza que tú tienes de llamar a la vida dando acogida y alimento a ese nuevo ser que el Creador te ha confiado y que depende absolutamente de ti".

Con el título y los créditos, encontramos un intento de experimentación, en el que, con imágenes de microscopio, vamos viendo la evolución del feto hasta el momento de nacer, momento en el cual se dibuja un punto de mira sobre el bebé –ya nacido, por lo que no sería un aborto– y suenan y se ven los impactos de unos disparos sobre éste.

Otro punto a destacar de esta película es la presentación de la protagonista Lyn (Lynn Anderson), que recuerda a las mujeres nórdicas; casualmente las libertinas de las películas de los 50 y 60 se caracterizan por su "facilidad" para mantener relaciones extramatrimoniales. Esto da lugar a la farsa del recato y de que las españolas no practican el aborto. El hecho mismo de desear abortar hace también que el amigo de su marido, Walker, un ginecólogo que ya tuvo problemas por practicarlo, se dedique a asediarla por considerarla una chica fácil. Con todo ello, lo que se consigue es dar una mala imagen de la mujer que aborta o que desea abortar.

Viendo Lyn la dificultad de abortar, acude a ver a una curandera, al igual que el responsable del embarazo, que consulta a una abortera donde encontramos una antihigiénica y primitiva "mesa de operaciones", fiel reflejo de lo que en esos momentos se podrían encontrar las chicas que deseaban abortar pero no tenían posibles para escapar a Londres. En una de estas visitas, se encuentra con un aborto. Las imágenes son dolorosas, considerablemente explícitas y sangrientas.

Los diálogos de la película son determinantes, por ejemplo, cuando ella le comunica a su joven amante que quiere abortar. Él le dice que "una cosa es ser un sinvergüenza y otra un asesino", momento en el cual ella lo chantajea.

Durante toda la película, y en contraste con las imágenes amorosas, aparecen flashes con imágenes de fetos, incitando a pensar que con el propio hecho del sexo, la chica está embarazada y ya lleva un individuo en su vientre –pensamiento católico por antonomasia–.

Tres años después, en 1977, Gil Carretero realiza *Abortar en Londres*. En esta película se narra la historia de una joven que, tras ser violada por un grupo de gamberros, se plantea junto a su novio la posibilidad de viajar a Londres para abortar el hijo no deseado sin problemas legales. Esta película tiene un indudable valor documental, pues durante los finales de los setenta, el número de mujeres que viajaban a Londres era monumental, y comenzaba a ser un problema social.

Ray Rivas, realiza en 1978, *El monosabio*, con profundo conocimiento taurino, esta película es, desde luego, un hito dentro del género, pero cuya realización y trama la convierten en una de las más particulares. Lejos de títulos clásicos como *Tarde de toros* (1955), de Ladislao Vadja, o *Currito de la Cruz* (1925), de Antonio Morrión, donde se ensalza la fiesta y se dedica el film a las figuras del toreo, no a los fracasados.

En la película se narra cómo con el paso de los años, Juanito ha visto reducirse las viejas ilusiones toreras de la juventud al empleo de "monosabio". Él cree haber descubierto cualidades de matador en Rafa, joven vecino suyo y se propone situarlo en el mundo de los toros. Un empresario pueblerino está dispuesto a incluir a Rafa en un cartel, siempre que Juanito corra con los gastos de los novillos. La hija mayor de Juanito acaba de descubrir que espera un hijo y su padre roba el dinero aportado por la madrina de la muchacha para abortar, seguro de que Rafa tendrá una tarde triunfal.

El lanzamiento se hace por todo lo alto, pero Rafa, que secretamente es el padre del hijo, no sospecha la procedencia del dinero, hasta que Juanito se lo confiesa, momentos antes de salir al ruedo. El joven torero abrumado por la situación y el miedo, se deja coger y el novillo lo revuelca y arrastra. Juanito, como "sobresaliente", se ve obligado a lidiar el novillo, cumpliendo inesperadamente así su vieja ilusión.

Como era de esperar, en esta película el aborto no llega a producirse, siendo las últimas imágenes las del bautizo del niño y el final feliz.

Del mismo año es *El hijo es mío* (1978), de Ángel del Pozo. Particular película que cuenta la vida de un matrimonio de mediana edad formado por Eugenio y Julia, que vive en un lujoso chalet de las afueras de Madrid. Él es un investigador y dirige un Museo de Ciencias Naturales. Ella es una mujer entregada a las labores de la casa que tiene paralizados sus miembros inferiores y debe ayudarse con una silla de ruedas. Eugenio y Chelo se encuentran y entre ellos comienza una relación amorosa ininterrumpida. Cierto día Eugenio invita a Chelo a que conozca a su mujer. A partir de este encuentro se establecerá entre los tres personajes una profunda amistad libre de celos y censuras.

Pero esta relación parece truncarse. Chelo está embarazada y desea abortar. Julia y Eugenio le convencen de lo contrario y la miman.

Con el nacimiento del niño se establece una rivalidad entre las dos mujeres, por más que ambas intentan aparentar lo contrario. Por fin, Chelo se dispone a abandonar la casa aprovechando que el matrimonio está dormido, llevando consigo a su hijo. Y la tragedia se avecina.

Al año siguiente arremete en el panorama cinematográfico español una película de éxito, *La familia bien, gracias* (1979) de Pedro Masó, y contando con la ayuda de Azcona en el guión.

En la película, para rendir un homenaje de amor al padre de la numerosa familia con motivo del día de su jubilación, el Padrino de todos ellos ha hecho una espléndida tarta, que todos comerán al final del almuerzo. El padre vive hoy solo en la misma casa que compartió con todos sus hijos. Los recuerdos se agolpan y ante la tremenda soledad decide ir a vivir una pequeña temporada con cada uno de sus hijos. Pero la experiencia no resulta, porque los hijos han cambiado, y le van haciendo ver que aquellos hijos por los que vivió, trabajó y sufrió, ya no son los mismos. Por eso decide cobijarse en una residencia de ancianos, en la que su hija Carlota, que tomó los hábitos de monja, presta sus servicios. Pero ésta le dice que aquel sitio no es para él, que tiene 16 hijos, sus hijos acuden a la Residencia, y se disputan el volver a tenerlo en sus casas. Carlos entrega la fotografía en la que todos están reunidos, para recordarles que han sido una gran familia, que son una gran familia. El Padrino tira de él, y los dos corren hacia un maratón que pasa por la carretera.

Esta película pasea durante su metraje por la mayor parte de los problemas sociales de la época y, cómo no, por el aborto. Éste se plantea cuando el padre va a visitar a sus hijos más *progres* y se encuentra con que su hija menor se va a Londres a abortar.

El diálogo es muy significativo:

HIJA (1): ¿Pero no le habéis dicho a lo que vamos a Londres? Mi hermana va a abortar.
PADRE: ¿Cómo?
HIJA (2): Ya está todo listo.
PADRE: Pero, ¿es eso cierto?
HIJA (2): ¿Qué?
HIJA (1): Que vas a abortar a Londres mujer.
HIJA (2): Pero Sabrina por qué se lo has dicho.
HIJA (1): ¡Puah!
PADRE: ¿Has oído, una hija mía?
HIJA (2): Papá tienes que entenderlo, no es que no quiera tener hijos, los tendré pero más adelante.
PADRE: ¿Tú, estás de acuerdo?
MARIDO: Verá, nosotros, no sé cómo explicarlo. Nos hemos hecho un plan, queremos vivir libremente durante unos años, disfrutar un poco de la vida.
PADRE: ¿Y aceptas tú eso, Marina?
HIJA (2): Pero papá, también tú ¡a quién se le ocurre!
PADRE: Lo dices como si fuera un monstruo, y los monstruos sois vosotras. Y tú también. Pero ¿cómo podéis estar aquí hablando, tomando café, cuando tú vas a cometer ese crimen?
HIJA (1): Papá, no te pongas trágico, el aborto está admitido en muchos sitios. Además, en el caso de Mónica es como si se le hubiese retrasado la menstruación.

HIJA (2): Bueno, se nos hace tarde. Papá, reflexiona, y tú, padrino, a ver si le convences.
PADRINO: ¿De qué?
HIJA (1): Tranquilízate papá, tienes que mentalizarte, que las mujeres no somos conejas.
PADRE: ¡Que me mentalice dice! Yo no puedo admitir... no puedo.

Esta secuencia se caracteriza por las caras de asombro y mal humor del padrino y del padre, y salpicada intencionadamente con imágenes del rostro de la hija de Sabrina, que se encuentra sentada sobre el regazo del abuelo.

Dentro del género de terror, tan hábil en temática sexual, encontramos *Aquella casa en las afueras* (1979) de Eugenio Martín. En ella un joven matrimonio de provincias se traslada a la gran capital, por exigencias de trabajo del marido, y éste alquila una casa en las afueras, aislada. La nueva casa, una antigua y misteriosa mansión venida a menos, produce en la mujer graves tensiones emocionales porque llega a comprobar que, hace algunos años y precisamente en aquel lugar, sucedieron unos graves episodios de su vida anterior que siempre ocultó al marido. La terrible duda es si la han llevado deliberadamente allí, o si los horribles hechos que van a suceder en la casa de las afueras son producto de una desgraciada coincidencia.

La primera película que vemos que trata el aborto de una forma menos condicionada moralmente es *Gary Cooper que estás en los cielos* (1980) de Pilar Miró. En ella Andrea Soriano es una mujer de algo más de treinta años, que ha logrado hacerse una brillante carrera como realizadora de televisión. Tiene talento, energía y además ha cultivado una cierta dureza, una cierta impiedad en su comportamiento profesional y en su vida íntima.

27

Ha supeditado siempre sus sucesivas relaciones amorosas a una independencia celosamente defendida, y todo ello ha hecho de ella una profesional de éxito, pero una mujer incompleta.

Andrea se encuentra ante una situación límite: es el momento de analizar esas relaciones, aunque manteniendo una actitud "frente a" la familia, el trabajo, el hombre y... la muerte.

Andrea reflexiona sobre su deseo de sobrevivir sola no sabe muy bien si con todos, con casi todos, con algunos o contra casi todos.

Se presentan diferentes casos de embarazos, que traducen situaciones similares por las que pasan las mujeres.

Una de las características más sorpresiva de esta película es que el aborto se cita sin moral, a título informativo. La protagonista (Mercedes Sampietro), reconoce en una conversación que ha abortado. Es de destacar que ésta esté considerada la película más autobiográfica de Pilar Miró, y que ella estuviese relacionada directamente con las manifestaciones feministas que se realizaron durante los setenta a favor de la despenalización de la interrupción voluntaria del embarazo.

"Si algo bueno tienen las situaciones límite, es que obligan a quien las padece a entregarse a un exhaustivo examen de conciencia y a vivir cada minuto de su vida con la sinceridad y emoción del moribundo. Esto es lo que sucede a Andrea Soriano cuando su médico le anuncia que no solamente no podrá tener el hijo que espera, sino que además habrá de someterse a una delicada operación. Desde este momento, y a lo largo de las setenta y dos horas que la separan del quirófano, Andrea Soriano se verá arrastrada a una intensa reflexión acerca de su situación vital y de las circunstancias que le han conducido a ella.

[...] Para conservar su libertad, Andrea Soriano no ha dudado en llegar mucho más lejos. Ha rechazado en primer lugar toda relación amorosa que conllevara una cierta sumisión al macho; ha renunciado igualmente a formar una familia, consciente de lo que esta situación ha contribuido a la desigualdad de la mujer en la sociedad actual; y, por último, no ha dudado en recurrir al aborto con tal de librarse de la servidumbre que supone, para todavía una gran mayoría de las mujeres, el hecho biológico de la procreación." [9]

La película está impregnada de una pesadumbre y de una tristeza que ejemplifica la realidad de Angustias (Mercedes Sampietro), y así lo contaba Ramón Freixas: "En esta reflexión acerca del aislamiento y la dificultad de vivir sólo, dónde la soledad es el precio por una libertad puede que fugaz y traicionera, pero obviamente mejor que la claudicación silenciosa y ruin ante la opresión, la falta de entendimiento y comunicación con el sexo contrario, la mujer es la protagonista y, como la Ana Belén de *La petición*, es una mujer activa que lleva la iniciativa y no duda en defender su autonomía y que no quiere –y no es– ser sometida a los dictados de los hombres. Pero, pese a todo, un evidente fatalismo tiñe toda la narración ya que, finalmente, la protagonista recurre a su amor de la infancia para que esté con ella en la operación, pues las posibilidades de una futura relación, basada en la independencia adulta, que no sea castradora y carnívora, es bastante improbable –pese a ese final horripilante con la mano de Mercedes Sampietro crispada y agarrada a la del médico, simbolizando la necesidad de socorro y el deseo de vivir –pues como acertadamente señala Gérard Lenne: «Vivir solo es penoso (a veces insoportable), vivir en pareja es razonablemente imposible»." [10]

En una de las primeras secuencias, y preparando lo que viene después, ella reconoce que tuvo un aborto voluntario. Su forma de hacerlo es fría, simplemente informativa, no hace

---

9 CIDÓN, Tomás R. "Gary Cooper, que estás en los cielos...". *Cine para leer 1980*. Bilbao: Ed. Mensajero, 1981, p. 147.
10 FREIXAS, Ramón. "Gary Cooper que estás en los cielos". *Dirigido por...* (Barcelona), 79 (1980), p. 62.

ninguna valoración moral del asunto, así como tampoco se recrea en él.

Consciente de la peligrosidad de su enfermedad, un médico, de carácter casi ofensivamente sincero, le dice que su embarazo es muy peligroso y que posiblemente tengan que hacerle un aborto moral, vaciar la matriz. Ella lo toma con cierta ironía, con cierto humor negro, denotando resignación, y comenta: "Siempre hago coincidir los abortos con los fines de rodaje".

Una de las escenas más simbólicas respecto al aborto en el cine español, la encontramos en esta película. Mercedes Sampietro casca en la cocina un huevo, y posteriormente lo tira por el fregadero; seguidamente tita también leche.

"El carácter autobiográfico de la película es evidente y parte de la grave operación cardíaca a la que la realizadora fue sometida en 1975. Para que cupieran menos dudas al respecto, la protagonista es una realizadora de televisión. No iba a ser así en un principio. En el primer guión, Andrea Soriano era profesora de instituto, algo que no acababa de encajar bien con su carácter fuerte e independiente. Fue José Antonio Páramo quien le sugirió que traspasase al personaje su propia profesión".[11]

Vuelve el prolífico Eloy de la Iglesia en 1982 con *Colegas*. *Colegas* es la historia de tres jóvenes. Antonio y Rosario son hermanos. Ella, además, es novia de José. Y los tres, en paro, sin ninguna perspectiva de cara al futuro, se enfrentan juntos a una serie de circunstancias adversas que no logran sino unirlos cada vez más.

"*Colegas* se inscribe en la etapa postfranquista en la obra de Eloy de la Iglesia, la empezada con *La otra alcoba*: esta nueva etapa es la más conflictiva en la carrera del realizador, porque en ella, y aprovechándose del mayor margen de tolerancia, por

---

11 ANGULO, Jesús. "El cine de Pilar Miró". *Nosferatu* (San Sebastián), 28 (1989), p. 22.

lo que a las diferentes censuras se refiere, había abortado sus films con planteamientos más ambiciosos.

[...] Esta trayectoria maximalista de la que Colegas es una prolongación ha hecho de este realizador un personaje discutido. Desde las acusaciones de demagogia, maniqueísmo y simplificación que no están del todo justificadas hasta la defensa por sus planteamientos radicales, desde el desprecio por trabajar con subgéneros despreciados por la élite culta como son el folletín o los films «de bandas juveniles» hasta la defensa entusiasta de su estética cutre.

[...] Como ya es habitual en su cine, de la Iglesia recurre a tópicos melodramáticos ensamblados con habilidad –la secuencia en la que la muchacha se niega a que le practiquen el aborto–, a recursos dramáticos que van desde el naturalismo más chato hasta la estilización humorística –como la divertida secuencia en la que la madre de la chica provoca un escándalo al enterarse de que su hija está embarazada–, hasta un estudio fenomenológico de los protagonistas y su entorno". [12]

La película, ubicada en el Madrid de los años ochenta, narra cómo dos amigos, Antonio y José, y la hermana de Antonio, Rosario, pertenecen a un barrio obrero y humilde. Están en la flor de la vida, pero las cosas no son fáciles en una zona tan marginal de la capital. No tienen trabajo y nadie da un duro por ellos. Rosario, que es la novia de José, se ha quedado embarazada y no sabe qué hacer. Sus padres se oponen radicalmente a su relación con el joven, así que la noticia de un embarazo sería como una bomba. Ambos deciden pedir ayuda a Antonio, necesitan dinero para abortar.

Desesperados porque no tienen dinero, un amigo de Antonio y José les propone prostituirse como chaperos en unos baños turcos. Allí conocen a un par de *gays* que se encaprichan de ellos y se los llevan a la zona de la sauna.

---

12   GARCÍA BRUSCO, Carlos. "Colegas". *Dirigido por...* (Barcelona), 98 (1982), pp. 64-65.

Pero ésa no es forma de conseguir dinero. Sin saber cómo, contactan con un traficante de drogas (Enrique San Francisco), al que, por cierto, le gustan los jovencitos. Les propone bajarse al moro para transportar droga, a cambio de una buena suma de dinero. Antonio y José acceden, porque les parece una tarea fácil de hacer. Pero los dos jóvenes no saben en qué lío se están metiendo.

"Como no se trata de una pareja de delincuentes, casi todos sus intentos (atracos a punta de navaja, prostitución masculina, etc.) se saldan con estrepitosos fracasos. Cuando al fin logran felizmente su objetivo (a través del tráfico de droga) la chica renuncia, en el último momento, a la posibilidad de abortar. Su decisión final es hacer frente a los problemas, tanto de cara a sus familias, como a la banda de mafiosos con quienes se hallan comprometidos. Tal decisión culminará en tragedia". [13]

"Quienes posiblemente le seguirán negando el pan y la sal con los sectores cinéfilos «progresistas», pero eso es lo de menos. A este respecto resulta ejemplar la miopía de algunos cuando en el pasado festival de Valladolid tachaban a Colegas de ser un film «reaccionario» por su mensaje antiabortista.

Y es que, al margen de la candente polémica y de los calificativos que cabe atribuir a quienes se manifiestan a favor o en contra del aborto, lo cierto es que, en ese sentido, el film de Eloy de la Iglesia es claramente proabortista, a pesar –y ahí está la sutil paradoja– de contar la historia de una joven que desea dar a luz a su hijo (recordemos que en aquel alegato antiabortista perpetrado por Inquino, hace algunos años sus protagonistas sí abortaban)".[14]

"[...] Colegas resulta mucho más implacable en su despiadada disección de las razones sociales de la marginación y la

---

13   MORENO, Francisco. "Colegas". *Cine para leer 1982*. Bilbao: Mensajero, 1983, p. 110.

14   MORENO, Francisco. "Colegas". *Cine para leer 1982*. Bilbao: Mensajero, 1983, p. 111.

degradación urbanas: en principio los protagonistas se resisten a caer en el universo del delito, intentan buscar el dinero por medios legales y más o menos aceptados por la sociedad, pero el funesto curso de los acontecimientos les lleva, primero, al atraco frustrado, y, después, a la implicación en operaciones cada vez de mayor envergadura y complejidad, cada vez más inquietantes y peligrosas." [15]

1.2.3. "El embarazo masculino"

Como era de esperar, teniendo en cuenta el revuelo social organizado por los grupos feministas, el humor comercial español no se iba a privar de ponerlo en práctica. De esta forma nos encontramos con películas en las que, sin ningún interés intelectual, el hombre es el que sufre los problemas del embarazo. En los dos casos más relevantes, el aborto se pasea por el film.

Rompe el hielo *El insólito embarazo de los Martínez* (1974) de Javier Aguirre, que narra la historia de los recién casados Laura y Federico. Ella, una florista "imponente", él, un hombre obsesionado con tener hijos. Durante el viaje de novios la obsesión de Federico va en aumento, llegando a comprar juguetes para el niño. A la vuelta del viaje, Dorita, compañera de trabajo de Federico, lo asedia con declaraciones de amor, que Federico no puede atender, pues su estado físico es de agotamiento total.

Federico va mejorando su estado, se le ve animado y empieza a notársele una tripita de felicidad, su barriguita va en aumento. Preocupado por su estado decide ir a visitar a un médico.

Diagnóstico: embarazo de siete meses. Las sospechas empiezan a recaer en Serafín, un amigo de la familia. El embarazo es normal, con sus correspondientes antojos, y Laura tiene

---

15 VV.AA. *Conocer a Eloy de la Iglesia.* San Sebastián: Filmoteca Vasca/Euskadiko Fil‚ategia-Festival Internacional de Cine de San Sebastián/Donosita Nazioarteko Zinemaldia, 1996, p. 63.

incluso que defender a su marido contra unos doctores que le proponen el aborto. Todo llega a ser natural y solamente hay una pregunta en la meta. Federico va a dar a luz. Pero ¿qué es lo que va a salir?

En 1980 Joaquín Coll estrena *Los embarazados*, película plagada de fantasía y sin pretensiones que narra lo que ocurrió un día donde los hombres eran los que se quedaban embarazados.

1.3. Conclusión

Como era de esperar en un periodo histórico en el que las reivindicaciones sociales crecían como las setas, el aborto pronto se convirtió en uno de los debates más frecuentes en la sociedad española de los setenta y principios de los ochenta. La implicación directa tanto de sectores políticos como de la Iglesia católica provocó que la lucha fuera duradera y encarnizada, sobre todo a partir de 1979, año en el que se puso sobre la palestra de la opinión pública el caso de las "Once de Bilbao".

El cine, por su parte, no tenía otra posibilidad que cubrir el tema, pero el carácter conservador imperó sobre las propuestas más proabortistas, a pesar del convencimiento de la opinión pública de regular un problema –el del aborto clandestino– que provocaba numerosas muertes al cabo del año.

Los precedentes cinematográficos españoles ya marcaron una línea a seguir que obtiene sus frutos. La conservadora película de Jaime Jesús Balcázar *El misterio de la vida* (1970) sirve como precedente a las siguientes producciones. *Aborto criminal* (Ignacio F. Inquino, 1973), *No matarás* (César Ardavín, 1974) o *Abortar en Londres* (Gil Carretero, 1978), no hacen más que apostillar –algunas desde un punto de vista marcadamente virulento– lo que tanto la Iglesia católica como las posiciones políticas herederas de la dictadura imponían.

Desde estas propuestas, el aborto se impregna de todos los aditivos del pecado católico: la culpa, el asesinato, el crimen o el arrepentimiento. En estos casos casi nunca se llega a practicar dicho aborto, sino que la conciencia cristiana de los implicados "evita el desastre" y deciden tener el hijo fueran cuales fueran las circunstancias de su gestión o la situación social, económica o cultural de los progenitores.

Sólo un par de casos se escapan claramente de estas características, el de Pilar Miró y el de Eloy de la Iglesia. En 1980 Pilar Miró dirige su película *Gary Cooper que estás en los cielos*, film en el que la protagonista reconoce haber practicado el aborto, pero sin el más mínimo ademán de culpabilidad, es más, da a entender que su productiva vida profesional viene dada a consecuencia de ello.

El otro caso es el de *Colegas*, película dirigida por Eloy de la Iglesia en 1982. En este caso, la búsqueda por parte de los protagonistas del dinero necesario para que una amiga aborte se hace con ahínco y naturalidad.

Por otra parte nos encontramos con las películas dedicadas a embarazos masculinos. Estos filmes vienen de las facturas más conservadoras, oportunistas –debido al creciente movimiento feminista– y cómicas. El hecho de que el hombre esté embarazado no hace más que "denunciar" desde el punto de vista menos educativo la condición como madre de la mujer, y subraya la imposibilidad de renunciar a esa naturaleza materna.

2. Anticonceptivos y cine español

Otra de las grandes prohibiciones de la Iglesia eran los anticonceptivos. Este sería otro punto determinante de la ruptura existente entre sociedad, política y religión que abundan en la Transición.

Como todos sabemos, la idea demográfica básica del régimen franquista fue la exaltación del ideal poblacionista. La realidad sociológica del país, en cambio, fue por otro camino y la protección a la familia y especialmente a las familias numerosas tampoco se concretó mucho más allá de los elogios. Esta ideología, unida a la de la propia Iglesia católica, mantuvo aislado al país de la planificación familiar que se había extendido ya en la década de los sesenta en las naciones industrializadas. La publicidad, así como la disponibilidad y el uso de anticonceptivos, estuvieron prohibidos legalmente.

Aun así, en la década de los sesenta comienza una preocupación sociológica por el tema que descubre una incipiente utilización de algunos anticonceptivos.

La "Encuesta Nacional de Fecundidad", realizada en diciembre de 1977 por un organismo oficial, el INE, en el contexto de una investigación internacional, se enfrentó con una fuerte oposición de determinados sectores, según Salustiano del Campo y Manuel Navarro. "Apoyándose en la tipificación de delito en el Código penal de la publicidad de métodos anticonceptivos."[16]

---

16 Del CAMPO, Salustiano y NAVARRO, Manuel. *Análisis sociológico de la familia española*. Barcelona: Editorial Ariel, 1985, p. 122.

En 1973 un estudio del sociólogo Díez Nicolás[17] se centró sobre preguntas indirectas a mujeres acerca de los métodos que ellas creían que se utilizaban más para limitar la natalidad. Los resultados dijeron que el más conocido era la píldora, pero los más utilizados en España eran el preservativo y el *coitus interruptus*. A su vez, la píldora era considerada como el más eficaz.

La revolución posterior del consumo de anticonceptivos ratifica la tendencia creciente en el uso de este método anticonceptivo por las mujeres españolas. [18]

Atendiendo a la edad, vemos cómo las mujeres mayores de 30 años en 1973, obtenían las proporciones más altas de utilización del *coitus interruptus*, por lo que observamos que hay una gran influencia del nivel de instrucción, los usos sexuales y la creencia y práctica religiosas, ya que el 43% de las católicas practicantes no había utilizado nunca anticonceptivos, y el método más utilizado era el *coitus interruptus* precisamente. Del mismo modo que el 86,7 % de las mujeres que se consideraban católicas no utilizaban ningún método anticonceptivo. [19]

Lo que podemos observar es que durante los años de la Transición, la planificación familiar en España se acerca a la práctica en los países europeos de la época, en los que casi la mitad de las mujeres utilizan métodos anticonceptivos no tradicionales reversibles, dado que la esterilización, salvo en Estados Unidos, era prácticamente inexistente en los países occidentales.

---

17   DÍEZ NICOLÁS, J. "La mujer española y la planificación familiar", *Tauta*, nº 8, 20 marzo, 1973, pp. 86-97.

18   HERNÁNDEZ RODRÍGUEZ, G. "Aborto y planificación familiar. Aspectos sociológicos", *Revista de Investigaciones Sociológicas*, nº enero-marzo, 1979, pp. 137-163.

19   Del CAMPO, Salustiano y NAVARRO, Manuel. *Análisis sociológico de la famliar española*. Barcelona: Editorial Ariel, 1985, pp. 124-125.

2.1. Anticonceptivos, política y sociedad

Según mostraba la agencia Efe, tanto en la liberalización del uso de anticonceptivos como en la despenalización del adulterio y del amancebamiento, las mujeres se mostraban más reacias a estas medidas: un 60,7% de las mujeres estaban a favor de la primera de las cuestiones, mientras que el porcentaje favorable a despenalizar el adulterio y amancebamiento bajaba entre ellas a un 49,5%. Las cifras entre los hombres eran de un 52,8% y un 46,3 % a favor de ambas cuestiones, respectivamente. [20]

En ambos casos, las respuestas afirmativas crecían a medida que disminuía la edad. Atendiendo al hábitat, el mayor número de respuestas favorables a la liberalización del uso de anticonceptivos se producía en ciudades con una población comprendida entre treinta y 50.000 habitantes. Por el contrario, eran las ciudades de más de 100.000 habitantes las que registraban un mayor porcentaje de respuestas afirmativas con respecto a la despenalización del adulterio y del amancebamiento.

También en cuestiones de tipo moral las mujeres se mostraban más tradicionales que los hombres. A la pregunta de si el uso de anticonceptivos rebajaba el nivel moral de la sociedad, un 40,5% de los encuestados creía que sí, un 43,7% de las mujeres y un 51,8% de los hombres. En este caso, las ciudades entre veinte y 30.000 habitantes eran las más moralistas, ya que el 51,8% de sus habitantes consideraba que el uso de anticonceptivos rebaja la moral. Esta encuesta trataba también de sondear a quién se considera que debía permitirse el uso de anticonceptivos. Un 15,5% creía que sólo a las mujeres casadas; un 38% a casadas y solteras y un 40,5% pensaba que debía permitirse su uso sólo en casos especiales y bajo prescripción médica. Con respecto a la posibilidad de vender los

---

20   EFE. "Dos tercios de la población española a favor de la despenalización de los anticonceptivos". *El País* (06-01-1978).

anticonceptivos con receta médica o libremente, el 65,4% de los encuestados se inclinaba a favor de la primera posibilidad, mientras que un 28,5% era partidario de la venta libre.

En junio de 1978, se hacían públicos los datos de una encuesta subvencionada por la Seguridad Social según la cual más del 70% de la población femenina española usaba algún método anticonceptivo. La encuesta fue realizada entre 1.350 mujeres por tres médicos de Zaragoza, quienes pidieron que en la preparación de un Plan Nacional de Planificación Familiar intervinieran todos los estamentos afectados. De su encuesta y de otras similares se desprendía que la planificación familiar era ya una realidad social en España y que, como consecuencia, debían abolirse los artículos del Código Penal que condenaban la difusión y venta de anticonceptivos. Este tema, reivindicado constantemente por todos los grupos feministas y por muchos movimientos sociales y ciudadanos, llegó a ser presentado ese mismo año por el grupo socialista, junto con las propuestas, precisamente, de la derogación de los artículos 449 a 452 del Código Penal, que trataban sobre adulterio y amancebamiento.

Las feministas habían venido también reivindicando que los anticonceptivos fueran libres y gratuitos, costeados por la Seguridad Social.

En abril de 1978, el grado de intensidad en la despenalización de los anticonceptivos y la posible despenalización del aborto dividieron a la izquierda y la derecha parlamentaria en el debate del Pleno del Congreso sobre la modificación de los artículos del Código Penal referidos a estos temas. En este pleno hubo acuerdo general en la despenalización del uso de procedimientos anticonceptivos, pero UCD logró imponer —con los votos en contra de socialistas y comunistas— la posibilidad de castigar la venta de aquellos anticonceptivos que fueran nocivos para la salud. El PSOE obtuvo una pequeña revancha al conseguir eliminar por un solo voto de diferencia que el

Gobierno estableciera por decreto limitaciones a la publicidad de anticonceptivos.

Una de las protestas más contundentes contra la postura eclesiástica respecto a los anticonceptivos fue llevada a cabo en Washington, dónde a la recepción del papa el 6 de septiembre de 1979, una pancarta rezaba "La opresión de la mujer es una violación de los derechos humanos"[21]. Esta pancarta, escrita en polaco para llamar más la atención de Su Santidad, se encontraba entre las que proclamaban "Viva el Papa" y "Washington saluda a Juan Pablo II".

Pero su significado revelaba la primera protesta surgida por los discursos de Juan Pablo II, en los que se pronunció claramente en contra de la ordenación sacerdotal de la mujer, del divorcio y del aborto y, sobre todo, de los métodos anticonceptivos.

Las palabras pronunciadas por el papa previamente en Chicago, fueron la condena más clara de los anticonceptivos salida del Vaticano desde Pablo VI.

La calurosa acogida chocaba con la realidad del país, ya que según las estadísticas de la Conferencia Episcopal, el 80% de los matrimonios católicos de este país usaban anticonceptivos condenados por la Iglesia. De hecho una encuesta privada que se efectuó por la mismas fechas subrayó que la gran mayoría de esos católicos no ven contradicción entre ser buen católico y usar la "píldora" u otros sistemas artificiales para evitar los hijos. Concretamente, un 76% de los católicos encuestados afirmaron que se puede ser muy buen católico y usar métodos anticonceptivos artificiales.

Un 65% de los mismos aprueban el divorcio, si el matrimonio va mal, aunque haya hijos de por medio, y un 50% dan el visto bueno al aborto.

---

21   EFE. "Protestas feministas por las declaraciones papales". *El País* (01-10-1979).

Las estadísticas de aborto y divorcio entre católicos y no católicos señalaban que, en teoría, los católicos se oponían más a ambos sistemas que los no católicos. Pero en la práctica, el número de matrimonios católicos que se divorcian y el de mujeres católicas que abortan era prácticamente igual que el de los no católicos de este país.

2.2. Los anticonceptivos en el cine de la Transición

Curiosamente, siendo éste uno de los temas más hablados de la época, no tiene una representación consistente en el cine, exceptuando escasas referencia. De hecho, como precedentes sólo encontramos la película de Manuel Summer *No somos de piedra* (1969). En esta película, sin mayor interés que su existencia, Lucas está casado con Enriqueta, pero está pensando siempre en las mujeres ajenas. Lucas es muy recto, y por eso cuenta con Enriqueta para todo, siendo ella también muy recta y muy fértil. Y vienen los niños –con Enriqueta–, muchos niños, pero llega una posible solución, la píldora.

Hemos comentado una película comercial y oportunista debido al gran revuelo mediático que produjo este tema, siendo escasos estos ejemplos en el cine español.

Dentro del periodo que nos ocupa, podemos comenzar con la película de Eloy de la Iglesia *La otra alcoba* (1976), en la que el protagonista, Juan (Patxi Andino) intenta comprar píldoras anticonceptivas. El farmacéutico no le vende anticonceptivos en píldoras, aunque sí preservativos, al no necesitar receta médica. En esta escena se evidencia la paradoja de las prohibiciones.

La siguiente película a tratar es *Vota a Gundisalvo*, dirigida en 1978 por Pedro Lazaga. En ella Gundisalvo, candidato al Senado por Concordia Democrática del Estado, lleva a cabo una delirante campaña electoral. Cualquier procedimiento es válido para capturar un voto. Su equipo lo conforman su mujer, su amante, su cocinera, su doncella, su chófer, y Pedraza, director de imagen del candidato y especialista en campañas publicitarias de detergentes. En uno de los momentos de la película, el debate del que se habla es sobre los anticonceptivos. Gundisalvo tiene un pasado considerablemente relacionado con el Régimen, pero el lavado de imagen que le ha proporcionado la democracia, hace que se ponga de parte de la legalización de los anticonceptivos.

Sin más se trata de una comercial película con un mínimo de crítica, aunque inocente y poco venenosa, de los cambios de partido que estaban protagonizando muchos de los políticos del momento.

La otra película que integra el tema de los anticonceptivos es *A contratiempo* (Oscar Ladoire, 1981). En este atípico *road movie*, Oscar Ladoire, un director de cine de culto, se encuentra accidentalmente con una joven que le acompaña en su ajetreado viaje. En uno de los múltiples temas que tratan ante tantas horas de viaje, Ladoire comenta el buen invento que es la píldora, y que reproducimos a continuación:

FÉLIX (Oscar Ladoire): ¡Qué gran invento es la píldora!
CLARA (Mercedes Resino): No creas, yo la tomo y no me sienta nada bien.
FÉLIX: Deberías pasarte a la piruleta.

En esta película, se critica la falta de motivo y coherencia de las nuevas generaciones, las que ya han crecido con la democracia. Se muestra en esta película esa ruptura generacional, así como la facilidad de las nuevas generaciones de conseguir lo que a otras les ha costado años de lucha. Ese es el caso de Clara, una joven descarada y desarraigada que viaja en las fronteras de la niñez y la edad adulta y, como tal, juega a ambas cosas.

2.3. Conclusiones

Al igual que otros temas prohibidos por la Iglesia, los precedentes son nulos, por lo que resulta novedad su trato. Aun así son escasísimas las menciones a los anticonceptivos en el cine español de la Transición. De todas formas, en la mayoría de los casos, como hemos podido comprobar, se tratan con cierta normalidad.

Teniendo en cuenta que el régimen franquista hizo una beligerante política de exaltación del ideal poblacionista, no nos puede extrañar la división de opiniones que circulaban por España recién nacida la democracia. Aun así, estas ideas que seguían vivas dentro de algunos sectores de la población se posicionaban en contra de la realidad social del momento y de Europa.

Una de las diferencias más contundentes era de carácter geográfico, siendo el campo mucho más reacio al uso de anticonceptivos que la ciudad; y del mismo modo la mujer más conservadora que el hombres.

Otro de los cismas era el existente entre los dos sectores políticos, la izquierda y derecha. Mientras la izquierda, encabezada por el PSOE, apoyaba a los movimientos feministas que defendían la distribución libre y gratuita de anticonceptivos como ejemplo claro de emancipación de la mujer, la derecha encabezada por UCD se adosaba a las posturas católicas de prohibición de los mismos.

Lo extraño es que un hecho que resultaba tan natural en las zonas urbanas, germen geográfico del cine, no fuese reflejado con mayor frecuencia. Aun así la imagen que se da en nuestro cine de los anticonceptivos es una imagen normalizada y liberalizadora. En el caso más tradicional, el de Manuel Summer con la película *No somos de piedra* (1969), el de librar a la mujer de la imposibilidad de controlar su descendencia, aunque el tono cómico sea demérito para el tema. Lo mismo le ocurre a la comedia de Pedro Lazaba *Vota a Gundisalvo* (1978), que se arrima al sol que más calienta sin mayor intención ni propuesta.

Por el contrario, las películas de Eloy de la Iglesia y Oscar Ladoire, *La otra alcoba* (1976) y *A contratiempo* (1981) respectivamente, muestran un rostro menos burlesco y más natural. La crítica viene de la mano de Eloy de la Iglesia, que muestra la dificultad de adquirir anticonceptivos en una farmacia, aunque tampoco incide demasiado en el tema, por lo que acaba siendo meramente anecdótico.

3. El adulterio en el cine español de la transición

3.1. El adulterio en España

Fue una gran polémica la que se levantó sobre la regulación del adulterio en el Código Penal al ser considerada a una normativa anticuada e impropia del 1976.

Ya se había comentado hasta la saciedad que las leyes habían de tratar de encuadrar y resolver los problemas de la realidad social, pero debemos tener en cuenta que ésta, a su vez, tiene su propia dinámica ante la que las normas tienen que irse adaptando progresivamente.

En este tema existían dos cuestiones fundamentales que vamos a examinar separadamente. Si es conveniente tratar el adulterio como un delito, y si, en caso afirmativo, existe razón para dar un trato desigual al hombre y a la mujer.

El tema ya comenzaba a apasionar a la opinión pública. El punto de partida obligado era la absoluta igualdad de derechos del hombre y la mujer. Sin perjuicio de su distinta naturaleza, es indudable que los derechos y tratamiento tienen que ser idénticos para el hombre y mujer, porque ambos tienen la misma dignidad como persona humana. Este criterio, superando anacrónicas distinciones, ha sido consagrado por leyes como la del 24 de abril de 1958 o la del 22 de julio de 1961, y responde a los artículos 1 y 2 de la Declaración Universal de Derechos Humanos de la ONU de 1948.

El artículo 449 del Código Penal decía que cometía adulterio "la mujer casada que yace con varón que no sea su marido y el que yace con ella sabiendo que es casada, aunque después se declare nulo el matrimonio", y se sanciona con prisión menor (de seis meses y un día a seis años); y el artículo 452 dice, ya sin hablar del adulterio, aunque dentro del capítulo que se encabeza con esa rúbrica, "el marido que tuviera manceba dentro de la casa conyugal, o notoriamente fuera de ella, será castigado con prisión menor."

Existía aquí una tremenda discriminación, exclusivamente por razón de sexo, que iba contra el principio fundamental de igualdad reconocido por nuestras leyes.

En definitiva, lo que se decía era que la mujer casada cometía adulterio por yacer una vez con persona que no fuera su marido. El marido no lo cometía por yacer una o muchas veces con mujeres que no fueran su esposa. Para que el marido merezca la misma pena ha de tener manceba (palabra de reminiscencias medievales, como el precepto entero), o dentro de la casa conyugal (situación verdaderamente difícil y extrema), o notoriamente (con todo lo que este adverbio puede significar) fuera de ella. La conclusión es clara. Un hombre nunca puede ser, prácticamente, acusado de adulterio aunque lleve una vida escandalosa. Una mujer lo puede ser por una sola falta.

Esta postura, inadmisible hoy, sólo tiene una explicación histórica. Porque las normas fueron aún mucho más bárbaras. En el Fuero Juzgo (siglo VII) se decía: "Si el adulterio fuere hecho de voluntad de la mujer, la mujer y el adulterador sean metidos en la mano del marido, é faga de ellos lo que se quisiere"; en las Partidas (siglo XIII) era delito el adulterio de la mujer y nunca el del marido, "porque del adulterio que face el varón con otra mujer, non nasce daño ni deshonra a la suya"; en la Novísima Recopilación (siglo XIX) la pena era "poner a ambos en poder del marido para que hiciere con ellos lo que quisiese, con tal de que no mate a uno y deje vivo al otro", y en pleno siglo XX, el Código Penal de 1928 y el de 1944 no sancionaban al marido que, sorprendiendo en adulterio a su mujer, matase en el acto a los adúlteros o a alguno de ellos, sino con la pena de destierro.

Pero no terminan ahí las aberraciones de esa norma. Porque el adulterio afecta no sólo a la mujer casada, sino también a la separada, y eso aunque haya recaído sentencia firme de separación y aunque fuera culpable de la separación el marido.

Como en este caso la separación no determina la ruptura del vínculo, subsiste el deber de fidelidad y, por tanto, el marido separado puede acusar de adulterio a su mujer separada, y con la que no vive hace años, que yace, una vez, con otro varón, mientras él puede tener las relaciones que quiera con otras mujeres sin que haya delito, si no hay amancebamiento.

Decía a este respecto José Luis Álvarez Álvarez que "Una situación como la descrita es evidente que no puede mantenerse. Es indispensable su eliminación. Pero creemos que debería aprovecharse esta reforma para resolver ya el problema completo.

El adulterio es una grave falta y afecta esencialmente al matrimonio. Todas las legislaciones lo tienen reconocido como causa de separación o de divorcio. Y como tal debe ser tratado y regulado. Pero transformarlo en un delito tipificado por el Código Penal nos parece un error."[22]

Y continuaba "El adulterio es un asunto privado, no público. Las sanciones penales son ineficaces; no sirven para proteger a la familia ni tienen valor como procedimiento preventivo o disuasorio del delito; darle este carácter dificulta la reconciliación y el perdón y contribuye a romper irremediablemente los lazos familiares; infiere un grave daño a los hijos, moral y socialmente, que se trate públicamente al padre o a la madre como delincuentes, y los tribunales tienden a no aplicar las

---

[22] ÁLVAREZ ÁLVARES, "El adulterio ante la ley", *El País* (Madrid), (24-11-76).

sanciones penales o a hacerlo en los grados más leves y por algo será. En verdad, las sanciones civiles, como ser causa de separación o divorcio, de culpabilidad y de indemnización parecen bastantes.

Hora es, pues, de afrontar la reforma de este precepto penal con dos criterios: eliminación del adulterio de ese Código y consideración semejante para hombre y mujer, sin diferencias, y como causa de separación o divorcio."

Las críticas fueron escuchadas, y al fin la Comisión de Justicia del Congreso de Diputados aprobó el 18 de enero de 1978 el proyecto de ley que despenaliza el adulterio y el amancebamiento.

La Comisión, que estrenó nuevo presidente en la persona de José María Gil Albert, aprobó por unanimidad el artículo primero del proyecto de ley, que supone la despenalización del adulterio y del amancebamiento y cuyo texto es el siguiente: "Se suprime la rúbrica del capítulo VI del título IX del Código Penal y se derogan los artículos 449 y 452 que integran el referido capítulo. Asimismo, se deroga el último párrafo del artículo 453 del Código Penal."[23]

Por su parte, la Iglesia pensaba la esposa era propiedad privada del marido, y atentaba contra el derecho de éste todo el que intentara apropiarse en algún modo de su mujer. "No es lícito para el hombre lo que no lo es para la mujer", dirá a este propósito san Agustín. Y no en vano san Pablo dice que "la mujer ya no es dueña de su cuerpo: lo es el hombre, y tampoco el hombre es dueño de su cuerpo: lo es la mujer".

El teólogo Manuel Sotomayor lo entendía así: "En la Iglesia son muchas las voces que se alzan contra este estado de cosas. Si el adulterio es una injusticia, un atentado contra «el templo del Espíritu Santo» y, por consiguiente, un pecado contra

---

23   COMISIÓN DE JUSTICIA DEL CONGRESO. "Aprobada la despenalización del adulterio y del amancebamiento". *El País* (Madrid), (19-1-1978).

Dios, los dos cónyuges están igualmente obligados a evitarlo. Lactancio, san Ambrosio, san Jerónimo insisten en la misma idea que Inocencio I expresa con estas palabras: "La religión cristiana condena el adulterio en ambos sexos por igual". Sin embargo, aquel concepto ancestral de que la mujer es propiedad del marido no cesa de producir efectos discriminatorios."[24]

3.2. El adulterio en el cine español

3.2.1. Precedentes

Lo primero que descubrimos al indagar sobre el tema del adulterio en el cine español, es la dificultad de encontrar en la filmografía anterior a la democracia, una verdadera infidelidad femenina, es decir, mujer casada o comprometida sentimentalmente, conoce a una tercera persona que se interpone en la relación primera. Casos tan obvios de adulterio difícilmente encontraremos en el cine español anterior a 1975. Lo que sí podemos encontrar es una inmensa filmografía sobre el varón adúltero, y es que el mito de Don Juan ha sido tantas veces interpretado y adaptado que este personaje ha pasado, sin ningún tipo de valoración moral, a la imaginaria nacional desembocando en una particular adaptación: el macho ibérico. Pero lo que llama la atención es que el varón ideado por Zorrilla produce, en el espectador masculino, una empatía en la proyección de sus deseos más íntimos, y en la espectadora femenina genera el deseo de ser su presa. Pero eso sí, la última, el anhelo de ser la mejor de todas sus presas y, por tanto, no le importa perdonar sus andanzas mujeriegas, ya que antes de escoger a la "elegida" debe buscar, comparar y finalmente descansar en el lecho conyugal de este bagaje el resto de su vida con la "elegida".

---

24 SOTOMAYOR, Manuel. "Las infidelidades y el cristianismo". *El País* (Madrid), (14-2-1982)

Traslademos este mito a un cuerpo femenino. La figura de Carmen es uno de los grandes mitos de la cultura española. Hija de la literatura y la ópera, el cine la ha trabajado con profusión, pero en el caso español totalmente tergiversado. Carmen es una mujer apasionada, independiente y libre, su motor es el deseo y la alegría de vivir, pero en la interpretación del mito que hizo Florián Rey en su obra *Carmen la de Triana* (1938), interpretada por Imperio Argentina, el aragonés la redime envolviéndola en un espíritu de sacrificio hacia su amado José, al que en ningún momento le es infiel. Por tanto, esta Carmen no es la de Mériméé, sino la Carmen de España.

En 1959 el argentino-español Tulio Demichelli realiza *Carmen, la de Ronda*. Una vez más la moralina impregna todo el film, dejándonos sin poder saborear a una auténtica Carmen, a pesar de los intentos de Sara Montiel por generar un punto de revulsividad en un ambiente tan pacato como el reflejado por el cine patrio.

El corsé que impedía la representación de una Carmen liberada era la dictadura. Cualquier régimen totalitario basa su fuerza en el número. Éste debe apoyarse, por tanto, en la defensa a ultranza de la unidad familiar, ya que gracias a ella la patria obtiene los contingentes necesarios para hacer frente a los enemigos de la nación. En el núcleo familiar la mujer es el "factor reproductor" que más tarde deberá guiar a sus crías por la rectitud mediante una educación represiva, asumida de antemano por la madre y totalmente convencida del papel sumiso que le depara su condición.

La idealización de la maternidad, su culto exaltado, está destinada, en lo esencial, a asfixiar a la mujer la conciencia sexual, a someterla a la represión sexual artificial, manteniéndola a sabiendas en un estado de angustia y culpabilidad sexual. Reconocer oficial y públicamente a la mujer su derecho a la sexualidad conduciría al hundimiento de todo el edificio de la ideología autoritaria. La reforma sexual conservadora ha cometido siempre el error de no reconocer correctamente el derecho de la mujer sobre el propio cuerpo, de no plantear y defender de modo neto y claro a la mujer como ser sexual que es, al menos en tanto que madre. Ha contado demasiado, por otra parte, en su política sexual, con la función de reproducción en lugar de abolir la identificación reaccionaria entre sexualidad y reproducción.

Volviendo a Sara Montiel como la aproximación más exitosa de la mujer fatal, en *El último cuplé* (Juan de Orduña, 1957), interpreta a María Luján. Pero no es mala, sino que pretende convertirse en una figura de la canción, por lo que irremediablemente pierde la "honra" y desde ese momento empieza a ascender peldaños en la escala social y artística. Pero María Luján paga su atrevimiento y acabará dándose a la bebida de mostrador en mostrador, y sobreviviendo en escenarios de mala muerte.

En el momento que la protagonista se descarrila del "buen camino", es decir, se aleja de la trilogía: virgen-esposa-madre; ya es imposible parar la marcha atrás y sólo mediante unas vías se redime: el matrimonio y el convento, la muerte trágica o el ostracismo y rechazo social unánime. Durante los años 40 y 50, la censura, la moral social, la exaltación patriótica y del imperio. Las reconstrucciones históricas y las apologías religiosas no podían tolerar que la mujer con "pasado" saliese ilesa de tal tratamiento.

En los filmes se tratan temas de honor mancillado y reputación perdida, pero abordados con un fin totalmente doctrinario. No se ahonda en el verdadero problema, que no es otro que el impedimento social que posee la mujer para decidir sobre su propia sexualidad.

Una película de gran solidez, completamente insólita para la época, es *Muerte de un ciclista* (1955). Bardem se basa en una noticia periodística sobre un accidente de carretera donde muere un obrero que iba a su trabajo en bicicleta, arrollado por el automóvil de unos burgueses. Bardem narra los amores adúlteros entre un profesor universitario lleno de dudas y una dama de la burguesía muy segura de sí misma, pero debe luchar contra una censura que no admite el adulterio, prohíbe las escenas de cama y cualquier intimidad entre los amantes y exige que al final ambos mueran trágicamente. [25]

En los años 60 se observa una cierta apertura, por influencia del turismo y también por tratarse de la época del "desarrollismo", pero esa supuesta liberalización quedará en lo epidérmico, cuando, en lo esencial, las convenciones de los años 40 y 50 quedarían intocables.

En los 60 existen intentos de plasmar una atmósfera realista de nuestro país, un tanto influenciada por el neorrealismo italiano y la nouvelle vague. Hubiese sido interesante pues este tipo de cine conlleva una denuncia y crítica al sistema impuesto desde una perspectiva realista-esperpéntica. Pero la censura actuará contundentemente, así es el caso de autores como Berlanga, Bardem, Saura, o Fernando Fernán-Gómez. En la película *Nunca pasa nada* (1963), Bardem denuncia la mezquindad de las clases dominantes y la apatía generalizada en una ciudad de provincias (como ya hizo en *Calle Mayor*, 1956), en donde es imposible cualquier intención de movilismo dentro de los parámetros aceptados moral y socialmente, más aún cuando se trata de un personaje femenino.

Pero sí tendrá lugar la aparición de un cine muy fructífero comercialmente hablando. Un cine influenciado por el turismo masivo que llega a nuestras costas. En estas películas empieza a reconocerse la figura de la prostituta con posibilidad aún de reinserción social, ya que estas mujeres siempre poseen un gran corazón que les permitirá la salvación. Los centíme-

---

25 CERÓN GÓMEZ, Juan Francisco. *El cine de Juan Antonio Bardem*. Murcia: Universidad de Murcia y Primavera Cinematográfica de Lorca, 1998, pp. 121-122.

tros de ropa se reducirán progresivamente, incluso llegando a admitir el bikini, pero lo curioso es que si existe una oveja descarriada siempre será una extranjera y la moraleja final estriba en señalar que la verdadera mujer, la abnegada y fiel, siempre es la española. Todo se resuelve cuando el protagonista masculino reconoce que la seguridad y estabilidad que le otorga la familia y la esposa no son canjeables por ninguna extravagancia —por muy deseable que sea— proveniente del exterior de nuestras fronteras. Pero lo paradójico es que mientras al hombre se le permite probar la "fruta prohibida", a cambio de una regañina matrimonial, a la mujer se le está vetado no sólo de hecho sino de pensamiento, y si la infidelidad hubiese sido planteada, irremediablemente el desenlace debería ser trágico y redentor. Por tanto, hemos de hablar objetivamente de un cine machista, en el sentido que justifica en cierto modo el comportamiento primitivo del hombre al dar por sentada una naturaleza biológica más impulsiva en lo referente al sexto mandamiento, naturaleza animal de la que carece categóricamente la mujer.

El espectador masculino recibe este cine como una proyección de sus fantasías, al aprovecharse de las frustraciones del público. El proceso de empatía se incrementa con una operación muy sencilla: el galán de antaño es sustituido por un tipo vulgar y corriente, se humaniza hasta límites que cualquier hijo de vecino puede soñar con una situación similar. Llegados a este punto la mujer ha devenido en la suprema "cosificación". En nuestro cine la mujer siempre ha sido tratada desde la óptica masculina, como un apéndice de la historia o el pasado de un varón, pero en estos casos se hiperboliza, pues ha pasado de ser una parte de un hombre a ser el objeto de deseo de un hombre.

3.2.2. El adulterio en el cine de la Transición

Aunque la infidelidad, según los sondeos, sólo es la tercera causa de divorcio en España, dentro del cine, es uno de los temas más desarrollados. Este cambio se produce ayudado por las posibilidades que ha dejado la censura, convirtiendo el cine español en un cine dedicado al sexo y más particularmente, al adulterio.

El germen de esta ola de películas con el tema del adulterio como columna vertebral de la trama, es *Lo verde empieza en los Pirineos* (1973), de Vicente Escrivá, que narra las peripecias de un grupo de amigos que viajan a Biarritz para poder dar rienda suelta a sus fantasías sexuales. Como es habitual, son los hombres los que practican el adulterio, sin mucha repercusión, como veremos; mientras tanto, las mujeres, abnegadas, son las que aguantan la situación. Pero es en estos años y con esta película cuando la mujer –debido a las continuas protestas sociales– empieza tímidamente a encontrar su protagonismo.

En esta película vemos un cambio de roles cuando las mujeres de los protagonistas van a Biarritz a buscarlos, y deciden hacer lo mismo que hacen ellos, ligar en las discotecas. Esta "moralina" es la que hace volver a lo "cabal" al español. En el único caso de soltero de la expedición, el representado por el vendedor de objetos religiosos López Vázquez, consigue, como no, casarse por la iglesia con la española que encontró en Francia.

Casimiro Torreiro, que la considera "comedia sexy hispana" dice de ella que es una "sátira de las costumbres nacionales más encumbradas entonces, la peregrinación del sur de Francia para ver las películas prohibidas en España."[26] Por su parte, José Vanaclocha, en el ya mítico libro *Cine español, cine de subgénero*, comentaba que: "Bajo la apariencia de un film tes-

---

26   VV.AA. *Historia del cine español.* Madrid: Editorial Cátedra, 1995, p. 364.

timonial y crítico sobre el turismo hispano transpirenaico con fines inconfesables (cine porno, ruleta, strip-tease), Escrivá ha realizado una típica y tópica comedieta sexy celtíbera."[27]

Del mismo año es *La loba y la paloma*, de Gonzalo Suárez, donde vemos el adulterio de Carmen Sevilla con el enemigo de su esposo en un *thriller* poco aventurado.

El mismo tema y una factura parecida a la de *Lo verde empieza en los Pirineos* trata Mariano Ozores en *El reprimido* (1974). La película cuenta cómo Lucas quiere casarse con su novia Octavia. Pero Lucas no se atreve a ir al matrimonio porque es tan absoluta su falta de experiencia sexual que teme ser un fracaso como marido. Y sinceramente se lo confiesa a Octavia. Lucas es un claro caso de reprimido por defectos de una excesiva educación materna.

Emilio, amigo de Lucas, hombre experimentado en esas lides, propone llevarse a Lucas a Francia para que conozca a alguna mujer. Y así lo hacen: simulando asistir a un partido de fútbol que juega fuera de casa el equipo local, Lucas y Emilio cruzan la frontera. Como era de temer, Emilio resulta tan inexperto como Lucas, y por ello el viaje va estropeándose y terminaría en catástrofe si no fuese porque Lucas, accidentalmente, conoce a Brigitte. Y, con esa joven y agradable francesa, Lucas se cura su trauma. Vuelve a España con Emilio, pero todo se complica porque Brigitte también se presenta a pasar unos días con el ex reprimido. Y los despistes de la madre de Lucas ayudan considerablemente a que Octavia se indigne ante la presencia de la francesa, que cree se ha traído Lucas. Todo podría terminar mal si no fuese porque Lucas sigue enamorado de Octavia y quiere casarse con ella, renunciando a Brigitte.

Es en 1975 cuando el director Mario Camus realiza otra película de nuestro interés, *La joven casada*. Un matrimonio

---

[27] EQUIPO "CARTELERA TURIA". *Cine español, cine de subgéneros*. Valencia: Editorial Fernando Torres, 1974, p. 212.

joven hace recuento del año que han vivido juntos. Ese tiempo ha sido positivo según el marido. Sin embargo, ella reacciona violentamente contra ese conformismo, ya que su opinión es bien distinta. Piensa que Jorge se dejó llevar en todo por su padre, traicionando cuantos planes y cálculos hicieron juntos antes de casarse. Cree que hay aún alguna manera de salvar la situación y empezar de nuevo teniendo en cuenta los presupuestos de los que han partido, hoy completamente olvidados. Para ello se escapa de su domicilio conyugal, pensando que el marido irá tras de ella y todo volverá a empezar otra vez.

Pero un nuevo personaje, Raúl, entra en su vida, y la situación se le complica, colocándola en un dilema que nadie más que ella ha de resolver. Finalmente puede ser que logre su objetivo matrimonial.

La cinta inicial de Jorge Luis Borges. "Nada se edifica sobre piedra, todo sobre la arena, pero nuestro deber es edificar como si fuera la piedra arena" nos introduce en el mundo de la provisionalidad de las decisiones en la vida y de las apuestas que hay que hacer a sabiendas de que es imposible asegurar el futuro, tema clave para el adulterio.

La crisis de la pareja viene dada por el enfrentamiento entre dos perspectivas de vida diferentes, que según Sánchez Noriega, está muy cercana al mundo de *Los pájaros de Baden-Baden*; y comenta "Si el mundo de Jorge está caracterizado por la seguridad económica, el trabajo profesional, el éxito social y dosis de machismo y clasismo, el mundo de Camino se presenta vertebrado por la inseguridad afectiva la búsqueda de la vocación, la cultura asimilada y la espera."[28]

Respecto a la pareja, el matrimonio aparece como un utópico proyecto de vida, y la libertad como un tratamiento realista. De lo que se trata es de la libertad personal, de la que provoca el crecimiento en la vida. Por todo ello, Camino

---

28 SÁNCHEZ NORIEGA, José Luis. *Mario Camus*. Madrid: Cátedra, 1998, p. 210.

(Ornella Muti) decide volver con su marido; porque desde la libertad lo ha elegido a él.

Otra de las películas de este año también representa a una mujer adúltera, se trata de *El precio del aborto*, donde una mujer es infiel a su marido quedando embarazada de un joven. El tema principal de la película es el aborto –como su propio título indica–, pero es la segunda mujer adúltera que encontramos en este año de cine.

También es 1975 cuando se produce la vuelta de Juan Antonio Bardem tras tres años de inactividad con *El poder del deseo*. Basada en la novela policíaca *Joc Brut (Juegos sucios)*, del escritor Manuel de Pedrolo, la película narra la historia de la destrucción de un hombre, Javier. Catalina (Juna), mujer de Viros, militar retirado, encuentra casualmente a Javier y utilizando la pasión que en él despierta, se sirve de él para la realización criminal de un plan diabólico. Frente a Javier pretende ser Juna, sobrina de Viros, o más exactamente de la primera mujer de éste que está pasando una temporada en casa de sus tíos.

Cuenta a Javier la historia de una herencia que su tía, la primera mujer de Viros le legó y que éste tiene en usufructo. La única solución para la felicidad de Javier y ella está en la posesión de ese dinero; por lo tanto, hay que matar a Viros. En realidad ella necesita la desaparición de su marido para poderse casar con un rico amante que desconoce en absoluto ese plan.

Para Juan Francisco Cerón Gómez "La traslación fílmica de la novela incluyó numerosos personajes adicionales que tenían como objetivo contextualizar socialmente la trama y además hizo especial incidencia en los aspectos escabrosos de la historia, incluyendo escenas eróticas con una generosidad no presente en su referente literario. Estas secuencias fueron aligeradas por la censura, que también suavizó la presentación que se hacía de la policía."[29]

---
[29] CERÓN GÓMEZ, Juan Francisco. *El cine de Juan Antonio Bardem*. Murcia: Universidad de Murcia, 1998, p. 230.

En 1976 realiza Fernando Fernán-Gómez *La querida*, una película de carácter folclórico que cuenta la historia de Manuela, una joven que abandona su pueblo andaluz y se instala en Madrid dispuesta a triunfar y comerse el mundo. Accidentalmente conoce a un compositor, Eduardo, que le proporciona la primera ocasión para introducirse en el mundo de la canción. Entre ambos nace un amor extraño y accidentado. A medida que, ayudada por Eduardo, va escalando el éxito, Manuela encuentra a otros hombres más ricos y poderosos que la cubren de lujo, la convierten en una verdadera estrella y en la eterna querida.

Para el propio director, esta película carece de interés, y así lo dice en el especial de la revista *Nikel Odeon*: "No tengo buen recuerdo de esa película. Lo primero es que no comprendí por qué quería hacer una película folclórica, pero intelectualizada y al servicio de Rocío Jurado. Me parecía que ahí había una incongruencia." [30]

Vuelve Eloy de la Iglesia en 1976 con *La otra alcoba*, donde encontramos a Juan, que es un joven que trabaja como gasolinero en una estación de servicio. Va a casarse con su novia, Charo. Diana es una bella mujer casada. Su marido, Marcos, la hace creer que no pueden tener hijos debido a ella. Ella sabe que la culpa la tiene la esterilidad de él. Se conforma con ser un objeto más de su marido, pero desea un hijo por encima de cualquier cosa. Marcos es un influyente hombre de empresa, con una gran posición, y que tolera a su mujer cualquier devaneo con tal de dar una buena imagen del matrimonio.

Eduardo es un buen amigo de Marcos, pero quiere por todos los medios hacerse con los favores de Diana, cosa a que ella se niega continuamente, haciendo que Eduardo se desespere.

Diana conocerá a Juan y le hará creer que le quiere hasta quedar embarazada de él. Juan, ajeno a esta utilización de que

---

[30] NIKEL ODEON. "Entrevista a Fernando Fernán-Gómez". *Nikel Odeon*, 9 (Invierno, 1997), p. 84.

es víctima, rompe con su novia. Al fin Diana le descubre su juego. El muchacho sufrirá una horrible decepción al conocer el engaño.

Al igual que en otras películas de Eloy de la Iglesia, el melodrama se basa en una personaje, que es la víctima –por lo general una mujer– que, apoyada por una puesta en escena que provoca la identificación del público, [31] se convierte en una particular heroína. Como comenta Casimiro Torreiro "A la mujer heroína de estos filmes se le suele reservar dos destinos perfectamente diferenciados: en uno de ellos, cuando acepta las reglas del juego, se premia su constancia con la culminación del amor, la conquista de su amante. [...] Cuando la mujer, en cambio, no acepta el implícito lugar a que la condena la estructura parcial, o cuando ha cometido una falta grave contra el "sentido común", la condena de la ficción no puede ser otra que la negación del amor [...]."[32]

La historia de una romántica infidelidad es la que cuenta José Luis Garci en *Asignatura pendiente* (1976). En ella se hace un nostálgico receso a los años sesenta españoles. "Nos han quitado tantas cosas. Las veces que tú y yo debimos hacer el amor y no lo hicimos. Los libros que debimos leer. Cosas que debimos pensar. ¡Qué sé yo! Todo eso es lo que no les puedo perdonar. Me parece que es como si nos hubiera quedado algo colgando, con aquellas asignaturas que quedaban pendientes de un curso para otro, como si no hubiéramos acabado la carrera. Y además sé que nos vamos a morir sin acabarla" dice José (José Sacristán) para seducir a Elene (Fiorella Faltoyano). Ella es su primer amor adolescente.

En esta película, la primera de José Luis Garci, nos encontramos con la infidelidad de los dos personajes protagonistas, pero con la característica de que "el anodino adulterio machista

---

31   El uso de la primera persona, el empleo de primeros planos...
32   VV.AA. *Conocer a Eloy de la Iglesia*. San Sebastián: Filmoteca Vasca, 1996, p. 29.

que se ve en primer término carece de cualquier atractivo, está mal contado y es aburrido."[33]

En 1976 llega *La lozana andaluza*, de Vicente Escrivá, que ya se había iniciado en el tema de las infidelidades con *Lo verde empieza en los Pirineos*. Aquí se sitúa en la Roma del siglo XVI, donde Rampín, pícaro simpático y desvergonzado, explota sus artes de engaño. Vive con su tía, una Napolitana, alcahueta dedicada a los mismos oficios que su sobrino. Con la llegada de una bella andaluza, Lozana, les entra en casa la fortuna al hacer de ella la más linda cortesana de Roma. Lozana y Rampín llegan a un acuerdo: él estará a su servicio, llevándole a casa los amantes, y ella le tendrá como un rey y al fin le dará lo mejor, lo que nunca tendrán los demás. A la casa de la cortesana acuden los más importantes personajes, y Lozana se convierte en una fuente de oro, administrada por Rampín. Don Sancho, apuesto español, viene a casarse a Roma, pero se prenda de Lozana. Después de la boda con su prometida, Don Sancho busca a Lozana, enamorándose ella también. Rampín, celoso, se emborracha y es encarcelado. Lozana le saca de la prisión por mediación de Don Sancho, prometiéndole a cambio irse con él a Toledo. Mas una vez a salvo Rampín, Lozana le hace entrar en su coche, y éste se aleja por distinto camino al de Don Sancho.

El anacoreta, de Juan Estelrich (1976) narra la historia de Fernando Tobajas (Fernando Fernán-Gómez), un hombre que rebasa los cincuenta años, que lleva once encerrado en el cuarto de baño de la casa donde vive su mujer Marisa (Charo Soriano) y su amante Augusto (José María Mompín), la criada Clarita (Maribel Ayudo) y por la que de vez en cuando aparece su *hippie* hija Sandra (Isabel Mestres). Encerrado en el cuarto de baño porque la vida no le ha ofrecido nada mejor, sólo se relaciona con el mundo exterior a través de sus familiares, sus

---

[33] TORRES, Augusto M. *Diccionario del cine español.* Madrid: Espasa Calpe, 1994, p. 89.

amigos y los personales que envía mensajes por el retrete en tubos de aspirina.

Tras la máxima enmarcada y colocada en una pared del cuarto de baño que dice "En aquellos tiempos todos los desiertos estaban llenos de anacoretas" (Anatole France), *El anacoreta* comienza cuando la atractiva Arabel Lee (Martine Audo), una bella panameña de 23 años, hija de inglés y rusa, irrumpe en su vida. Mientras se baña en aguas de Capri ha encontrado uno de sus mensajes, se ha quedado impresionada y ha encargado a un detective de la Agencia Lux que localizase a su autor y llega al cuarto de baño del 4º derecha de la calle Hortaleza nº 11 bis, de Madrid, para hacerle salir de su encierro.

Fernando Tobajas queda fascinado por la belleza de Arabel Lee, un nombre con fuertes resonancias literarias por corresponder al de uno de los más famosos personajes creador por el escritor norteamericano Edgar Allan Poe, además por ser el primero de los mil ciento cincuenta y nueve mensajes enviados durante once años que descubre que ha llegado a su destinatario. Busca en archivos y encuentra el mensaje mil novecientos veintiuno, enviado el 21 de febrero de 1970 y lo leen entre los dos.

Arabel Lee dice: "Cuenta Flaubert en *Las tentaciones de San Antonio...* Si pasas un dedo sobre mi espalda, le dijo el anacoreta a la reina de Saba, sentirás un reguero de fuego en tus venas. La posesión de la más pequeña parte de mi cuerpo te hará más feliz que la conquista de un imperio. Mis besos tienen el gusto de un fruto que se funde en el corazón. Embriagado por el aroma de mis senos, arrobado en la contemplación de mis miembros, abrasado en mis pupilas, te sentirás arrastrado por un torbellino". Y Fernando Tobajas contesta: "Antonio era un santo y con un signo de la cruz puso a la reina de Saba en fuga, humillada y llorosa, pero yo, resistiría yo a la reina de Saba si se presentara aquí, en mi retiro, para sacarme de él".

Una bella reina de Saba llega para sacar a Fernando Tobajas de su largo encierro voluntario y se desencadena un particular enfrentamiento amoroso entre ellos. El amante de Arabel Lee, el multimillonario Jonathan Boswell (Claude Dauphin), le ofrece hasta ochenta mil libras, el equivalente a un millón de pesetas de la época, por salir del cuarto de baño. Sin embargo, el anacoreta no acepta porque sabe que, en cuanto salga del cuarto de baño, la reina de Saba (Arabel Lee) dejará de interesarse por él.

El multimillonario consigue tentar a la mujer del anacoreta y a su amante, que se vayan con él en su yate a las islas Bahamas. Esto permite a Arabel Lee vivir una larga temporada con Fernando Tobajas en el cuarto de baño hasta que finalmente logra tentarle, que haga el amor con ella y después le abandone. Entonces el anacoreta intenta volver a su vida interior, pero descubre que ya no tiene sentido, da la vuelta al cuadro con la máxima de Anatole France, aparece otra firmada por él que reza: "Vendrán tiempos en que todos los retretes estarán llenos de anacoretas" y se tira por la ventana.

En 1977 irrumpe Fernando Colomo con lo que se ha considerado la primera "comedia madrileña", *Tigres de papel*. La película narra las relaciones entre dos parejas separadas, pero que no se atreven a dejar de verse —la formada por la izquierdista Juan (Joaquín Hinojosa), que vive en el piso familiar y quiere tener una historia con una vecina ácrata (Emma Cohen), y Carmen (Carmen Maura), que ha vuelto con sus padres, y la integrada por Alberto (Miguel Arribas), que acaba acostándose con Carmen, y María (Concha Gregori), que tiene una relación estable con otro— que ocupan alternativamente el domicilio conyugal una semana cada uno, son la base narrativa en que se apoya *Tigres de papel*.

Una de las películas más características del período de la Transición política por estar rodada y ambientada durante las primeras elecciones legislativas en la primavera de 1977, desarrollarse una escena durante un mitin en Villaverde Alto, hablarse de la III República española y de *Unidad popular*, mientras se agitaban banderas rojas y republicanas, transcurrir otra escena cuando los protagonistas pegan carteles de propaganda electoral, llega un grupo de fascistas y uno de ellos (Luis G. Berlanga), pistola en mano, preside la paliza que les dan, y también por mostrar a un nuevo tipo de personajes, progresistas cercanos a los treinta años, que no saben muy bien qué hacer con su vida y que tienen una nueva manera de hablar, en buena parte gracias a la utilización de sonido directo cuando todavía la práctica habitual en el cine español sigue siendo rodar sin sonido y posteriormente doblar a los personajes y añadir ruidos y efectos ambientales.

Su éxito crea un nuevo tipo de comedia, la denominada *comedia madrileña*, a la que enseguida se apuntan Alberto Bermejo con *Vecinos* (1980), Emilio Martínez-Lázaro con *Sus años dorados* (1980), Fernando Trueba con *Ópera prima* (1980), José Luis Cuerda con *Pares y nones* (1982) y tantos otros, donde se narran similares historias de parejas separadas, a punto de hacerlo y más o menos entremezcladas, desarrolladas en interiores naturales, con abundantes diálogos y con sonido directo, pero cada vez más lejanas de una realidad cotidiana y dan paso a lo que podría denominarse *comedia de ejecutivos*, que invade el cine español desde mediados de los años ochenta con películas cada vez menos atractivas.

Después de un demasiado lento e irregular principio con el grupo de amigos pasando un fin de semana en un chalet de la sierra madrileña, *Tigres de papel* no tarda en ganar altura y convertirse en una peculiar comedia sentimental, (como subraya que la música de fondo sea un conocido fragmento del *Primer concierto para violín en si bemol*, de Tomasso Albinoni) que narra la relación entre dos hombres y dos mujeres, pero que el público de la época convierte en mucho más comedia de lo que en realidad es al verse reflejado por primera vez en unos personajes inéditos en el cine español.

Rodada de manera bastante elemental, generalmente en larguísimos planos con personajes sentados, hablando sin parar y la cámara haciendo leves desplazamientos, *Tigres de papel* al cabo de los años se ha convertido en un eficaz documento sobre una época muy determinada. Su apropiado título, tomado de una frase del entonces muy de moda presidente chino Mao Tse Tung, nace de un diálogo entre Carmen y Alberto en uno de los planos más largos de la película, cuando ella le dice que los hombres le parecen "tigres de papel dispuestos a abalanzarse sobre la pieza", y él le responde que "serán tigres de papel, como dice Mao, del imperialismo y las fuerzas reaccionarias". No sólo revela a dos buenas actrices, Carmen Maura, que no tarda en convertirse en una de las grandes del cine nacional, y Concha Gregori, que desaparece a la misma velocidad que aparece, sino también al desigual guionista, productor y realizador Fernando Colomo.

En *Soldados*, realizada en 1977 por Alfonso Ungría encontramos el caso de la huida de cinco desarraigados personajes recuerden sus vidas, en un continuo ir y venir, a lo largo de algunos *flashbacks* muy bien estructurados, y donde encontramos algunos casos de adulterio.

La criada Remedios está embarazada del señor Alfaro (Lautaro Murúa), su hijo Agustín (Ovidi Montllor) acepta casarse con la criada para que su madre no se entere, pero como su padre sigue acostándose con ella, la muchacha les abandona y se dedica a la prostitución. Al pistolero Tomás Requejo (Francisco Algora), más conocido por Tellina, le echan del seminario por su mala conducta y falta de vocación, comienza a trabajar como minero, pero mata a un compañero que se burla de él, utiliza un par de pistolas para conseguir a la mujer que le gusta y al comienzo de la guerra huye a la zona republicana.

Las cinco historias que conforman esta historia, se desarrollan entre un prólogo, en que el batallón de soldados republicanos libra una refriega en un pueblecito, y un epílogo, donde Agustín y Remedios se encuentran al final de la guerra en un prostíbulo barcelonés; finalmente acaban manteniendo relaciones sexuales, pero en mitad de un bombardeo y poco después él es detenido por los vencedores y fusilado. Mientras, en una continua huida hacia Alicante, se da el éxodo de los restos de un ejército, de un pueblo vencido en busca de una salida, de unos barcos, anunciados, pero nunca materializados, en los que escapar al extranjero, a un largo exilio.

En *La muerte ronda a Mónica* (1977). Ramón Fernández cuenta la crisis matrimonial entre Federico (Jean Sorel) y Mónica. Esta crisis da lugar a la infidelidad de Federico con Eva. Viendo lo acaecido, Mónica tiene la intención de separarse de Federico, y entre las dudas y los hechos, mantiene una relación lésbica. Decide irse de la casa.

Según comenta J. J. De Debajo de Pablos: "La secretaria del socio con antecedentes penales es una lesbiana liada sentimentalmente con la querida del hombre importante, que, a sus espaldas, maquinan hacerse las dueñas de todo, valiéndose, para ello, de sus «encantos carnales». Algo tan viejo como cierto. Pero las cosas irán tomando un sesgo diferente, casi sin que nos demos cuenta, y lo que, a primera vista, parece una cosa, más tarde y a la chita callando, nos sale la otra. Un alarde de imaginación de sonoro aplauso. O un desatino, según se lo tome uno." [34]

Es en 1979 cuando encontramos con el caso del adulterio consentido por el cónyuge con la película *Cinco tenedores*, de Fernando Fernán-Gómez. Una ágil película que cuenta el caso de Aurelio (Saza), propietario de un restaurante de cinco tene-

---

34 DE DEBAJO DE PABLOS, Juan Julio. *Los trhillers españoles. (El cine español policiaco desde los años 40 hasta los años 90).Vol. 4.* Valladolid: Fancy Ediciones, 2001, pp. 68-69.

dores, que recoge en su casa a Miguel, un adolescente, hijo del cocinero que se encuentra huido por haber cometido un crimen pasional. Maruja, la mujer de Aurelio, recibe a Miguel como el hijo que inútilmente ha esperado en sus quince años de matrimonio, pero el amor filial se convierte en Amor con mayúsculas y Maruja queda embarazada de su joven amante. A Aurelio le descubren su esterilidad y por supuesto la infidelidad de su mujer. Azuzado por el mal ejemplo del cocinero asesino, que le acosa y le persigue para interesarse por su hijo, está a punto de cometer también un asesinato, pero el fallido intento le hace reconsiderar su situación de cornudo, sobre todo cuando descubre que la relación entre Maruja y Miguel fue ocasional. El cariño que siente por su mujer y la actitud arrepentida de ésta no son suficientes para tranquilizar a Aurelio. Aurelio toma una determinación sublime para terminar con tanto comadreo y vileza: decide dar un banquete de gran gala y reunir a sus familiares, amigos y clientes más distinguidos para comunicarles su nueva situación de cornudo. Ha decidido abandonar el negocio del restaurante y retirarse a vivir a una granja en el campo.

En 1979 una película de Carlos Saura, *Mamá cumple 100 años* parecía ajustar cuentas con una tradición que era más suya que de nadie, basándose tanto en personajes como en ambientes en la película *Ana y los lobos* (Carlos Saura, 1972) en elementos de una visión esperpéntica, Saura no pretendía más que certificar la inexistencia de esa llamada "Tercera Vía" aunque posteriormente haría *Dulces horas* (1981).

En *Mamá cumple 100 años* encontramos un claro caso de adulterio cuando el francés es seducido por la joven consumidora de hachís. Ella toma el papel protagonista, lo seduce en su habitación oriental y le invita a hacer el amor. Pero Ana, su esposa, lo descubre y huye –la mujer engañada– al campo, donde es atrapada por un cepo de caza –la desgracia se acumula–. Entonces, esa «santa" engañada" recibe el milagro.

Se le aparece la madre (Rafaela Aparicio) y le augura que sus hijos la quieren matar. Preparan un plan para librarla de la muerte.

En ese momento llega su esposo. Ana le pregunta mil veces si ha hecho el amor con la adolescente. Él le pega y luego se lo confiesa. La desgraciada Ana se vuelve loca y corre por el campo, y él interpretando la necesidad de "protegerla" la subió a su espalda y la llevó a la casa. En la fiesta de cumpleaños ya el problema se considera desaparecido, pero es precisamente la "engañada" la que libra de la muerte a la anciana, y por ello se lleva todos los favores que sus hijos estaban esperando conseguir tras matarla.

"No sería muy difícil encontrar elementos metafóricos en *La Sabina* (1979), de Borau, donde el mito de la devoradora de hombres remite a toda una interpretación en clave mágica de la esencia de España, o al menos de la España propia de la imaginación romántica."[35] De esta forma habla José Enrique Monterde de *La Sabina* (1979) de José Luis Borau. En ella se cuenta cómo siguiendo las huellas de otro escritor inglés, desaparecido por los mismos parajes muchos años antes, Michael (Jon Finch) llega a un pequeño pueblo de la Andalucía más profunda y tradicional y no tarda en quedar atrapado por sus encantos. Otro de los motivos de su estancia es la española Pepa (Ángela Molina), que no le hace mucho caso porque tiene novio formal, y mientras él mantiene relaciones con la norteamericana Daisy (Carol Kane) y su ex mujer Mónica (Harriet Anderson). Este enfrentamiento más sentimental que cultural entre dos grupos, uno de extranjeros y otro de nativos, está presidido por la leyenda anteriormente mencionada por Monterde. Según expone Torres, "se trata de una curiosa alegoría sobre la condición femenina escrita, producida y diri-

---

35 MONTERDE, José Enrique. *Veinte años de cine español (1973-1992)*. Barcelona: Ediciones Paidos, 1993, p. 151.

gida por José Luis Borau, que es necesario ver en su versión original bilingüe para apreciar todo su valor."[36]

También en 1979 tenemos el caso de *Fortunata y Jacinta* (Mario Camus, 1979), historia sobradamente conocida por tratarse de la adaptación literaria de la obra de Benito Pérez Galdós. Narra la historia de Juan Santacruz, hijo único de una acomodada familia madrileña, que conoce a Fortunata, una mujer con todo el atractivo y la fuerza del pueblo. El amor surge entre ellos. Pero Juan se olvidará pronto de Fortunata y para alejarse de ella se casará con Jacinta, mujer de su misma clase social.

Los esfuerzos de Fortunata por conseguir que Juan vuelva a su lado son inútiles. Intentará olvidarlo. Se recluirá en un convento y contraerá matrimonio con Maximiliano Rubín. Pero todo se vuelve contra ella y decide luchar. Fortunata llevará su pasión hasta los últimos límites que se pueden concebir en el ser humano. Luchará con fuerza desesperada contra todo lo establecido por la sociedad: la clase social, la religión, el matrimonio, los hijos, para intentar conservarse pura ante un mundo que no le ofrece ningún camino para solucionar su profundo y doloroso problema.

Aquí nos encontramos un adulterio más social que personal, ya que tanto el sacerdote, como la familia del farmacéutico se oponen a que Fortunata se case con él, debido a que ha sido amante de otro, tiene que ser recluida en un convento. Efectivamente este era el final de las chicas que habían sido sorprendidas con algún hombre sin casarse, las madres solteras, y demás mujeres consideradas de peligro moral por la sociedad de la época. Muestra de ello son los casos que se exponen en el cine español del franquismo, especialmente entre los años 40 y 50.

---

36 TORRES, Augusto M. *Diccionario del cine español*. Madrid: Espasa Calpe, 1997, p. 414.

1980 se estrena con la comercial y oportunista película de Antonio del Real *El poderoso influjo de la luna*. En esta película encontramos una crítica general a la deshumanización de la sociedad: teóricamente corrompida, con inseguridad ciudadana, incomunicación de los vecinos...

A pesar de ese "bien intencionado" intento, la película vuelve a los roles más tradicionales y conservadores con una crítica al feminismo al ridiculizar una conversación entre mujeres.

Por su parte el padre (Agustín González), de carácter ocioso, tiene un amante. Y refiriéndose a la infidelidad, comenta Gutiérrez Caba: "Ya sé que no hay hombres sin cuernos, sino señores mal informados." Como añadido típico encontramos al portero, que controla y regula todo el tráfico de personas que salen o entran del edificio.

En otra dimensión de los múltiples grupos de acción de la película encontramos a López Vázquez que intentando arreglar una antena, despierta el sádico interés de la gente y congrega a una multitud convencida de que se va a suicidar. En este momento, su mujer le confiesa su infidelidad. Él amenaza con tirarse si ella no le dice quién es el amante. Los bomberos y la policía consiguen –no sin dificultad– rescatarle. Pero al final su mujer le confiesa que no hubo infidelidades.

Arremete en el panorama nacional Berlanga en 1980 con su *Patrimonio Nacional*. La parte que más nos interesa de esta película es la social, ya que las infidelidades se producen dentro de una aristocracia decadente y no entre la clase burguesa o el pueblo llano, como es habitual en el resto de la filmografía española de la época.

El primer caso berlanguiano de adulterio se da en *La escopeta nacional*, con la infidelidad de "Saza" con su secretaria, y la de Luis José y la modelo. Pero el caso más evidente es el de la segunda parte de estos "Episodios Nacionales", donde encontramos la infidelidad también de la condesa con su criado y descubrimos la pretérita infidelidad del marqués con una joven.

Aunque el tipo femenino de mujer objeto aparece muy temprano en la filmografía de Berlanga, se asiente fuertemente en su hacer tras la incorporación e Rafael Azcona. Por ejemplo, en *Tamaño natural*, la película sobre la mujer objeto por antonomasia. La muñeca despierta todas las fantasías de berlanga y representa el ideal femenino, con unas características que proporcionan a Michel unos sentimientos podrían superar los puramente humanos.

"La muñeca es la mujer ideal, sin que tenga nada que ver la soledad anterior. Yo creo que estas interpretaciones pueden ser válidas, aunque también sean contrapuestas. Pero así cada uno puede escoger la que más le guste."[37] En esta película, lo que si vemos es la doble infidelidad, la de Michel para con su mujer con la muñeca y la de la muñeca con sus secuestradores, pero que Michel considera adulterio y provoca el trágico final.

Por el contrario, en la trilogía nacional de Berlanga, lo que nos encontramos, a pesar de las infidelidades, es el tipo de mujer dominadora. Según Francisco Perales, "el personaje manipula a su pareja hasta conseguir anularla como persona y someterla a su voluntad"[38]

Encontramos el antecedente de este tipo de mujer en Carmen, el personaje de *Esa pareja feliz* (Luis García Berlanga y Juan Antonio Bardem, 1951). La mujer dominadora resulta un ser maternal que ha desarrollado una gran capacidad de sufrimiento, por lo que no manifiesta signos de desaprobación. La primera impresión que transmite es la de una mujer conformista y resignada, pero de manera sutil y trabajada influye constantemente en el hombre hasta conseguir lo que se propone. En estas últimas obras, la mujer seguirá manteniendo las mismas constantes que sus predecesoras, pero su

---

37   GÓMEZ RUFO. *Berlanga. Contra el poder y la gloria.* Barcelona: Ediciones Grupo Zeta, 1997, p. 347.

38   PERLAES, Francisco. *Luis García Berlanga.* Madrid: Cátedra, 1997, p. 158.

función será mucho menos relevante. Comenta Perales que "si acaso sobresale el personaje de Chus en *Nacional III*, que adquiere dimensiones de protagonista tras la reconciliación con Luis José: la pareja vive un nuevo idilio que ella aprovecha inteligentemente para dominar al hijo del marqués."[39]

De nuevo Eloy de la Iglesia trata el tema de la infidelidad en *La mujer del ministro* (1981), donde fiel a su estilo, vuelve a tratar la infidelidad en los grupos sociales políticos y altos cargos. Y que según Ramón Freixas "Eloy de la Iglesia, lejos, muy lejos de *Algo amargo en la boca* o *La semana del asesino*, con diferencia sus mejores films, ha optado decidida y descaradamente por la vía oportunista y demagógica. Amores y tentaciones de un cura, vicisitudes de un diputado homosexual, zoofilia, andanzas y correrías de unos «navajeros», son algunos de los temas ilustrados por el ínclito director. Y con una sutilidad que da grima ha venido lanzando sus dardos sobre la corrupción de la clase dominante. Porque a Eloy de la Iglesia le interesan dos temas: el poder y sus ejecutantes y el sexo (=homosexualidad, o la actividad de chaperos y gigolós). Y ahora puede presentar su ficción con todas las claves de identificación, aunque la verosimilitud no sea su fuerte."[40]

Aquí volvemos como en *El anacoreta* o *Cinco tenedores* a la infidelidad consentida, en este caso, por miedo a un escándalo público, donde se refleja –sobre todo teniendo en cuenta las intenciones críticas del director– la inmadurez social en la que se vive.

Ese mismo año Vicente Escrivá vuelve con *Esperando a papá*, donde narra la historia de Nacho y Nuria, hermanos de siete y cinco años, respectivamente, que siempre que papá está ausente, acercan sus oídos a los raíles del tren para saber dónde

---

39   PERALES, Francisco. *Luis García Berlanga*. Madrid: Cátedra, 1997, p. 163.
40   FREIXAS, Ramón. "La mujer del ministro". *Dirigido Por....* 86 (1981), p. 65.

se encuentra. El niño tiene una fe loca en su padre aunque algunas veces no cumpla lo que promete. El matrimonio de sus padres no va bien y Nela sufre mucho. El padre de Nela descubre las relaciones ilícitas de su marido, Toni, con Laura, hermana de Nela, viuda, guapa e interesante. A partir de aquí el padre de Nela solamente desea hundir a su yerno. Y llega lo irremediable, la separación. Se inicia el proceso de separación civil y eclesiástica y Nela firma la demanda intranquila pensando en sus hijos y en los reproches que puedan hacerla el día de mañana.

En 1982 se estrena *Estoy en crisis*, de Fernando Colomo. En ella vemos las relaciones de Bernabé, director de una agencia, con todos aquellos que le rodean, están marcadas por la dominación. Se acuesta con Evelia, joven creativa cuya competencia teme, para poder decir luego que le da lecciones en la cama. Intenta seducir a Lucía, para demostrar que consigue la chica que le apetece. Ignora a su mujer, Gloria, y a sus hijas.

Para él debe quedar claro que le deben sumisión. Sigue el juego de Benavides, porque en la agencia es quien tiene el poder. A la pregunta de cómo se las arregla para ligar con las jovencitas, responde sarcástico: "Me lo monto de cuarentón incomprendido; mi trabajo no me gusta, mi mujer no me comprende. ¡Estoy en crisis!.. ¡No falla nunca!" Pero esta vez la crisis se le va a complicar bastante.

Respecto a la infidelidad en la tercera edad, tenemos *Volver a empezar*, la oscarizada película de José Luis Garci cuenta cómo Antonio Miguel Albajara (Anonio Ferrandis), un republicano español que se ve obligado a exiliarse, tras estar en un campo de concentración en Francia. Vive una temporada en México, acaba dando clases de literatura en la Universidad de Berkley, en Estados Unidos y regresa a su ciudad natal de Gijón desde Estocolmo después de haber recogido el Premio Nobel de literatura.

Instalado en un modesto Hotel Asturias, al cuidado del servicial encargado Gervasio Losada (Agustín González), la telefonista Carolina (Marta Fernández-Muro) y el botones Ernesto (Pablo Hoyos), pasea por la ciudad al son de los acordes de la música romántica de Johann Pachelbel y, sobre todo, va a ver a su antigua novia Elena (Encarna Paso) a la galería de arte que regenta.

El rey Juan Carlos I llama por teléfono para darle la enhorabuena por el galardón. La prensa, la radio, la televisión le persiguen para entrevistarle, pero consigue escabullirse. Recuerda sus viejos tiempos como antiguo jugador de fútbol, como medio centro en el Sporting de Gijón y es agasajado por la actual directiva del club y los jugadores. Le cuenta a su viejo amigo médico Roxu (José Bódalo) que ha venido porque le han dado siete u ocho meses de vida y quiere despedirse de su tierra.

Mientras, sobre todo pasea con Elena por la ciudad y sus alrededores, le habla de su vida, su matrimonio con una norteamericana, sus dos hijos, su separación, y ella le relata su larga relación con un hombre casado con una mujer cada vez más enferma, y se repite lo mucho que se han acordado el uno del otro durante estos largos años de separación. Después de pasar dos días juntos, tras una apacible noche de amor, Antonio Miguel Albajara regresa a Estados Unidos, a la Universidad de Berkeley, para acabar sus clases, finalizar un par de libros, poner en orden sus cosas con su exmujer y sus dos hijos y morir en paz consigo mismo.

Como comenta Augusto M. Torres: "A pesar de que *Volver a empezar* tiene el grave defecto de que no ocurre nada y sus personajes no paran de añorar un lejano e irrecuperable pasado, se comprende que gane un Oscar porque es una continua alabanza a Estados Unidos. Una vez más aparece como el paraíso de la libertad, que recoge a los refugiados políticos de las más diversas partes del mundo; su famoso protagonista sólo pasa un par de días en España, regresa para morir e incluso hay unas últimas escenas donde se ve lo bien que vive en Norteamérica."[41]

Como hemos visto al principio, el tema de la prostitución si no de lleno, sí tangencialmente está tocado por infinidad de películas de la época. Aquí hemos visto un ejemplo de los tipos y los cambios producidos durante el período que nos ocupa. Pero no debemos dejar de recordar otras películas como: *La adúltera* (Roberto Bodegas, 1975); *Adulterio a la española* (Arturo Marces, 1975); *Adulterio nacional* (Francisco Lara, 1982); *El adúltero* (Ramón Fernández, 1975); *Las señoritas de mala compañía* (José Antonio Nieves Conde, 1973) o *La trastienda* (Jorge Grau, 1975).

3.3. Conclusión

Las leyes que mantenía España respecto al adulterio a mediados de los setenta estaban anticuadas respecto a la evolución de la sociedad española, y eran contempladas con incredulidad por parte del extranjero. El trato desigual respecto al hombre y la mujer que se exponía en las conservadoras Leyes del 24 de abril de 1958 y del 22 de julio de 1961 chocaba directamente con la Declaración Universal de Derechos Humanos establecida por la ONU en 1948.

Con los Artículos 449 y 452 del Código Penal, nos encontrábamos con la paradoja de que incluso la mujer separada podía ser culpada de adulterio. Por todo ello, la Comisión de Justicia del Congreso de los Diputados el 18 de enero de 1978, suprime estos artículos, aunque la Iglesia continúa considerando a la mujer propiedad privada del marido.

Respecto a la imagen de la mujer en el cine, como precedente literario y cinematográfico tenemos al personaje de Carmen,

---

41 TORRES, Augusto M. *El cine español en 119 películas*. Madrid: Alianza, 1997, p. 348.

una mujer de carácter gestada por Merimé y que en las versiones españolas se endulzaba de forma de no ser censurada por el régimen. Como ejemplo tenemos *Carmen la de Triana* (Florián Rey, 1938), *Carmen la de Ronda* (Tulio de Michelli, 1959), aunque la imagen más valiente la encontramos en carnada en Sara Montiel en *El último cuplé* (Juan de Orduña, 1957).

Mujeres con estas características "libertinas" no las encontramos en el cine español sino en la piel de rubias de apariencia nórdica, ya que la imagen de una mujer que pudiera confundirse en lo aspectual con una española ensombrecería el buen nombre del elenco femenino nacional.

El arrebato de valentía fílmica lo tiene Juan Antonio Bardem con películas como *Muerte de un ciclista* (1955) y *Nunca pasa nada* (1963), donde la mujer toma cartas en el asunto y es capaz de tomar una personalidad y un protagonismo generalmente dedicado al sexo masculino.

Dentro del cine de la Transición vemos como este aspecto va cambiando, aunque las características que encontraremos rezuman aún ciertos aires del pasado político y de la rígida moral impuesta.

Como ejemplo tenemos *Lo verde empieza en los Pirineos*, donde la mujer se intenta posicionara a la misma "altura" que el hombre. Una película que evidencia los complejos de una educación forjada en el miedo y el pecado respecto al sexo, al igual que se plasma el matrimonio como cobijo de la felicidad.

La insatisfacción sexual femenina se ve reflejada en *La joven casada* (Mario Camus, 1975). En la mayoría de los casos, la infidelidad femenina viene dada por la búsqueda de la plenitud amorosa en lugar de la sexual, más representada en la infidelidad masculina. Otro caso de búsqueda es el de la película de Eloy de la Iglesia *La otra alcoba* (1976), donde el adulterio viene dado por la búsqueda de un hijo, ya que el marido es estéril.

Otro punto de vista es el de la mujer "mala", capaz de engañar a su marido sólo por placer, como se observa en *El precio del aborto* y en *El poder del deseo* o *Asignatura pendiente,* pero resultan casos extraños, ya que la mayoría de las infidelidades femeninas, como hemos visto, tienen un fin último encuadrado dentro de la naturaleza femenina, con lo que la supuesta liberalización de la mujer en el ámbito cinematográfico no es tal.

4. El divorcio

4.1. Ley e Iglesia frente el divorcio

Se planteó públicamente el problema de los puntos de vista de la fe cristiana al proyecto de ley de divorcio hacia 1980. En la sociedad de la España de la "movida", el divorcio vincular, *doctrina católica* que todos los fieles están obligados a hacer suya, se estaba tambaleando desde los frentes social y político.

Desde el punto de vista cristiano, los católicos debían oponerse a la aprobación de una ley de divorcio por todos los medios legítimos a su alcance.

Otros, en cambio, no veían necesaria esa última consecuencia, ya que, por razones de bien común pensaban que era lícito, en determinadas circunstancias históricas y sociales, aprobar una ley que regulara situaciones fácticas éticamente reprobables.

Finalmente, había una tercera posición, que consideraría tolerable para un católico la aprobación de una ley de divorcio, con tal que ésta no admitiera entre las causas de divorcio el mutuo acuerdo de los cónyuges.

Por otra parte existía un sector que, aunque vinculado por a la fe católica, sí aceptaba el caso de divorcio por mutuo acuerdo. Lejos de las opiniones oficiales de la iglesia, una de sus declaraciones decía así: "El divorcio fundado en el mutuo acuerdo puede ser mucho más conveniente que el fundado en una investigación judicial de motivos (defectos, carencias). El proceso judicial para demostrar la existencia de estos últimos puede resultar mucho más contraindicado y traumatizante (especialmente para los hijos) que un divorcio por mutuo acuerdo, en que se atienda del mejor modo posible al bien de todos."[42]

La ley de Divorcio, finalmente, quedó dictaminada en diciembre de 1980 en la Comisión de Justicia del Congreso, a pesar de los reiterados intentos de boicoteo de varios diputados de UCD de tendencia democristiana. Para que el divorcio pudiera ser una realidad quedaba todavía su aprobación por el Pleno del Congreso, discusión en la comisión correspondiente del Senado y la aprobación por el Pleno de la alta Cámara. Un largo camino por recorrer que quedaba interrumpido hasta el comienzo en febrero del nuevo período de sesiones del Parlamento.

Finalmente el 19 de diciembre de 1980, el ministro de Justicia, Francisco Fernández Ordóñez, sintetizó, con una claridad que dejó perplejos a los sectores más conservadores de Unión de Centro Democrático, lo que significa para todos los españoles el proyecto de ley que había quedado dictaminado por la Comisión de Justicia del Congreso: la posibilidad de divorciarse por mutuo acuerdo, sin que haya que aportar más prueba ante el juez que el propio consentimiento y un año de separación de hecho. "La voluntad de las personas no se investiga. La voluntad se constata, sin más historias"[43], fueron sus palabras.

Momentos antes, UCD había roto la disciplina de partido al dividir sus votos entre los partidarios de una investigación del juez y del fiscal cuando haya hijos, aunque la pareja esté total-

---

42   DIEZ-ALEGRIA, José María. "Ante la ley del divorcio". *El País*. (Madrid), (08-02-1981).
43   Declaración de Francisco Fernández Ordóñez en PRADES, Joaquina. "La división del voto de los centristas no impidió la aprobación del divorcio por mutuo acuerdo". *El País*. (20-12-80).

mente de acuerdo en divorciarse, y los que avalaban a Fernández Ordóñez. El PSOE trató de introducir una enmienda que establecía que, alegando que uno de los dos, o ambos, cónyuges habían dejado de tener las creencias religiosas que les motivaron a casarse en su día por la Santa Madre Iglesia, pudieran abandonar esta vía y tramitar su divorcio civil.

Esta sesión de la Comisión de Justicia del Congreso prácticamente puso punto final a los debates sobre el proyecto de ley de Divorcio. A ritmo maratoniano, sus señorías aprobaron, en algo más de una hora, los últimos catorce artículos de la ley, relativos al régimen de pensiones, y las dos disposiciones transitorias, normalizadoras de los contadísimos casos que podían quedar todavía en España de personas divorciadas según la ley dictada en la II República, y que quisieran de nuevo contraer matrimonio.

4.2. El divorcio en la sociedad española

La familia en tanto que grupo humano está sujeta a tensiones en las relaciones entre sus miembros. Según los tipos culturales e históricos de la familia monógama, esas relaciones han sido tradicionalmente más o menos asimétricas y desigualitarias, produciendo tensiones y conflictos latentes que solamente un control social muy rígido y la muerte impedían que aflorasen y se manifestasen en una ruptura y en una desorganización de la familia, salvo casos excepcionales, como comportamientos que implicaban una marginación social –madres solteras, niños ilegítimos, repudio social de las mujeres, etc.– o bien violentos –crímenes pasionales, por ejemplo–. En este sentido, se puede decir que cada tipo de familia, que se correspondería con un modelo social e histórico, ha dado lugar a una clase específica de desorganización familiar. Por supuesto, cuando hablamos de este concepto estaríamos haciendo una referencia directa a la ruptura matrimonial, ya que la pareja aparece como la base de la familia nuclear. Pero también puede existir una desorganización familiar a partir de las relaciones padres-hijos y, de hecho, en las sociedades agrarias las herencias han representado siempre un fuerte potencial de conflicto.

En la sociedad de la España de la Transición, se tendía a la individualización de los componentes de la familia y al reconocimiento y protección por parte de los aparatos legales de sus derechos, los conflictos extremos empezaban a contar con cauces institucionales a través del derecho de familia.

Por otra parte, y dada la primacía de la pareja en la familia conyugal, el conflicto matrimonial era el eje sobre el que giraba la desorganización del grupo familiar.

Según exponen Salustiano del Campo y Manuel Navarro: "Ninguna investigación sobre la familia española ha tocado el tema de la conflictividad matrimonial, hasta la encuesta, repetidas veces citada, de 1980 [...] que permite evaluar, siquiera sea muy tentativamente, el grado y las causas del conflicto entre los matrimonios."[44]

Estos autores encuentran tres niveles en la percepción de la conflictividad matrimonial en este período: conocimiento de matrimonios con problemas de convivencia, con problemas concretos graves o en proceso de disolución.

Estos datos inciden en la sensibilidad detectada en la opinión pública acerca de los problemas matrimoniales. No podemos olvidar que el conocimiento de matrimonios con problemas de convivencia se relacionaba con las actitudes más favorables para el divorcio. Incluso podía suceder que en climas sociales de alta religiosidad la conflictividad matrimonial fuera menor, pero también que se diera una cierta ocultación, incluso inconsciente, o la simple desvalorización de esas situaciones conyugales. Por otra parte, las personas que conocían

---

44   Del CAMPO, Salustiano y NAVARRO, Manuel. *Análisis sociológico de la familia española*. Barcelona: Ariel, 1985, p. 186.

mayor número de matrimonios con problemas eran los más jóvenes y las que tenían niveles de estudios más altos. Es decir, la percepción social del conflicto matrimonial estaría relacionada con la actitud ideológica ante el propio vínculo matrimonial. Las cifras de percepción de conflictos matrimoniales aparecían muy altas. Siendo los problemas más sobresalientes: alcoholismo, malos tratos físicos, adulterio y separaciones de hecho. El conocimiento de estas situaciones era elevado en términos relativos, incluso entre católicos practicantes.

En los núcleos de población rurales se declaraba una alta incidencia de alcoholismo, los malos tratos y las separaciones de hecho. En cambio, el uso de drogas y las separaciones legales eran más significativos en los núcleos urbanos.

En conclusión, podemos señalar que sí existía conciencia en la opinión pública de la conflictividad matrimonial, aunque más del 50% de la población negara la percepción de esa conflictividad.

4.3. El divorcio en el cine

4.3.1. El divorcio en el cine de la Transición

Un tema tan tratado como el del divorcio, no podía quedar desapercibido para las artes cinematográficas, y sobre todo en los momentos en los que la posibilidad de exponer ideas libremente era mayor. Las opiniones, como en la calle, son varias, pero todas tocan el tema y dan una visión, original o no, acerca del asunto.

La película que primero encontramos que trate directamente el tema del divorcio es *El alegre divorciado* (1975) de Pedro Lazaga. En ella nos cuenta la vida de Ramón y Socorro, un matrimonio cincuentón, que emprende viaje a Méjico para asistir a la boda de su hijo Carlos. Al llegar a Méjico, Ramón descubre algo que le deslumbra: allí existe el divorcio, y él, que está harto de aguantar los excesivos cuidados de Socorro, decide divorciarse. Este hecho produce estupor en la familia. Felipe, su consuegro, organiza un falso divorcio, seguro de que cuando Ramón se separe de Socorro la va a echar de menos. Ramón, creyéndose divorciado, se siente feliz, pero pronto paga las consecuencias: el hígado se le rebela y se arma un lío con las pastillas que le administraba minuciosamente Socorro. Ramón está arrepentido de su divorcio, y cuando se entera de que Socorro y don Felipe van a casarse, intenta impedir la supuesta boda. La noticia de que todo fue una broma para escarmentarle le hace cambiar de actitud. Ahora será él quien dé celos a Socorro. Ramón y Socorro se conciliarán y asistirán a la boda de su hijo Carlos. Aunque en la misma puerta de la iglesia comenzarán otra vez las broncas conyugales.

Esta primera aproximación del cine español a la temática del divorcio como columna vertebral, nos da una imagen aproximada de las ideas anti-divorcio que abanderaban los sectores sociales más conservadores. En esta película, estos sectores de burguesía media-alta se encuentran perfectamente retratados, ya que es también este sector el más ligado a la Iglesia y, por lo tanto, el más reacio al divorcio.

Ese mismo año se estrena la película *Los pájaros de Baden-Baden* (Mario Camus, 1975), basada en una novela de Ignacio Aldecoa. El film nos cuenta la historia de Elisa, una mujer de la alta burguesía de Madrid, que se ha quedado sola en la capital mientras sus padres se han ido a pasar los tres meses de verano a una población del Norte. Elisa trabaja en un libro, para el que necesita la colaboración de un fotógrafo, Pablo, que es un hombre separado de su mujer que vive con su hijo, Andrés, de doce años. Al tiempo que colaboran en el libro, entre Elisa y Pablo surge una relación. La mujer deja a sus habituales acompañantes y entra de lleno en una aventura con Pablo, a cuya casa se traslada y en cuya vida entra a participar de una forma total. Cuando se acerca el otoño y los padres de Elisa se disponen a regresar ésta empieza a pensar en el resultado de esta relación y en su continuación. Es probable que sus padres no soporten esta situación, ni siquiera pueden ser capaces de sospecharlo. Se plantea estos problemas y sus relaciones van enfriándose, y van dejando de verse. Pablo necesita a Elisa, y ésta se dispone a afrontar el invierno sin que le afecte la aventura veraniega. No obstante, a los pocos días de haberse separado definitivamente de Pablo, Elisa le echa de menos. Un día de otoño vuelve y Pablo ha desaparecido para siempre.

Volvemos a situarnos en una familia de buen nivel económico y cultural, lo que podríamos llamar una clase alta. El tema del divorcio se plantea como algo ya hecho, indisoluble, algo que ya no se puede evitar, pero el rechazo es semejante cuando vemos cómo los padres no aceptarán la relación con el fotógrafo, al estar, para ellos, casado y con un hijo. Como expone José Luis Sánchez Noriega "El resquebrajamiento de la pareja sobreviene cuando Pablo rechaza tajantemente el ambiente social en que se mueve Elisa y los valores encarnados en él."[45] Y es precisamente el choque de ambientes, el trasgresor y el tradicional, el moderno y el antiguo, los que impiden la relación de la pareja y, como siempre, sale perdiendo la posición más "atrevida".

Ese mismo año Francisco Regueiro dirige *Las bodas de Blanca*, que cuenta la historia de una divorciada. Blanca va a casarse por segundas nupcias. Su anterior matrimonio fue anulado. Pero la noche antes de la pedida decide huir. En la estación se encuentra con su antiguo marido. Hace varios años que no se ven. Los dos siguen queriéndose, pero su marido es impotente con ella. Al día siguiente se celebra la pedida con su futuro marido, un sordomudo. A esta extraña ceremonia asisten su antiguo esposo y una monja de clausura, tía de

---

45   SÁNCHEZ NORIEGA, José Luis. *Mario Camus*. Madrid: Cátedra, 1998, p. 198.

Blanca. Este insólito banquete de bodas termina en luna de miel. Blanca deja de ser virgen antes de la boda y, al final del día, el sordomudo la abandona. Blanca vuelve con su antiguo marido, estando su existencia definitivamente dedicada a él.

En esta película nos encontramos con la nulidad católica del matrimonio. Blanca ha tenido un anterior matrimonio, pero ha sido anulado por la Iglesia. Esta posibilidad, desde luego, era bastante remota y poco promocionada por la Iglesia.

Respecto a *Las bodas de Blanca* y su intención pedagógica, decía Norberto Alcover: "En torno a esta intención pedagógica de Regueiro, vive una extensa galería de personajes aquejados de tales distorsiones personales que les convierten en signo excesivo de traumas, limitaciones y tragedias del español medio. La obsesión pequeñoburguesa por la riqueza en la cuñada de José. El cálculo pragmático y recortado de su marido. La doble vida de Julia, esa señora decente que secunda las represiones de Antonio. El padre de Blanca, cerrado sobre sí mismo ante el matrimonio de su hija. Gentes que tanto se parecen a nosotros mismos y que ahora contemplamos como fresco escalofriante de ese engañoso vivir cotidiano. También ellas son reales porque son excesivas. Lo que sucede es que nuestra vulgaridad ha reducido todo exceso a la nada. Para tranquilizarse."[46]

El golpe definitivo al tema lo dio Fernando Colomo con una de las películas míticas del cine español, *Tigres de papel* (1977). En esta cinta, Colomo narró las relaciones entre dos parejas separadas, pero que no se atreven a dejar de verse –la formada por la izquierdista Juan (Joaquín Hinojosa), que vive en el piso familiar y quiere tener una historia con una vecina ácrata (Emma Cohen), y Carmen (Carmen Maura), que ha vuelto con sus padres, y la integrada por Alberto (Miguel Arribas), que acaba acostándose con Carmen, y María (Concha

---

[46] ALCOVER, Norberto. "Las bodas de Blanca". EQUIPO "RESEÑA". *Cine para leer 1975*. Bilbao: Mensajero, 1976, p. 69.

Gregori), que tiene una relación estable con otro– que ocupan alternativamente el domicilio conyugal una semana cada uno, son la base narrativa en que se apoya *Tigres de papel*.

El mismo año, vuelve Pedro Lazaga con una película evidentemente oportunista, *Hasta que el matrimonio nos separe*. Nos encontramos a comienzos de los años setenta, antes de la Ley del Divorcio en España. Miguel, un ingeniero naval de los astilleros de Santander, se enamora de Ana, una joven americana estudiante de Historia del Arte. Al ser obligatorio el matrimonio canónico para los bautizados españoles, Miguel, para poder casarse por lo civil, tiene que hacer una declaración previa de apostasía, que le deja totalmente traumatizado, por cuanto significa la ruptura con la Iglesia y la renuncia a sus creencias católicas. Toda una sucesión de acontecimientos que pasean por todos los obstáculos legales, morales y sociales del divorcio en España.

Vuelve a repetirse el tipo de familia de clase alta, incrustada en las tradiciones. Vemos en seguida el carácter moral y político de la familia, cuando la madre de Miguel (José Sacristán) rechaza a Martina diciendo: "Desde luego Martina no es la mujer ideal para formar un hogar cristiano." Otro ejemplo de esta rigidez lo encontramos cuando la madre de Miguel ve decidido a su hijo a casarse y le pregunta únicamente que si Martina es católica.

El rechazo social se ve muy bien reflejado cuando Miguel va a informarse de los trámites a seguir para contraer matrimonio civil, el encargado casi no sabe de lo que está hablando, y se disculpa diciéndole que no los ha utilizado nunca –los impresos–. En esa misma secuencia, los usuarios presentes le tachan de hereje y de masón. El divorcio aún no estaba, evidentemente, asimilado.

No se escapa tampoco la Iglesia de la crítica, pues Miguel, entre sus indagaciones, va a hablar con el cura, y éste, amenazante, le dice que lo que le está pidiendo es que le borre de católico y que engañe a Dios. Todas estas trabas sumen al protagonista en un complejo de culpabilidad, "la condenación eterna, una eternidad de sufrimientos a cambio de un momento de placer", recordaba de las "enseñanzas" del catecismo.

Miguel se declara apóstata, con la consiguiente desaprobación de su madre, e incita a su novia a declarar su apostasía, como muestra de su afecto, pero ella critica que en ningún lugar le obligarían a renegar de sus ideas para poder casarse.

Finalmente consigue convencerla y se casan. Las secuencias que narran la boda podrían ser las más frías de la película, se narran con total sobriedad, sin adornos, y reflejan un juzgado sucio y falto de detalles. La parca ceremonia ayuda considerablemente a provocar la situación. Al finalizar la ceremonia, una vaquera exclama: "Lástima que se haya tenido que casar por lo hereje."

Como era de esperar, la noticia corre como el fuego y Miguel es rechazado por el conjunto de la sociedad, aunque lo llenan de regalos y miedos religiosos. Uno le regala un escapulario para que no se condene, otro le dice que a los apóstatas no se les entierra en sagrado. Esta presión hace que Anne se vaya a EE.UU. a reflexionar, pero suelta: "A ninguna mujer le gusta casarse por el juzgado por muy americana que sea." Con lo que volvemos a ver las estructuras tradicionales reflejadas en la juventud de la época. Finalmente ella le pide el divorcio.

Las torturas llevan a Miguel a la enfermedad, y en el lecho, pide confesión, pero el sacerdote no lo puede confesar si es apóstata, por lo que le hace jurar de nuevo la fe católica y se vuelve a casar por la Iglesia en el mismo hospital.

A pesar del matrimonio religioso, Anne lo abandona, y mientras él se recupera en el hospital le comunica que ha tenido un hijo, pero que no lo verá nunca. Esto le hace intimar con una enfermera, por lo que debe disolver su matrimonio para poder casarse con ella.

Pronto Miguel recibe una carta del tribunal eclesiástico de Brooklin, en la que le concedían la nulidad del matrimonio por falta de madurez en el consentimiento. Ese era su momento y le pide matrimonio a su nueva novia, la enfermera, pero ella dice que no habrá boda, porque está separada de cuerpos y bienes. Ella es libre pero está atada a su matrimonio hasta que la muerte les separe.

Termina el film con una imagen "bucólica", ellos casándose ante una cruz en el campo. Como hemos comentado en el principio, una verdadera enciclopedia legal del matrimonio.

En 1978, José Luis Garci integra en uno de sus dramas a un divorciado. Es en *Solos en la madrugada.* José, periodista y locutor de radio, realiza un programa diario bajo el título "Solos en la madrugada", que ha conseguido una enorme audiencia nacional. José lleva casi dos años separado de su mujer, Elena. En el transcurso de la acción Elena le hará saber que va a unirse con Enrique. José conoce al iniciarse la película a Maite, antropóloga, más joven que él y con un concepto distinto de la vida. El choque emocional de sus relaciones con estas dos mujeres hará cambiar a José. Finalmente se quedará tan solo como antes pero habrá aprendido algo.

El hecho de ser divorciado se ve aquí con bastante naturalidad. Lógicamente el grupo social que frecuenta también es de carácter progresista, por lo que tiene superado el prejuicio acerca de las personas divorciadas.

Una divorciada protagonista encontramos en *Qué hace una chica como tú en un sitio como este,* dirigida en 1978 por Fernando Colomo. Rosa (Carmen Maura), es una mujer casada con dos niños y separada de su marido, Jorge. Su vida es su peluquería en la que trabaja y sus niños con los que vive. Jorge aparece de vez en cuando por su casa o por la peluquería, tratando siempre de extorsionarla de alguna manera. A través de Mary, una de sus empleadas, entra en contacto con el mundo del Rock; allí conoce a Tony, joven cantante de un grupo que tiene problemas con la policía. "Enamorado" es un policía que conoce, por una parte a Jorge por sus oficios de chivato, y por otra a Rosa, de la que está enamorado desde siempre. Rosa tendrá una aventura amorosa con Tony; enterado Jorge les quita a los niños. Rosa, decidida a recuperar a sus hijos, llama a Jorge y le invita a cenar, prometiéndole a aceptar todas sus condiciones. Terminada la cena bajan los dos a la peluquería, donde Rosa, según le dice, tiene preparada una sorpresa para él.

Aquí nos encontramos con una película que podríamos calificar de pro-divorcio. Su protagonista, Rosa, es una mujer que pretende divorciarse por segunda vez, y lo único que vemos en la película son motivos más que sólidos por los cuales divorciarse de los hombres que se presentan.

No era de esperar otra salida de un director como Fernando Colomo y teniendo en cuenta su trayectoria, al ser esta la siguiente película a la ya comentada *Tigres de papel*, donde, como hemos visto, es el divorcio el tema principal.

Otro maestro del cine, Luis García Berlanga, nos da su opinión en 1979 con *La escopeta nacional* y, por consiguiente, con *Patrimonio Nacional* y *Nacional III*, trío fílmico que conforma la llamada "Trilogía Nacional".

El caso de separación –que no de divorcio– que impregna las tres películas de Berlanga está protagonizado por Luis José (José Luis López Vázquez) y "la tuerta" (Amparo Soler Leal). Empezamos a conocer a esta pareja en *La escopeta nacional*, cuando Luis José se encapricha y secuestra a una modelo. En ese momento, el padre Calvo corre a convencerle de su torpeza. Aquí sigue el diálogo:

PADRE CALVO: ¡De rodillas, de rodillas delante de tu mujer, insensato!
LUIS JOSÉ: Mi mujer. Eso no es culpa mía, sino de la Rota. Le consta que llevamos diez años detrás de la anulación.

SACERDOTE: ¡¿Pero cómo la Rota?! ¡Ni Rota, ni nada! ¡Unidos en el bien y en el mal! ¡Crápula! Juntos hasta que la muerte os separe. ¡Lo que yo he unido en la tierra, no lo separa ni Dios en el cielo!

Aquí encontramos el verdadero espíritu del padre Calvo, y por extensión, de toda la Iglesia más conservadora. Lógicamente, ante una familia aristocrática, como son los Leguineche, no podría darse el caso de divorcio, ya que todos sus movimientos estaban atentamente vigilados por la Iglesia Católica. Por ello, el caso de Luis José es de nulidad matrimonial.

Pero no se conforma con este apunte Berlanga, sino que aprovecha inteligentemente la situación política al realizar *Nacional III*. En esta película, la muerte del padre de "la tuerta" la convierte en heredera. La conocida agudeza olfativa para el dinero fácil de los Leguineche les hace urdir un plan para que Luis José vuelva a conquistar a su esposa. La conquista se realiza durante el funeral, y esto es lo que expresa el padre Calvo al ver "reenamorados" al matrimonio: "¡Que vengan a ver este cuadro los divorcistas!".

En 1980 se realiza una advertencia más que una película. La advertencia viene dada de Pedro Masó, y se titula *El divorcio que viene*. Pepe (José Luis López Vázquez), casado con Amparo, se ha enamorado de Mónica, esposa de su socio Luis, con la que va a tener un hijo, fruto de sus relaciones extramatrimoniales. El primer problema es el divorcio, la ley del divorcio. Pedrizosa, el Diputado a quien el votó le anima, la ley del divorcio esta en la calle, a punto de salir del Congreso. La situación legal de los dos y de su futuro hijo no tendrá problemas. El segundo problema es comunicárselo a su socio, lo cual sucede durante una cena de negocios, con el consiguiente escándalo. Pero los problemas no tienen solución fácil. Luis, su socio, le separa del negocio dejándole la peor parte de la tienda.

Su mujer, Amparo, pretende quedarse con todos los bienes que tienen. Sólo Viky, su hija, no le plantea problemas económicos; se los plantea moralmente.

De nuevo un director realiza una película en la que el divorcio puede suponer una catástrofe personal, pero también una aguda crítica a la falta de consideración, coherencia y madurez social de la España de la época.

Otro progresista tocaría el tema un año después. Se trata de Oscar Ladoire con su película *A contratiempo*. Esta película muestra el "producto" de un divorcio. La joven compañera de viaje de Oscar Ladoire es hija de padres separados. En este caso se muestra a una hija maleducada, falta de cariño, alocada y poco responsable. Ladoire cae en la trampa y en lugar de exponer el divorcio como un hecho consumado sin mayor repercusión que el matrimonio, expone a esta chica como el fracaso de un hogar deshecho.

Vicente Escrivá realiza en 1981 *Esperando a papá*. Esta película describe a un matrimonio en crisis que, tras muchos años de desavenencias, deciden iniciar los trámites de la separación civil y eclesiástica y ella firma la demanda intranquila pensando en sus hijos y en los reproches que puedan hacerle el día de mañana. Se trata de otra película en la que el divorcio resulta un trauma familiar, pero que no aporta nada en ninguno de los sentidos, ni temático ni estético.

Dentro de un tema tan aprovechable, no podía faltar una película de Mariano Ozores. En este caso realiza en 1981 la película *¡Qué Gozada de divorcio!*, donde vuelve a poner a un simpático sinvergüenza como protagonista. En este caso es Alberto, que separado de su mujer desde hace cinco años, se ha dedicado a la conquista de mujeres más bien fáciles... hasta que recibe inesperadamente la visita de su ex-mujer para que le firme los documentos necesarios para divorciarse. Al volverse a encontrar comprenden que aún siguen queriéndose y Alberto no cesará hasta conseguir que el juez les deniegue el divorcio.

Otra película del mismo carácter comercial es la rodada en 1982 por Juan Bosch *Caray con el divorcio*. David está casado y no tiene hijos. Sin embargo, fuera del matrimonio, mantiene desde hace tiempo relaciones con Susi y Laly, con las que ha tenido un hijo con cada una de ellas. A las dos ha prometido, por separado, claro está, que cuando se autorice el divorcio en España se separa de su esposa y regulariza su situación con ellas. Se aprueba la Ley del Divorcio, y empiezan los conflictos. No puede casarse con las dos a la vez. Además a quien ama él es a su esposa.

Este mismo año se realiza *Los líos de Estefanía*, dirigida por Augusto Fenollar. En ella Esteban deja la ciudad por un tiempo, y su novia Estefanía se la confía a su amigo Marcelo, que está a punto de recibir una herencia, para lo cual tiene que casarse, y simula ante su abuelo que Estefanía es su prometida. Por lo cual efectúan una boda ficticia que al final resulta ser verídica por una jugada que les hace Esteban. Estefanía, de acuerdo con Marcelo, prepara el adulterio con Esteban, después de esto el divorcio con Marcelo y volverá a conquistar a su verdadero amor, Esteban.

En la misma fecha repite Mariano Ozores con otra película sobre el divorcio, pero sin mejorar la anterior. En este caso es *El primer divorcio*, en el que después de cinco años de matrimonio, Narciso encuentra monótona su vida de casado, con Carlota.

Se aprueba la Ley del divorcio y Narciso se apresura a divorciarse para casarse de nuevo con su secretaria. Una vez casado, se da cuenta de su tremenda equivocación, e intenta volver con su primera mujer, lo que le obliga a llevar una doble o triple vida marital, que le agota y enloquece.

Debemos finalizar este capítulo con la magnífica película de Pilar Miró *Hablamos esta noche*. Es en esta película donde encontramos a Hans, el novio holandés de la protagonista, que está en trámites de divorcio. En este film, Pilar Miró trata con naturalidad el tema. El personaje de Hans es el mejor amigo de su hijo, y en nada orienta esta situación el hilo conductor de la película.

4.4. Conclusiones

Los primeros planteamientos a favor de una ley del divorcio se realizan en 1980. El divorcio vincular, por su parte, se tambaleaba desde los frentes social y político, y la Iglesia y los sectores más ligados a ella notaban la separación abismal existente entre sus propuestas y las que solicitaba la sociedad.

El catolicismo se oponía frontalmente, aunque algunos católicos estaban de acuerdo siempre y cuando esta ley no admitiera el mutuo acuerdo, pero la posición prodivorcista de Fernández Ordóñez en el parlamento provocó un cisma en la UCD, entonces en el poder, y la posibilidad de llevar a cabo la ley sin práctica oposición. Por su parte, el PSOE añadía otra de las causas de divorcio el hecho de que la pareja, o uno de los cónyuges hubiese abandonado la fe católica.

Las estadísticas evidenciaban el problema en todos los sectores sociales, exceptuando las familias de extrema religiosidad, que siempre negaban que hubiese problemas en el seno familiar, lo que nos hace tender a pensar que se trataba de una opinión dirigida al ocultamiento de dichos problemas.

Aunque la mayor parte de la sociedad gritara a favor de una ley que consideraban necesaria, el cine refleja la amplitud de opiniones que rondaban acerca de este tema.

En principio nos encontramos con un tipo de cine, que se extiende por todo el período estudiado, que habla del divorcio como un problema, como un dinamitador de la armonía familiar y como un fracaso para los matrimonios que se adhieren a él. Así encontramos películas como *El alegre divorciado* (Pedro Lazaga, 1975), *Las bodas de Blanca* (Francisco

Regueiro, 1975), *El divorcio que viene* (Pedro Masó, 1980), *Esperando a papá* (Vicente Escrivá, 1981) o *¡Qué gozada de divorcio!* (Mariano Ozores, 1981). En esta serie de films, el divorcio, siempre incitado por la infidelidad del hombre hacia la mujer, reivindicando una postura machista, ya que nunca es la mujer la que, por motivos varios, decide separarse del marido, se considera un trauma familiar, y siempre da lugar posteriormente a la redención, a la vuelta del marido al calorcito del hogar que, casualmente, siempre es de clase burguesa media o alta.

Otra serie de películas dan una visión nueva, más acorde con los tiempos que corren, como *Los pájaros de Baden-Baden* (Mario Camus, 1975), *Hasta que el matrimonio nos separe* (Pedro Lazaga, 1977), *Tigres de papel* (Fernando Colomo, 1977), *Solos en la madrugada* (José Luis Garci, 1978) o *¿Qué hace una chica como tú en un sitio como este?* (Fernando Colomo, 1978). En estas películas, el divorcio se ve como algo natural, incluso a veces necesario para el desarrollo personal de los cónyuges, y de la mujer particularmente, como en el caso de *¿Qué hace una chica como tú en un sitio como éste?* La crítica a una sociedad hipócrita, llena de formalismos y de prejuicios institucionalizados viene de la mano de Lazaga con *Hasta que el matrimonio nos separe*. Y la normalidad llega con las películas premeditadamente progresistas de Fernando Colomo, José Luis Garci y Pilar Miró.

Como vemos, desde el cine, se podría hacer un análisis más que cercano de la realidad social que vive la España de la época respecto a este tema.

5. La homosexualidad

5.1. El inicio de los movimientos homosexuales

De los grupos denominados *contraculturales*, los que pasan de la palabra escrita a la acción son varios, aunque en algunos de ellos, la reivindicación política tradicional se une a la manifestación nueva. Por ejemplo, y como grupo internacionalmente conocido, podríamos nombrar los *Black Panthers*[47], *aunque este no sería del todo contracultural por su vertiente agresiva y su tono no conciliador por el conflicto blanco/negro. Algo así ocurriría con la Free Church* (La Iglesia Libre), movimiento anticonvencional dentro del cristianismo, pero cuyo desarrollo es muy débil fuera de América, o con el *Youth Internacinal Party* (El Partido Internacional de la Juventud), que si como estilo de vida y reivindicación es conocido en toda Europa, como organización concreta apenas funciona fuera de Estados Unidos. Por tanto, vamos a hablar sólo de uno de los dos grupos de acción contracultural que tienen hoy en día mayor incidencia, el *gay-power*.

---

47   Los *Panteras Negras*, es un grupo radical que aúna las defensas de las minorías oprimidas con la defensa de los derechos raciales. Debido al uso de la violencia, los *Panteras Negras* no pueden ser considerados como grupo contracultural. Ahora bien, su participación en otras manifestaciones más generales en pro de la paz, sí los incluiría dentro de la llamada contracultura. Como ejemplo tenemos el tono libre de algunas de sus proclamas, como la famosa *Black is beautiful* (Lo negro es hermoso).

Gay significa literalmente *alegre*. Es la misma palabra nuestra medieval, que se conserva en expresiones o títulos como *gay saber* o *gaya ciencia*, referidos a la poesía. Hoy día *gay* (en inglés) es sinónimo de homosexualidad. El *gay-power* es un movimiento que pretende y quiere la liberación de los homosexuales. Que no exista represión, ni discriminación, ni desprecio hacia ellos. La homosexualidad es una forma diferente de ser –nos dicen–, una más, pero no mejor ni peor que las otras. Ni mucho menos anormal. Pero el *gay* no es una defensa de un tipo de personas. Quiere además recalcar que la mayoría de las diferencias entre lo que decimos masculino, y lo que decimos femenino, no son biológicas, sino culturales, es decir, formas de ver impuestas atávicamente por un uso social, pero que no están en la naturaleza. Según Roszak: "una de las mayores causas de desequilibrio en nuestra sociedad proviene de la lucha que los hombres sostienen contra su femineidad y las mujeres contra su masculinidad".[48] Lo masculino y lo femenino no son férreas barreras, sino funciones biológicas distintas, y a nadie se le oculta hoy que el erotismo no está en relación directa siempre con una función biológica reproductiva. *Gay* es, pues, mitigación de esas barreras, un acercamiento entre ambos extremos, una defensa a un grupo oprimido, y, sobre todo, algo que quiere ser libre, alegre, vital, aceptado y asumido en la propia persona. *Gay* es no tener miedo a ser lo que es, cualquier cosa que sea. Es una persona libre, que se sabe viva y goza. Por esto el *gay-power*, el estilo *gay*, se diferencia bastante de una agrupación tradicional de homosexuales. *Gay* no es oculto, ni se siente *distinto*. Es alegre y libre, y de esa libertad hace una provocación y una protesta. El *gay* asume su homosexualidad, y vive, e invita además a todos (hombres o

---

48 ROSZAK, Theodore. *America the Wise: The Longevity Revolution and the True Wealth of Nations*. California: Houghton Mifflin Company, 1998.

mujeres) a que acepten su pequeña o mayor parte femenina o masculina. A que vivan, en suma.

El *gay-power* organizó reuniones y actos, pero sobre todo es una forma, un vestuario, una actitud, una suavidad en las costumbres, en definitiva, una forma libre de comportamiento. Hoy también una forma de cantar; el *gay-rock* es uno de los estilos de música y actuación más al día. Combinan el ritmo, la provocación y la sexualidad del *rock* con la manera *gay*. El cantante (David Bowie, Alice Cooper, Iggy Pop, Lou Reed, Mick Jaeger) sale maquillado al escenario, con un atuendo y una actitud típicamente bisexual. Con esta evidente ambigüedad, pretende atraer a chicos y a chicas. Rímel, labios pintados, sombra en los párpados y colores y pantalones muy ceñidos. Nadie puede decir, al principio, si es un hombre o una mujer. Uno de estos cantantes ha adoptado incluso un nombre femenino, Alice (Alicia) Cooper. En unas declaraciones sobre el cambio de nombre, dijo: "A esta sociedad que te encomienda unos papeles cada vez más precisos, más estrechos, cada vez más opresivos, nosotros le hemos respondido rechazando incluso nuestro papel biológico. No queremos ser considerados como machos o como hembras, sino como seres humanos, habitantes del planeta Tierra, que es una mínima partícula de un cosmos que es, a su vez, nuestro único punto de referencia. Nosotros estamos de viaje por el espacio, el motor es el amor, el amor por todos los seres vivos, sin distinción de raza, ideología, ni cultura... y aún menos de sexo; donde hay amor hay un corazón que late. Nuestra música habla de esto, nuestro cuerpo habla de esto." [49]

---

49   Declaraciones del cantante *glam* Alice Cooper en De VILLENA, Luis Antonio. *La Revolución Cultural (Desafío de una juventud)*. Barcelona: Planeta, 9175, pp. 157-148.

5.2. Homosexualidad situación política

Los 70 son años de importantes acontecimientos tanto políticos (promulgación de la Constitución de 1978, primeras elecciones legislativas y municipales...) como sociales (reconocimiento de los derechos de manifestación y huelga, legalización de los partidos políticos y sindicatos). En la calle, las actividades *gays* (debates, conferencias, reseñas, entrevistas...) empezaban a estar al orden del día en todos los diarios y revistas del país.

El campanazo de salida lo dio la sección colegial de psiquiatras del Colegio de Médicos de Barcelona al remitir una nota sobre la homosexualidad y su ordenamiento jurídico, en la que señalaba la necesidad de una campaña de información pública sobre esta cuestión que permitía corregir las actitudes y opiniones de la colectividad en cuanto a la homosexualidad. Hacía un mes que había salido a la luz pública el caso de S. M.[50] En la sentencia que se le aplicó se dice que "la homosexualidad es susceptible de reeducación y rehabilitación mediante el correspondiente tratamiento". En aquel momento varios psiquiatras del Colegio de Barcelona se pronunciaron opinando que "la reeducación del homosexual y su terapia es inoportuna" y señalando, además, que es inevitable e inmodificable. Ante este hecho, *Dignitat*, organización que nació para defender al homosexual y ayudarle en la tarea de su liberación, pidió al Colegio de Médicos de Barcelona y a su sección de Psiquiatría que se pronunciara sobre las características psicológicas del homosexual.

La sección de Psiquiatría remitió a *Dignitat* su opinión:

"A través de informaciones privadas o públicas se llega al conocimiento de actuaciones legales con determinadas personas detenidas o por lo menos abordadas a causa de su compor-

---

50 S. M. son las siglas de una persona anónima juzgada por homosexual.

tamiento sexual. La mayor parte de estos casos corresponden a actividades de orden homosexual."

Los psiquiatras hacen entonces las siguientes consideraciones: "El comportamiento o *tendencia* homosexual forma parte de las posibles formas de ejercer la sexualidad un individuo normal. Si esto sucede dependerá de las experiencias personales a lo largo de su vida y ni siquiera podernos considerarlo como una cuestión médica *per se*."

Añadiendo que estas consideraciones mostraban la necesidad de una campaña de información pública sobre esta cuestión que permitiera corregir las actitudes y opiniones de la colectividad en relación a la homosexualidad. "Asimismo es necesaria una nueva consideración colectiva del problema que permita definir conceptos como *escándalo público, perversión y otros*, todos ellos de gran importancia por su repercusión sancionadora de los comportamientos humanos." [51]

Es esta la segunda vez que los psiquiatras del Colegio de Barcelona se pronunciaban en torno a este tema. La primera fue en el mes de diciembre de 1970. Entonces veinticuatro profesionales dijeron: "La conducta homosexual no se modifica aplicando al sujeto homosexual medidas de tipo correccional ni de privación de libertad; tal tipo de medidas pueden ocasionar conflictos psicológicos que configuren en el sujeto trastornos de conducta posteriores."

A partir de aquí los intercambios de opinión, las cartas al director y los manifiestos poblarán la prensa española.

Otro punto a destacar es el problema de la ley de Peligrosidad Social, en la que se encuadraba el delito de la homosexualidad. Por ello también saltaron a la palestra defensores y detractores de la ley.

En Junio de 1977 se celebró un debate sobre la propuesta de derogar la Ley de Peligrosidad y Rehabilitación Social

---

51 EL PAÍS. "Debe reformarse la legislación sobre la homosexualidad" *El País* (Madrid), (19-05-1977).

del que tenemos unos fragmentos: "La ley de Peligrosidad y Rehabilitación Social no es preventiva ni rehabilitadora, sino una ley hipócrita y represora de los sectores marginados", dijo el abogado señor Figueroa, ponente defensor de la propuesta de derogar esta ley. "Además –señaló–, es difícil enjuiciar conductas y no hechos, pues las conductas tienen resultados imprevisibles y por otra parte, el término peligrosidad está determinado por la situación ideológica y, por tanto, es un término relativo." Por su parte, el señor Gallo, participante del debate en contra de la reforma de la ley, entre otras cosas, dijo: "La homosexualidad, la prostitución y el proxenetismo son lacras sociales que debemos combatir; no podemos permitir la convivencia con esos seres que las practican para evitar su difusión entre nosotros y nuestros hijos." [52]

Contra la ley de Peligrosidad y Rehabilitación Social, promulgada el 4 de agosto de 1970, se alzaron numerosos grupos sociales, entre los que se encontraba el de homosexuales. En el libro *Grupos marginados y peligrosidad social* se recogieron los programas de intervención de las organizaciones integradas en la Coordinadora de Grupos Marginados. Curiosamente, un tinte irónico puntúa y sitúa a estos grupos, los más marginados socialmente. Decía Osiander, miembro de la Asociación para el Estudio de los Problemas de los Presos, que "buenos programas abundan. Esto mismo les debería hacer sospechosos de que, o bien no son tan buenos, o bien no sabemos que es eso de ser bueno", para referirse luego a *los verdaderamente marginales:* incómodos, inasimilables, intratables. "Al homosexual, a la feminista a ultranza, al loco, al encerrado y a muchos más, se les toma por inadaptados, enfermos, marginados a redimir o a eliminar. Y a los que les defienden, por individuos más dados al lujo que a la dura tarea cotidiana, o despistados que comienzan la casa por el ascensor. A los primeros, determinan

---

[52] EL PAÍS. "Opiniones contradictorias sobre la ley de Peligrosidad Social". *El País* (Madrid), (03-06-1977).

los peritos de turno les podrían curar. A los segundos, tal vez, ni eso." Por otra parte, *Mujeres Libres,* asociación feminista que retorna el nombre y la inspiración de la organización de tipo anarquista que funcionó en España entre 1936 y 1939, que hacía coincidir con las tareas de la guerra en los frentes el trabajo de liberación de la mujer que, según ellas, no podía esperar a ninguna hipotética victoria del frente republicano para ir sentando sus bases.

El grupo de este nombre funciona desde 1975. *Mujeres Libres* se consideraba "un grupo autónomo, libertario y antiautoritario, cuya cuestión fundamental no es la liberación de la mujer como meta en sí..., sino que queremos la igualdad de las personas, igualdad de derechos y deberes sin diferenciaciones clasistas, estructurales o de sexos. Nuestro problema, por tanto, no se verá resuelto fuera de la revolución social, que propondrá una reforma total de las estructuras. Proponemos el sistema autogestionario; nuestra primera toma de conciencia está en el derecho –que también es un deber– de saber disponer de nosotras: de nuestros cuerpos y nuestras mentes".

Otros movimientos que se unieron fueron: *La Agrupación Mercurio* (una de las asociaciones de homosexuales por su liberación que, con las *FHAR (Frente Homosexual de Acción Revolucionaria),* formaba parte de la anteriormente mencionada Coordinadora de Grupos Marginados), *El Colectivo de Psiquiatrizados en Lucha* (que representa a los marginados y encerrados por locos), y *Los comités de Apoyo a Copel* que nacieron con la salida de los principales dirigentes de la *Coordinadora de Presos en Lucha (Copel).*

La ley de Peligrosidad y Rehabilitación Social del 4 de agosto de 1970 fue seriamente cuestionada "como una normativa no acorde con los tiempos en los que vive España" en el transcurso de un debate-coloquio celebrado en febrero de 1978, en el que intervinieron dos magistrados-jueces de peligrosidad social, un fiscal, abogados de presos, asistentes sociales y ex presos "peligrosos sociales". Los magistrados-jueces de peligrosidad social de Madrid, Miguel López Muñiz, y de Sevilla, Manuel Rico Lara, se ratificaron en que ellos, como jueces, debían aplicar la ley, fuera cual fuera, pero también exponían que cuando esa ley se mostraba deficiente o cuando ya había sido superada por la actualidad social les quedaba el recurso de aplicarla con la máxima humanidad posible o dejar la sentencia en suspenso por falta de medios eficaces punitivos o rehabilitadores.

Otra de las manifestaciones más contundentes nació en la librería Cuatro Caminos, de Madrid, en la presentación del libro *La cuestión homosexual* de Jean Nicolas. [53]

En este acto, el Frente de Liberación Homosexual de Castilla (FLHOC)[54] se encargó de hacer la presentación de esta obra, que pretendía analizar, tanto en sus diferentes etapas históricas como en su momento, la represión sufrida por los homosexuales en todo el mundo.

"El Frente tiene previsto lanzar una campaña a nivel de todo el Estado español en colaboración con los frentes de liberación de homosexuales de Cataluña, Euskadi, Galicia y el Movimiento Homosexual de Acción Revolucionaria de Andalucía, para el próximo 5 de junio, que es el Día

---

53   Miembro de la organización francesa Grupo de Liberación Homosexual Política y Cotidiana. La traducción e introducción del texto corrió a cargo de los miembros del Front d'Alliberament Gai de Catalunya (FAGC) Eliseo Picó y Armand de Fluviá.

54   El Frente de Liberación Homosexual de Castilla, que apareció en enero de 1976, aglutinó a las tres fuerzas más importantes que combatieron en Castilla por la liberación de los homosexuales. Se trataba del Frente Homosexual de Acción Revolucionaria (FIJAR), la agrupación Mercurio y el Movimiento Democrático de Homosexuales (MDH). Los tres grupos se disolvieron para crear este nuevo frente, que sintetizó en sus postulados ideológicos tanto la lucha meramente reivindicativa del MDH como la actitud más radical del FHAR, partidario de una lucha amplia por una nueva consideración de la sexualidad, postura hacia la que tendía también la agrupación Mercurio.

Internacional de la Liberación Homosexual. Con ella pretendemos no sólo luchar contra la ley de Peligrosidad Social, sino contra todos los artículos del Código Penal que discriminan a los homosexuales. Algunas de las consignas de esta campaña son: *Libertad sexual, Amnistía para los homosexuales, Despenalización del acto homosexual,* etcétera. Una de nuestras mayores aspiraciones es conseguir que tanto los partidos políticos como las organizaciones feministas y juveniles se solidaricen con esta campaña y hagan suyas nuestras reivindicaciones, ya que sólo en el contexto de una revolución cultural completa conseguiremos las aspiraciones respectivas." [55]

Apenas un año después de las elecciones libres desde los tiempos de la Guerra Civil, el 5 de abril, se publicó en Madrid el proyecto para la nueva Constitución dando nuevas esperanzas al colectivo homosexual. El texto establecía que España será una monarquía parlamentaria y un estado democrático, social y no confesional. Un estado en el que todos sus ciudadanos son "iguales ante la ley sin diferencias de ninguna clase".[56]

Como estaba previsto y organizado, el 5 de abril de 1978 se celebró el Día del Orgullo Gay[57], que pasó a celebrarse de forma conjunta en el país y se rebautizó como Día Internacional de la Liberación Homosexual, para posteriormente, ya en los 90, retomar su nombre original.

La celebración de este Día en 1978, sin embargo, resultó problemática, al menos en Barcelona. A finales de mayo, el Gobierno Civil prohibió cualquier tipo de manifestación pese a que había autorizado la celebración de un mitin. La intransigencia gubernamental provocó que algunos miembros del

---

55 GALÁN, Lola. "Los homosexuales piden el apoyo del movimiento obrero". *El País* (Madrid), (24-05-1978).
56 Constitución Española, Capítulo II, artículo 14.
57 El último domingo de junio en conmemoración de los sucesos de Stonewall Inn, Nueva York, en los que, a finales de la década de los sesenta, se enfrentaron homosexuales con policías.

colectivo iniciaran una huelga de hambre y un encierro en la iglesia de Sant Miquel Port, en la Barceloneta. Pese a la prohibición, la manifestación se llevó a cabo congregando a miles de personas repartidas por las principales capitales del país.

Pero sólo unos meses después, la Coordinadora de Frentes de Liberación Homosexual del Estado Español (COFLHEE), hizo público un comunicado en el que expresó su desencanto y al mismo tiempo denunció el hecho de que a los tres años de movilizaciones y luchas el movimiento *gay* no hubiera conseguido en España ninguna de sus reivindicaciones principales, "puesto que las parcelas de tolerancia conquistadas –dice– no son ni mucho menos nuestros objetivos definitivos". La coordinadora estatal se reafirmó en las convicciones, que desde su constitución defendía, y que se resumían en amnistía total, derogación de leyes represivas, reconocimiento de que la homosexualidad no es una enfermedad, libre expresión de afectividad, derecho a la intimidad personal, al uso del propio cuerpo y al cambio de sexo, fin de la discriminación social y legalización de la prostitución y de las organizaciones gays.

Finalmente, la COFLHEE llamó a los homosexuales no organizados, y en general a los sectores marginales, para que no votaran en las elecciones a los partidos de derechas, "fieles defensores de las pautas morales que nos discriminan y marginan". Asimismo llamó a los partidos "que dicen luchar por una sociedad libre y sin clases" a que incorporaran en sus programas políticos las reivindicaciones de las organizaciones *gays*. [58] La inclusión directa del movimiento *gay* en la política española está servida.

Los intercambios de opiniones y los manifiestos se sucedieron. Por ejemplo, la Liga Comunista Revolucionaria (LCR) manifestó en marzo de 1979 con un comunicado su protesta ante la negativa por parte del Ministerio del Interior de lega-

---

58 ANGULO, Javier. "Los homosexuales españoles no han conseguido sus objetivos" *El País* (Madrid), (12-01-1979).

lizar la organización homosexual Front d'Alliberament Gay de Catalunya (FAGC). «El argumento de que el ejercicio del derecho a la homosexualidad pudiera atentar contra la moral y el orden público revela una vez más que el Gobierno de UCD mantiene unos criterios oscurantistas y represivos ante todo lo relacionado con la liberación sexual». [59]

A pesar de las numerosas quejas, los colectivos homosexuales no consiguieron más que unas promesas pre-electorales; y aún siguen luchando.

5.3. La Iglesia católica española y la homosexualidad

La homosexualidad siempre ha sido condenada por la Iglesia Católica debido a su "carácter antinatural"; ya que si el sexo sólo se concibe como medio para obtener descendencia, la homosexualidad estaría fuera de este parámetro.

El tema homosexual, duramente criticado durante la Dictadura, aflora en la segunda mitad de los años setenta dando lugar a numerosas organizaciones, manifestaciones y textos que hacen que la Iglesia, en un momento en el que no quería meter mucho ruido por la situación política, vuelva a la palestra con el tema y defienda su postura ante la avalancha de críticas.

Una de las más dolorosas críticas la produjo el carmelita Antonio Roig[60], que consideraba que "la homosexualidad es una alternativa digna de existencia, susceptible de ser vivida en consonancia con el Evangelio" y criticaba la situación marginal de los homosexuales diciendo: "Una persona heterosexual

---

59   EL PAÍS. "LCR, contra la negativa de legalizar a grupos homosexuales catalanes". *El País* (Madrid), (22-03-1979).

60   Finalista del Premio Planeta 1978 por *Todos los parques no son un paraíso*.

no puede darse cuenta de la angustia que supone existir con esa modalidad de sexualidad que es la homosexualidad. Cosas que son obvias para un heterosexual: ir de la mano con una chica, darse un beso, decirse un piropo, bailar. Todo eso le está prohibido al homosexual; todo ello es vivido con ridículo. [...] Se me ha atribuido, concretamente en la revista *Interviú*, a la que agradezco, por otra parte, la difusión dada a mis opiniones, el haber recogido las opiniones que consideran a los homosexuales como carentes de sentido moral, personas que se acuestan sin conocerse, sin pudor alguno, incapaces de amar, egoístas... Eso es lo que la gente piensa de ellos. Lo que yo opino es todo lo contrario. Creo que los homosexuales pueden vivir su sexualidad de un modo tan digno y cristiano como los heterosexuales... salir de esa oscuridad. Lo milagroso es que no estén todos en tratamiento psiquiátrico, en una sociedad que les aísla. [...] La Iglesia enfrentó a los homosexuales con el resto de los hombres, y lo más grave, enfrentó al homosexual consigo mismo, en cuanto que divide trágicamente su carne y su espíritu."[61]

Como podemos observar la crítica interna que recibe la Iglesia es dura desde los sectores más liberales, aunque ésta sigue siendo ensombrada por las tajantes declaraciones del Papa defendiendo la estructura familiar clásica.

En Mayo de 1977 se sucede uno de los grandes hitos de temática homosexual en la historia de la Iglesia, se celebra en París el *Sínodo Nacional de la Iglesia Reformada de Francia*, con el tema: "Las diversas formas de sexualidad". Nunca como en esta ocasión, la Iglesia había tratado, sin tapujos, temas como la masturbación de los presos, el amor en grupo, la homosexualidad, las relaciones pre conyugales o el matrimonio de prueba. El Sínodo volvió la espalda a la moral tradicional de

---

61   Opinión de Antonio Roig en GARCÍA PÉREZ, Alfonso. "La homosexualidad puede ser vivida digna y cristianamente", *El País* (Madrid), (20-1-1978).

lo permitido y lo prohibido, y en su lugar, apoyó sus reflexiones en la máxima de San Pablo: "Todo está permitido, pero no todo es útil".

En esta cita se dijo sobre la homosexualidad que "la iglesia es consciente del sufrimiento de muchos de estos marginalizados, y sea cual fuere la naturaleza de su *marginalidad*, la Iglesia debe acogerlos".

El Sínodo se convirtió en un mito a pesar de que para finalizar se siguió decantando por lo establecido, diciendo que "una cosa es superar la sexualidad maldita y otra sería sacralizar la sexualidad", y finalizó diciendo "el compromiso para toda la vida y la fidelidad están ligados". [62]

Otro golpe a la Iglesia data del 12 de diciembre de 1973, cuando Salvador Guasch decidió, en un arranque de sinceridad, declarar su condición de homosexual ante dos conocidos psiquiatras. La Compañía de Jesús dio órdenes de que fuera internado y examinado en un instituto psiquiátrico, cosa que se hizo inmediatamente. Salvador Guasch permaneció encerrado escasos días y al salir había madurado su idea de organizar un centro de acogida y protección a todos los elementos marginales de la gran ciudad.

De este inicial impulso de un hombre surge *Dignitat*,[63] la otra gran organización de homosexuales que existe en Catalunya junto al *Front d'A lliberament Gai de Catalunya*, aunque mucho menos radical y casi exclusivamente centrada en acoger a homosexuales católicos. La tarea reivindicativa de *Dignitat*, que nació dependiendo del centro de potencial humano, se reduce casi exclusivamente a una dura condena a la Iglesia, y una petición clara a la sociedad de admisión y comprensión. *Dignitat* carecía de presupuestos políticos, y el

---

62　FIDALGO, Feliciano. "La Iglesia Reformada de Francia estudia cuestiones sexuales". *EL País* (Madrid), (26-05-1977).

63　VV.AA. "La Transición en España". *Homo. Toda la historia*. Vol 19. Barcelona: Ediciones Bauprés, 1999, pp. 14-15.

profundo contenido católico del grupo hacía que sus miembros se dedicasen a cuestionar preferentemente la actitud de los católicos hacia el problema gay.

Dignitat traduce a la realidad española el intento norteamericano del padre John McNeli; *Dignity*, así como el libro del jesuita norteamericano *La Iglesia y el homosexual*.

Estos años son de lucha para *Dignitat* precisamente porque "la homosexualidad es un don de Dios", y es inadmisible la actitud de la alta jerarquía eclesiástica, a la que denuncia repetidas veces: "Denunciamos a la Iglesia que oponiéndose al diálogo sobre la homosexualidad quiere continuar manteniendo una moral inadecuada y decadente. Denunciamos a la Iglesia como responsable de muchos suicidios de homosexuales que no encontraron la comprensión, la orientación, el consuelo y el apoyo que en vano buscaron de confesionario en confesionario. Porque obligando a los sacerdotes y religiosos homosexuales a esconder su identidad les obliga a mentir y a vivir en la hipocresía tan condenada por Jesucristo." [64]

Un mes después del Simposio, los homosexuales catalanes enviaban una carta al Papa de protesta que rezaba así: «hombres y mujeres homosexuales unidos en la Asociación Gay Internacional (AGI), una liga de veinticuatro organizaciones de liberación *gay* y lésbica de diecisiete países de Europa, Norteamérica, Australia y Nueva Zelanda", aseguraban que, "a pesar de que los homosexuales estamos acostumbrados a un lenguaje como el vuestro, consideramos alarmante escucharlo procedente de la mayor autoridad de una institución tan importante como la Iglesia católica romana. Sabemos, por experiencia, que interdictos como el vuestro pueden tener abundantes y serias consecuencias negativas para muchos hombres y mujeres homosexuales de todo el mundo. Su Santidad es responsable de tales consecuencias". Proseguían

---

64 GALÁN, Lola. "«Dignitat», una alternativa para homosexuales católicos". *El País* (Madrid), (28-09-1977).

diciendo que "comprendemos muy bien cuán difícil debe ser el romper las barreras dentro de la Iglesia católica contra las consideraciones modernas sobre asuntos como la liberación de la mujer, el divorcio, las relaciones extramatrimoniales y la homosexualidad, barreras que han sido levantadas durante centurias por la Iglesia misma...". La fe cristiana, según los firmantes, "puede llevar a un comportamiento socialmente responsable por parte de individuos. [...] La homosexualidad es un hecho de la vida cotidiana"[65], concluía el comunicado.

5.4. Homosexualidad y sociedad

Expone Pierre Bourdieu sobre el movimiento *gay*: "El movimiento de *gays* y lesbianas plantea, tanto tácitamente, con su existencia y sus acciones simbólicas, como explícitamente, mediante los discursos y las teorías que produce u origina, cuestiones que están entre las más importantes de las ciencias sociales, y que, para algunas personas, son completamente nuevas."[66]

La mayoría de los homosexuales que existían en el país vivían su sexualidad sin afrontarla directamente y sin enfrentarse con la sociedad que les margina. Algunos, una minoría, se liberaron personalmente y lucharon de una u otra forma para que la sociedad les aceptase, sólo unos pocos se organizaron en movimientos de liberación. Tras la muerte de Franco, la naciente democracia les abrió una puerta a la esperanza, ya que, aunque en ninguna sociedad occidental habían conseguido la totalidad de sus reivindicaciones, en algunas de ellas, al menos, se les toleraba y no se les perseguía. En el mes de mayo de 1977,

---

65   EL PAÍS. "Los homosexuales catalanes envían al Papa una carta de protesta". *El País* (Madrid), (17-10-1977).
66   BOURDIEU, Pierre. *La dominación masculina*. Barcelona: Anagrama, 2003, p. 143.

afrontando la prohibición que pesaba sobre ellos, algunos grupos de liberación homosexual de Madrid redactaron una carta al ministro de Justicia solicitando la derogación de la ley de Peligrosidad Social y promovieron una campaña de firmas hasta alcanzar las 6.000.

El 26 de junio de 1978, el *Front d'Alliberament Gal de Catalunya* (FAGC) organizó una manifestación pacífica en Barcelona, a la que asistieron más de 5.000 personas entre homosexuales y simpatizantes. La manifestación fue disuelta con dureza por las fuerzas de orden público y se produjeron algunos heridos y detenciones. En diciembre este mismo grupo, en unión con el colectivo de lesbianas, que estaba integrado en el mismo, y otros movimientos feministas, organizaron un mitin contra la ley de Peligrosidad Social. Apoyados hasta cierto punto por las organizaciones políticas de izquierdas y por algunas entidades culturales, el movimiento de liberación de homosexuales fue abriéndose camino desde los círculos restringidos de intelectuales a los que esta ley de Peligrosidad Social les condena, hacia la presencia pública y su legalización.

El grupo principal era el *Movimiento Español de Liberación Homosexual* (MELH). Éste partía de un análisis marxista de la sexualidad y consideraba que el modo de producción capitalista necesitaba la reproducción de fuerza de trabajo, y veía en ello la causa de que no se pudiera admitir la homosexualidad. Afirmaba, por tanto, que cualquier liberación venía a partir de la lucha de clases.

A partir del *Congreso de Marginación Social*, que se celebró en 1976 en el País Valenciano, surgieron otros grupos homosexuales con una línea ideológica afín a la del FAGC: el *Front d'Alliberament Homosexual del País Valenciá* y el *Front d'Alliberament Gal de les Illes*.

A raíz de una ruptura mayoritaria en el seno del FAGC nace, en marzo de 1978, la *Coordinadora de Collectius per l'Alliberament Gal* (CCAG), como respuesta, entre otras cosas, al intento de integración que se cernía sobre el Front.

La CCAG se plantea su lucha de forma generalizada. «Nos enfrentamos al sistema como un todo, no intentamos buscar únicamente soluciones a la problemática homosexual» (...), buscamos «analizar la vida cotidiana para transformarla: este es el camino de un movimiento de liberación. Un camino que debemos emprender ya todos los que no soportamos más esta sociedad y este modo de vida». [67]

En Madrid funcionaban tres agrupaciones de homosexuales: el *Movimiento Democrático de Homosexuales* (MDH), que centraba sus luchas en aspectos puramente reivindicativos; el *Frente Homosexual de Acción Revolucionaria* (FHAR) y la *Agrupación Mercurio*, de ideología ácrata. Desde el primer momento hubo un acercamiento entre estos tres grupos, que se plasmó en una coordinadora primero, y en enero de este año, en la formación del *Frente de Liberación Homosexual Castellano* (FLHOC), previa disolución de los tres grupos. Esta nueva organización, ideológicamente, está muy próxima al FAGC.

Relacionados de una u otra forma con los citados, existen movimientos de homosexuales en distintos puntos del Estado español; entre ellos podemos citar los siguientes: *Movimiento de liberación Homosexual de Euskadi, Juventud Gay de Euskadi, Frente de Liberación Homosexual Galego, Movimiento Homosexual Aragonés, Frente de Liberación Homosexual de Sevilla, Córdoba y Granada; Movimiento Homosexual de Acción Revolucionaria de Andalucía*.

Pero se siguieron sucediendo los problemas. En Marzo de 1977 el Ministerio de Información y Turismo impuso una multa de 50.000 pesetas a la revista de información cultural *Ozono*, por faltas graves deducibles del contenido de determi-

---

67   El País 25-06-1978.

nados artículos publicados en su número correspondiente a febrero último, artículos que podrían atentar contra las Leyes Fundamentales y contra la moral. Los artículos en cuestión hacían referencia a una supuesta defensa de la homosexualidad, ataques a la unidad nacional (defensa de la autonomía catalana) y a los sentimientos religiosos.

Y siguieron las manifestaciones como la de las Ramblas barcelonesas, con motivo de la celebración del Día Internacional del Orgullo Homosexual. La concentración estaba organizada por el *Front d'Alliberament Gai de Catalunya* (FAGC) y una de sus principales finalidades era conseguir la derogación de la vigente ley de Peligrosidad Social. Esta manifestación fue muy duramente reprimida por la fuerza pública, utilizando numerosas balas de goma y efectuando cargas.

Los manifestantes portaban banderas catalanas, rojas y rojinegras, así como muy numerosas pancartas. Así, un grupo presumiblemente integrado por lesbianas exhibía una pancarta en la que se leía en catalán: "Mujer, es a ti a quien queremos y por ti por quien luchamos". Otras rezaban: "Sexualidad no es heterosexualidad, Fuera la ley de Peligrosidad Social, Soy homosexual, soy hermoso". También estaban presentes pancartas firmadas por grupos políticos como *Bandera Roja, Acción Comunista, Liga Comunista Revolucionaria* y *Confederación Nacional del Trabajo*.

En las mismas Ramblas, los homosexuales catalanes recordaron a uno de sus antecesores, que fue quemado allí mismo en el siglo XVII. Se trataba de Joan Lloveras, consejero de la Ciutat de Barcelona, quien fue quemado en una hoguera por el "delito de homosexualidad."

Aunque en el resto del planeta tampoco las cosas iban muy bien, en julio de 1977 fue condenado en Londres a nueve meses de prisión el director de la revista homosexual *Gay News*, por haber publicado un poema –*El amor que se atrevió a expresarse*– considerado blasfemo contra Cristo. El poema relataba experiencias homosexuales de Jesucristo, de acuerdo con la interpretación que el autor da del testimonio del centurión romano que le acompañó en la cruz.

En España las denegaciones de legalización se sucedían, llegando incluso a las editoriales de los periódicos de tirada nacional; como esta de El País:

"La denegación por el Ministerio del Interior de la legalización como asociación del Frente de Liberación Gay de Cataluña merece un comentario que trasciende este hecho concreto, y es preciso hacerlo sin herir las conciencias de la moral al uso, pero perdiendo los temores a plantear lo que es un problema social y jurídico de mayor entidad de lo que se quiere reconocer. Sería excesivo arrojar sobre las espaldas de las autoridades gubernativas el peso exclusivo de esa que consideramos una actitud discriminatoria. Ya es conocido el celo con que se aplican a los homosexuales los artículos del Código Penal referentes al escándalo público y a los atentados a la moral y las buenas costumbres. Y también es un importante dato la dureza e implacabilidad con que la Iglesia católica juzga esa modalidad especial de «pecado de la carne». Pero no sólo gobernantes, legisladores y sacerdotes se distinguen por su actitud de intransigencia respecto a un grupo social que milita claramente en eso que se llama «los marginados». Dentro de los partidos de izquierda hay una vieja tradición que, ya en épocas de clandestinidad, vetaba el ingreso en esas organizaciones de homosexuales conocidos, y que hoy hace posible que se despache, desde las columnas del órgano de un partido, a un crítico de su política con alusiones chocarreras a su vida privada; rechazo y prohibición que, en otros países, como en la Cuba de Fidel Castro, ha tenido lamentables consecuencias, en forma de persecución social y penal de extremada dureza. Esa discriminación, que incluso a veces puede significar la cárcel, ha sido engendrada por una cultura y una escala de valores. Sus raíces son tan hondas que penetran en todo el cuerpo social, alimentan el repertorio de los chistes salaces, suministran material para los insultos más hirientes y perpetúan estereotipos a la vez ridículos y despreciables."[68]

El mismo año, por fin se "aclaró" que la homosexualidad no es una enfermedad física o psíquica, ni de desorden genético, sino una forma de "comportamiento aprendido", similar a la heterosexualidad. Esta fue la conclusión de un estudio de los doctores norteamericanos Masters y Jonson titulado *La homosexualidad en perspectiva*.[69] Los avances sociales habían llegado casi a su máxima expresión, pero la respuesta política podía ser calificada como nula.

5.5. La homosexualidad en el cine español de la Transición

5.5.1. Precedentes

Como expone Manuel Lechón Álvarez: "En España, entre repúblicas, guerra civil y la dictadura poco espacio quedaba para el tratamiento del homosexual. Bastante se tenía con lo que se tenía. No era momento para invitar a hombres ni mujeres a que se relacionaran entre ellos y dejaran de traer más personitas al mundo."[70] Con esto tenemos suficiente para considerar que con las trabas políticas y eclesiásticas, el tema de la homosexualidad era un terreno virgen para los nuevos directores.

El pobre tratamiento del "tipo" homosexual en España correspondía a modelos concretos: el homosexual excesiva-

---

68 EL PAÍS. "La marginación de los homosexuales". *El País* (Madrid), (14-02-1979).

69 GONZALEZ YUSTE, Juan. "La homosexualidad no es una enfermedad ni un desorden genético". *El País* (Madrid), (19-04-1979).

70 LECHÓN ÁLVAREZ, Manuel. *La sala oscura. Guía del cine gay español y latinoamericano*. Madrid: Ediciones Nuer, 2001, p. 11.

mente amanerado, pero gracioso y con buen corazón, o el homosexual reprimido que asume que su condición es una desgracia y se resigna a vivir en la sombra. Dentro de estas categorías encontramos múltiples ejemplos teóricamente homosexuales, las insinuaciones respecto a su condición sexual se limitaban a una suelta de pluma estridente que no comportaba ningún apoyo a la trama central que se trataba.

Respecto al lesbianismo, la mayor parte de la sociedad ni siquiera era capaz de imaginar que entre dos mujeres pudiese haber algo más que una sincera amistad.

Por todo ello, produce sorpresa encontrarse con títulos como *Cariño mío*, de Rafael Gil, rodada en 1961. En esta coproducción hispano-germana, lo primero que queda patente es el intento por repetir el éxito de *¿Dónde vas, Alfonso XII?* (Luis César Amadori, 1958). Vicente Parra vuelve a hacer de príncipe heredero, se enamora de una chica burguesa que no le conviene como esposa y todos se oponen.

Mercedes Vecino había interpretado a la reina Isabel II en la primera cinta, creándose una imagen de madrileña castiza. Heredero de esa creación es el papel que encarna en *Cariño mío*. Su interpretación de la tía de la novia, una mujer fuerte, independiente y de la que se afirma que su propio marido, un militar difunto, hubiese tenido miedo en su momento.

Pero, con los ojos y la mentalidad de hoy, es fácil adivinar desde el momento que aparece en pantalla que se trata de una lesbiana, no es que haya decidido prescindir de los hombres, sino que directamente no los necesita.

5.5.2. La homosexualidad según Eloy de la Iglesia

Las películas de Eloy de la Iglesia representan un examen explícito y complejo de interacción entre homosexualidad, marxismo y separatismo. En las películas de este director, la homosexualidad está siempre condicionada por factores como la clase social, la política nacional y la identidad regional y no desterrada a un espacio ideal fuera de la historia. Con el fin de abordar esta obra cinematográfica debemos afrontar problemas tanto de género como de historicidad, debido a la convulsa situación política y social que nos ocupa.

Debemos situarnos en un cine que, aun pudiendo ser duradero por sus planteamientos tanto temáticos como técnicos, se arraiga fundamentalmente en lo coetáneo, siendo un fiel reflejo de la vida del momento que nos ocupa. Las características de este cine serían: en primer lugar, señala un medio efímero que no aspira a un valor duradero; segundo, significa la irrupción inmediata de la realidad en el texto; y, por último, indica compromiso político: la película no deja de editorializar y de hacer completamente explícita su tendencia política. [71]

Las críticas de la primera película fueron relativamente amables, como la de Fernando Méndez-Leite[72], pero sus posteriores realizaciones sufrieron duros ataques de carácter homofóbico[73] y con un cargado racismo anti vasco.

La crítica que hizo Fernando Trueba de *El diputado* en *El país* (27-1-1979) es un buen ejemplo de virulencia desde el frente socialista. Trueba comienza acusando a De la Iglesia de un doble servilismo a la propaganda izquierdista y a la comercialidad.

Otra de las características que destacan de este director, es la perturbación en la reproducción de las relaciones familiares. John Hopewell ofreció una explicación sobre la emergencia de nuevas formas de sexualidad en el cine español de la transi-

---

71   SMITH, Paul Julian. *Las leyes del deseo. La homosexualidad en la literatura y el cine español.* Barcelona: Ediciones de la Tempestad, 1998, p. 133.

72   MÉNDEZ-LEITE, Fernando. "Último veto de la censura: *Los placeres ocultos*", *Diario 16*, (Madrid), (26 de enero de 1977). Méndez-Leite elogia el trabajo interpretativo de los actores de la película.

73   PADRUA, Monty. "Eloy de la Iglesia: el homosexualismo en el cine" *Catalunya Express,* (Barcelona), (19 de octubre, 1977).

ción.[74] A principio de los años setenta se produjo una curiosa combinación de moralidad católica y de comunismo al estilo europeo en el cine español. El sexo extramatrimonial sólo era previsible bajo circunstancias especiales: si el personaje femenino era violado, si era objeto de una clásica "pasión española" o si se trataba de una actriz, una extranjera o una prostituta. Tras la muerte de Franco se produjeron tres cambios. El abandono gradual de la dicotomía virgen/prostituta; el paso de la familia a la pareja como unidad básica narrativa e ideológica; la aparición de mujeres heterosexuales activas y de hombres *gay* como sujetos de deseo. Aunque las primeras películas de esta última categoría solían —como el propio Hopewell— confundir la homosexualidad, el travestismo y el transexualismo, adoptaron un punto de vista liberal defendiendo que los *gays* eran "como tú y como yo". Para Hopewell tanto *Los placeres ocultos* como *El diputado* muestran una errónea representación abstracta de la homosexualidad, concebida como un "derecho democrático" pero no como un "deseo democrático".

En uno de los escasos artículos sobre la representación de la homosexualidad en el cine español después de Franco, Eduardo Haro Ibars también rechaza los planteamientos de Eloy de la Iglesia.[75] En *Los placeres ocultos* no encuentra un análisis marxista de la represión y de la lucha de clases, sino un "folletín" repleto de estereotipos: el homosexual rico y la madre castradora. Para él, en *El diputado*, José Sacristán, que interpreta al héroe, es "inverosímil", una figura "acartonada". Haro se queja de que nadie ha contado la vida del homosexual de verdad, el de clase media, el que no es ni rico ni político, pero que está obligado a vivir su vida lo mejor posible.

---

74 HOPEWELL, John. *El cine español después de Franco*. Madrid: Editorial El Arquero, 1977, pp. 165-167.
75 HARO IBARS, Eduardo. "La homosexualidad como problema socio-político en el cine español del postfranquismo", *Tiempo de Historia* (Madrid), 52 (marzo, 1979), pp. 88-91.

Hopewell dice que la representación de los *gays* como "maricones" en estas películas también está determinada por el género melodramático, que requiere arquetipos sociales y no una representación documental de la realidad.[76]

La novedad está en que De la Iglesia rechaza explícitamente las imágenes estereotipadas de los hombres *gay*, que siempre están descritos en los guiones como dignos o varoniles. Smith denomina a estos personajes –interpretados por actores populares como Simón Andrey y José Sacristán– "Buenos Homosexuales".

En resumen, Hopewell propone una interpretación de estas películas que aborde cuestiones tanto formales como históricas; de hecho, que relacione lo primero con lo segundo a través de la mediación del género narrativo. Durante el período de realización de las películas la única crítica comparable procedió de una fuente inesperada: *Contracampo*, la publicación pionera de teoría cinematográfica en España. En 1981 las páginas de *Contracampo*, más acostumbradas a directores de renombre internacional, llevaban un reportaje especial sobre Eloy de la Iglesia[77] que consistía en un denso artículo de Javier Vega, una larga entrevista de Francesc Llinàs y José Luis Téllez y un fragmento del guión de *Galopa y corta el viento*, el largometraje que no se llegó a realizar sobre la relación entre un guardia civil y un separatista vasco.

En una cultura del espectáculo de masas estos filmes ya no serán de interés como "objetos de placer", sino como "objetos de lucha".

Una de las particularidades de Eloy de la Iglesia respecto al público, es que no expresa los sentimientos de los espectadores –sus deseos, temores u obsesiones–; más bien les obliga a

---

76   HOPEWELL, John. *EL cine español después de Franco. 1973-1988*. Madrid: Ediciones El Arquero, 1977, p. 240.

77   VEGA, Javier. "Eloy de la Iglesia", *Contracampo* (Madrid), (noviembre-diciembre, 1981), pp. 21-41.

tomar parte, a adoptar una postura a favor o en contra de la tesis del film, cuyo poder no reside en las imágenes, sino en la exposición de ideas. La puesta en escena se reduce a una estricta funcionalidad.

Un precedente para el análisis de la paradoja central de la obra del director: la curiosa combinación de técnicas de masas –sexo y violencia– y las obsesiones personales realmente idiosincráticas. El héroe homosexual ocupa el lugar que le corresponde en dos de las películas de Eloy de la Iglesia.

En *Los placeres ocultos* (1976) se nos narra la historia de un director de sucursal bancaria acostumbrado a utilizar su posición de poder para conseguir a los jóvenes que le atraen. Atraído por un muchacho de humilde origen, comienza a desplegar sus redes para hacerle caer en la trampa que hasta ese momento tan bien le ha ido; pero se encuentra con un joven de corazón noble que, pese a rechazarle de plano en ese aspecto, se aviene a establecer con él una relación de amistad, relación en la que se incluye la novia del muchacho, Rosa, como tercera en cuestión. Con todo aclarado entre los tres, se forma una familia que, para el burgués, es una especie de paraíso emocional al sentirse por fin aceptado en un entorno social, claro símbolo de que una de las aspiraciones del homosexual era la de ser aceptado[78], con su condición al aire libre, dentro de una sociedad que, mayoritariamente por ignorancia, se negaba a acogerle en su seno.

Diálogo de la primera secuencia de la película:

CHINO: ¿Estará abierto el portal?
EDUARDO: Sí... se abre por dentro.
CHICO: ¿Me puedes dar algo suelto para el taxi?
EDUARDO: Venga, toma. A ver si nos vemos otra vez... ¿eh?
CHICO: ¡Vale!... Dame un teléfono y te llamo...

---

78   Esta estructura "familiar" de tres, va a volver a ser utilizada por Eloy de la Iglesia en *El diputado*.

EDUARDO: No... es que yo casi nunca estoy en casa, ¿sabes? Bueno... ya nos veremos por aquí.
CHICO: Yo paro mucho por los billares. Así que ya sabes...
EDUARDO: De acuerdo. Un día de estos me pasaré.

El cineasta implica al espectador en un tráfico de voyeurismo homosexual abiertamente comercial. El hombre y el público han pagado para ver; el chico cobra por ser visto. De acuerdo con el guión, Eduardo (Simón Andreu: "distinguido y varonil, inteligente y cultivado") observa al joven medio indiferente y medio cansado, incapaz de evitar un cierto placer. El espectador, al que se le pide identificarse con la mirada de un hombre gay, también debe optar por una respuesta.

Quizá el punto más interesante de este momento inicial es que el sexo –comercial– entre hombres, lejos de subvertir el orden social existente, se muestra sumergido en él sin ningún problema –si bien con discreción–. La disolución de la familia –y el equilibrio narrativo– no se efectúa a través del deseo erótico por un objeto externo, sino a través de un "afecto sublimado que está condenado a la insatisfacción". [79]

Una de las particularidades de este director, es que explora la relación entre la homosexualidad y otras áreas. La puesta en escena es completamente funcional y sólo actúa como un índice de valor social: el estudio de Eduardo (Simón Andreu) es "moderno y funcional"; la casa de su madre está atiborrada de cuadros y alfombras. La primera vez que vemos a su madre aparece un crucifijo en la pared que hay a sus espaldas. En un período en el que la continuada modernización de España era muy debatida, aquí se presenta la homosexualidad –quizá curiosamente como la esencia de una sociedad moderna y secular en oposición a la vieja España de la familia y la religión; la oficina de Eduardo, con su mesa de acero y sus elegan-

---

[79] SMITH, Paul Julian. *Las leyes del deseo*. Barcelona: Editorial de la Tempestad, 1998, p. 141.

tes artefactos de ejecutivo, también está enfáticamente marcada como "moderna".

La despechada Rosa –novia del chico– descarga su venganza contra ambos: se las arregla para hacer que Eduardo sea golpeado y robado por un grupo de jóvenes que se dedican a la prostitución para avergonzar a Miguel haciendo que se extienda el rumor de que él también es gay. El final de la película queda abierto de forma inquietante.

Los placeres ocultos ofrece una serie de imágenes contradictorias de la homosexualidad que están esquemáticamente distribuidas entre los personajes. Así, Eduardo es el "Buen Homosexual": un hijo cariñoso, un empleado respetado, un enamorado devoto que abandona el sexo comercial por un amor no consumado aunque apasionado. Los "Malos Homosexuales", por su parte, son los amigos amanerados de Eduardo a quienes impide que conozcan a Miguel. Sorbiendo exóticos cócteles en un inverosímil club gay –"un ambiente lujoso y sofisticado"–, se burlan de su casta devoción y le dicen que debe haberse transformado en un socialista o en una monja. Al desprecio de los "maricas" por la política se contrapone el compromiso político de otra variedad de "Buen Homosexual": el compañero de trabajo y ex amante de Eduardo, Raúl, que lo anima a unirse a la lucha colectiva contra la opresión homosexual. El santo, el marica y el liberacionista: éstos, son los tres modelos de vida homosexual masculina que ofrece el film.

Rosa, interpretada por Charo López, es una voraz devora hombres. En una temprana secuencia devora pasteles de nata mientras hace el amor, un signo de su desenfrenada sexualidad; y en la escena más puramente melodramática de la película suplica a Eduardo para que Miguel vuelva a ella, antes de amenazarlo con el chantaje. A la inversa, la novia anodina e inicialmente virginal de Miguel, Carmen, acepta con tolerancia el interés amoroso de Eduardo por su prometido. En una secuencia montada, los tres gozan con las diversiones del parque de atracciones antes de nadar juntos en un lago desierto; el triángulo amoroso sólo puede florecer en los espacios de diversión y la naturaleza. Finalmente, la sufrida madre de Eduardo revela –en su lecho de muerte– que conocía el secreto de su hijo pero que se vio obligada a permanecer en silencio: las mujeres de su clase están obligadas a hacer su papel para que los hombres se sientan orgullosos de ellas. Los tres ejemplos de mujeres –la *femme fatale*, la virgen tolerante y la madre burguesa– se muestran marginadas por el deseo homosexual.

La homosexualidad está presentada como una imitación de la heterosexualidad –un intento por recrear sus estructuras– así como una desviación de ella –una perversión del orden natural–. Sin embargo, el problema de la perversidad está ligado a la normalidad, que lejos de constituir el otro a un igual conlleva la perversidad desde un principio. Inicialmente negativa y condescendiente, la decisión idiosincrática de Eloy de la Iglesia de que su hombre *gay* ame a un heterosexual revela la necesaria coexistencia de la homo y la heterosexualidad en el mismo espacio social y bajo las mismas leyes económicas. Puede que como narración sea incluso más subversiva que una que transcurra en el espacio herméticamente sellado dentro de una sociabilidad enteramente gay. De la Iglesia afirmaba en un periódico que "lo que le interpretaba de esta película –y en la próxima, que trataba de bestialidad– no era una práctica sexual en concreto, sino el proceso social general por el cual ciertos grupos eran marginados." [80] Mediante una ruta algo indiscreta –desviada– es posible que aquí haya logrado este resultado.

El desorden fundamental de la heterosexualidad –y el horror de la sexualidad femenina– está llevado a cabo por grotescos planos de shock o rítmicas intercalaciones de planos. Así, cuando Rosa y Miguel tienen relaciones sexuales, pasamos de

---

80 FERNÁNDEZ VENTURA, L. "Eloy de la Iglesia: lo popular y lo político", *Diario 16* (Madrid), (13-12-1977).

un primer plano del pecho de Rosa a una imagen religiosa en la pared de la habitación. O, de nuevo, cuando Rosa seduce al gamberro que atacará a Eduardo, se intercalan planos del acto sexual con una escena en la que ella lava el pelo del joven.

Hacia el final del film esta mirada homosexual ha sido deserotizada cuando Eduardo mira al desnudo e inmaculado Miguel tendido sobre la cama, el guión nos dice que no se trata de una "observación lasciva"; lo contempla como si viera un paisaje o una obra de arte y acaricia sus labios con sus dedos. La única escena que hay en el guión de sexo explícito entre los dos hombres —cuando Eduardo llega al orgasmo mientras se agarra al imprudente Miguel de la motocicleta— fue omitida del film. Se podría decir, sin embargo, que esta improbable relación quizá dice más de la relación entre gays y la sociedad española del momento de lo que diría una relación amorosa recíproca más plausible. La apurada situación de Eduardo —que no permite ninguna solución— no es torpe sino estratégica. Aunque indirectamente a la posición imposible de los gays españoles durante la Transición: íntimamente vinculados a la vez que profundamente separados de sus compañeros heterosexuales en el trabajo y en la familia. *Los placeres ocultos* no reflejan la realidad, pero pueden atribuirse el tipificarla —representar sus contradicciones con mayor intensidad—.

Los placeres ocultos fue inicialmente prohibida por el censor. No se estableció ninguna disposición, como era habitual, para montar la película de un modo "aceptable". Para el censor franquista el tema de la homosexualidad en sí era tabú e inevitablemente contaminaría cada centímetro del film.

El final imposible y abierto de *Los placeres ocultos* —tan adverso a su forma melodramática— es así el resultado final y paradójico de un compromiso entre género e historia: entre el deseo formal por una solución estética y la necesidad política de un cambio social.

En el póster utilizado para anunciar *El diputado* (1978) vuelven a aparecer las gafas: el contraste entre la rectitud pública y la desviación privada se expresa mediante el reflejo en los cristales oscuros de las gafas de un fotograma en el que el marido, esposa y amante se besan en un *menajé à trois*.

En esta primera secuencia, Roberto (José Sacristán) narra en un *flashback* la historia de sus continuas tendencias homosexuales, acompañadas de imágenes *vérité* como una foto de prensa del cine Carretas de Madrid, un famoso lugar de encuentros *gays*. Intentando razonar consigo mismo de un modo científico y marxista se casa, convencido de que la homosexualidad es una desviación burguesa y contrarrevolucionaria; pero la obsesión erótica trasciende al análisis racional. Y mientras está encarcelado por actividades políticas ilegales en los últimos días del franquismo, conoce a Paco, un joven tatuado que se dedica a la prostitución; y en una típica escena de voyeurismo de Eloy de la Iglesia observa cómo el pene erecto de Paco emerge bajo las sábanas. Como en la primera secuencia de la ducha de *Los placeres ocultos*, no sólo se trata de un escandaloso desafío al censor; también es un asalto directo sobre el público de masas, animado a identificarse con la comprensiva fascinación voyeurística de Roberto.

En un discurso ante sus compañeros militantes Roberto exclama: "Legales o ilegales, vamos a quedarnos". Y claramente sus palabras también se dirigen al electorado *gay*, aún por emerger en la arena política.

De la Iglesia afirmó repetidamente en diversas entrevistas que *El diputado* intenta mostrar las contradicciones entre homosexualidad y marxismo, entre la lucha por la libertad sexual y la lucha de clases; pero también alude a la libertad "individual", incitando a un entrevistador a preguntarle si el film es autobiográfico. [81]

---

81 PADRUA, Monty: "Eloy de la Iglesia..."*Catalunya Expres* (Barcelona), (19-Octubre-1977).

"Si examinamos *El diputado* con atención veremos que (procediendo del contexto muy diferente de la transición española) su análisis sobre los *gays* es homogénea; y en realidad insiste constantemente en la intersección de los intereses de clase y de sexo, en la determinada de las condiciones materiales (económicas) sobre las relaciones libidinosas. En mi opinión, la narración personal de Roberto en la película es una realidad política, pero esa política es inseparable del proyecto global de emancipación de la clase trabajadora con respecto al capitalismo." [82]

De todos modos, en los momentos clave los discursos políticos y afectivos concuerdan deficientemente y a menudo son flagrantemente contradictorios.

Como "Buen Homosexual" Roberto es debidamente paciente con la educación política de su joven amante. De la Iglesia afirma haber escogido a Sacristán para el papel porque representaba al hombre "estándar", y contrastaba la antigua descripción del homosexual en el cine español (un heterosexual que se disfraza de "mariquita" para tener más éxito con las mujeres) con su propia presentación ("un señor que se acuesta con hombres porque le gusta hacerlo y nada más").[83] La curiosamente anodina interpretación de Sacristán es, pues, una parte significativa del mensaje ideológico de la película: como personaje estrictamente representativo —el típico español, el homosexual corriente— no se puede permitir ninguna particularidad de carácter o comportamiento, ya que significaría poner en peligro su valor como emblema de una conjunción social y política determinada.

---

[82] SMITH, P. J. *Las leyes del deseo*. Barcelona: Editorial de la Tempestad, 1998, p. 149.

[83] A.M.M. (Ángeles Masó): Llegó con *El diputado*: Eloy de la Iglesia: 'La izquierda ha heredado una moral que no es suya", *La Vanguardia* (Barcelona), (24-10-1979).

Deberíamos recordar su precedente literario: *Anotaciones al diario de un homosexual comunista*, de Jordi Viladrich, publicado en Madrid en 1977, el año antes del estreno de *El diputado*. El final del volumen contiene un léxico conjunto de terminología *gay* y marxista, prueba de que la homosexualidad y el comunismo son discursos vinculados y extranjeros diferentes y descifrables para el lector común.

En comparación con este antecedente, *El diputado* de Eloy de la Iglesia parece una especie de revelación; el énfasis algo forzado en su moralidad y normalidad era sin duda necesario en aquel momento. Pero lo sorprendente de *El diputado* es que a pesar de su descripción "personalizada" de la política y su narración autobiográfica –complementada con la "íntima" voz en off–, Roberto nunca piensa en preguntarse la causa de su homosexualidad. Presentada y experimentada como una relación social que lo lleva a entrar en contacto con hombres que no son de su clase social, se expresa necesariamente a través de discursos de ética o política y no de psiquiatría o medicina. Así, la "superficialidad" de Roberto tiene un valor tanto ideológico como narrativo: indica que una vez reconocen su opción sexual, los homosexuales no llevan dentro de sí ningún estigma o secreto, son sólo "señores que se encuentran con hombres porque les gusta". La calidad demostrativa del cine de Eloy de la Iglesia simplemente tendería a defender una concepción funcional de la caracterización en la película.

La película se apoya en tres recursos narrativos simplistas: simplificación esquemática, sentimentalismo y cruda actualidad. Así, el personaje de José Sacristán debe ser adornado con atributos positivos para hacer que la audiencia "perdone" su homosexualidad; y este polo positivo debe ser opuesto por el polo negativo igualmente monolítico de la extrema derecha.

Al final del film (como es frecuente en la obra de Eloy de la Iglesia) el joven es sacrificado: los fascistas que le contrataron lo asesinan en venganza de su traición a la causa. Previamente, sin embargo, había sido curiosamente integrado en la pareja heterosexual en un sucedáneo de familia. La esposa de Roberto afirma que Juanito podría ser su hijo; y llega a compartir la pasión de Roberto por el joven. Por tanto, se reitera el triángulo de *Los placeres ocultos* con la diferencia de que aquí la pasión del hombre mayor está gratificada sexualmente y, de hecho, es recíproca. Juanito finalmente admite que no hace el amor por dinero: la relación homosexual trasciende los motivos económicos por poco tiempo para acabar siendo destruida por sus implacables oponentes.

En la escena final Eduardo, a punto de ser elegido líder de su partido, decide contar a sus camaradas la historia que acabamos de ver en la película. La imagen se congela mientras suena el himno de la Internacional. Es un momento inverosímil e incluso irrisorio; pero también es una imagen valientemente utópica de un radicalismo transformado por la inversión libidinosa, de un marxismo modulado por el afecto homosexual.

5.5.2.1. *Otras referencias en el cine de Eloy de la Iglesia*

Colegas (1982)

Como ya hemos visto que es característico en Eloy de la Iglesia, son múltiples los detalles que aparecen en la cinta concernientes a la homosexualidad. Por ejemplo, y muy importante, el momento en el que los dos colegas, para sacarse un dinero, van a una sauna. Les coquetean dos homosexuales cuarentones que les ofrecen dinero si les dejan hacerle una felación.

Entre el resto de las insinuaciones, destaca la forma en que De la Iglesia construye el personaje de Antonio, un chico ambiguo que, pese a que está en plena efervescencia vital, no parece tener más necesidad que la de ayudar a su hermana y a su colega. Incluso hay un momento en el que coinciden los tres en una cama, y este personaje se medio tumba sobre las piernas de los otros dos, evocando de alguna manera el Sal Mineo de *Rebelde sin causa*.

Navajeros (1980)

Uno de los títulos imprescindibles de este realizador. Estamos ante una historia basada en hechos reales pero poblada de personajes imaginarios, como se advierte al principio de la cinta. En esta película, encontramos un momento en que el protagonista y su pandilla pasan por delante del Cine Carretas y una pareja de homosexuales les entran para ver si venden sexo. En realidad, ellos están allí para ver a un amigo del barrio que sí se ha metido a "chapero" y que afirma que, antes de delinquir, es mejor que "te la chupen y encima te llevas mil pelas". Esa misma noche, la pandilla decide robar un chalet de un gay con posibles que está celebrando una fiesta –una de las posibilidades de relacionarse abiertamente de los homosexuales de la época–.

5.5.3. La homosexualidad según Almodóvar

Realmente, la producción de Almodóvar en la horquilla temporal que nos ocupa sólo cuenta con la película *Laberinto de pasiones*, pero su repercusión así como sus influencias lo hacen digno de un trabajo más amplio. Por ello hablaremos de su posición ante lo *gay* para adentrarnos dentro de esta película.

La ley del deseo (1987), había pasado por alto de forma significativa en las nominaciones a los *Goyas*. El respeto de la crítica también es posterior. Significativo es que la primera versión –en inglés– del estudio clásico de John Hopewell sobre el cine franquista (1986) sólo dedicó dos páginas a Almodóvar mientras que la segunda versión (en español, 1989) cuenta con doce páginas.

El relato de la propia biografía de Almodóvar siempre ha sido relacionado con el tema de la homosexualidad. Pero mientras las primeras entrevistas muestran un evidente placer en la fantasía homoerótica, [84] kitsch y *camp*, los artículos posteriores presentan una creciente negación de la homosexualidad, ya sea bien entendida o entendida como identidad cultural, sensibilidad distintiva o tradición cinematográfica específica. De este modo, Almodóvar ha rechazado con enfado las comparaciones entre su obra y la de Cukor o Fassbinder; y afirma en una entrevista con Lola Díaz que odia "las manifestaciones homosexuales muy obvias... [y] la sensibilidad *gay*". Un escritor como Jean Genet "trasciende" su contenido; opina que Almodóvar podría escribir sobre cualquier tema pero simplemente da la casualidad de que habla de hombres. En respuesta a esto, Almodóvar menciona a Luis G. Berlanga como un ejemplo de director español heterosexual que, no obstante, se siente "femenino".[85] Como veremos, cuando habla de *La ley del deseo* –su única película centrada en una relación *gay*– niega repetidamente que sea una película "de" homosexualidad; es fortuito que los personajes protagonistas sean *gays*.

Esta actitud es poco convincente porque no cabe duda de que el trabajo de Almodóvar no habría logrado su éxito en el extranjero sin el apoyo de la prensa *gay* y las audiencias *gay*; sus películas en algunos lugares aún se exhiben en cines conocidos por su propagación *gay/lesbiana*. Sin embargo, para algunos comentaristas la afirmación de Pedro Almodóvar de que en su cine la homosexualidad es puramente "fortuita" es sencillamente un reflejo de la realidad social de la España contemporánea. De este modo, David Lewitt observa en el *Guardian* londinense (23-6-1990) que en *La ley del deseo* "uno nunca tiene la sensación de que la homosexualidad de los personajes de la película viven, como Almodóvar, en un ambiente en el que la homosexualidad está tan asumida que la opción entre realizar una

---

84   HARGUINDEY, Ángel S. "Pedro Almodóvar: toma la fama y corre". *El País Semanal* (Madrid), (29-9-1984).
85   DÍAZ, Lola. "Pedro Almodóvar: 'Cuando me comparan con Fassbinder me parece una pesadilla'", *Cambio16* (Madrid), (18-4-1988).

película con personajes homosexuales o heterosexuales es puramente artística". En un típico gesto de la prensa con respecto a Almodóvar, Lewitt menciona la fiesta para el estreno de *¡Átame!* como ejemplo afirmando sobre los invitados que "algunos son *gay* y otros son heterosexuales; como en *La ley del deseo*, a nadie le parece preocuparle demasiado que sean lo uno o lo otro." [86]

La dificultad para encontrar un todo apropiado que se refiera a la particular sensibilidad cómica de Almodóvar es uno de los problemas que presenta el estudio de su obra. En una reseña bastante condescendiente de Augusto M. Torres ataca a estos estudios pioneros por ser excesivamente respetuosos con la obra y por no lograr ofrecer un análisis debidamente crítico.[87] Para Torres, el "fenómeno Almodóvar" es más interesante que sus propias películas, que no pueden considerarse "un todo completo, armónico y perfecto". Si bien es cierto que el respetuoso academicismo es inapropiado cuando se trata de películas tan anárquicas e irreverentes como las de Pedro Almodóvar, este problema de registro del discurso crítico plantea complejas cuestiones de género e identificación. Por ejemplo, sus primeros films sugieren una actitud lúdica y autorreflexiva en relación con las cuestiones de narrativa.

Según expone Paul Julian Smith, "En términos lingüísticos, la consumada conjunción (nexo de unión) en la obra de Almodóvar es el "como si...". De este modo, una punki puede orinar sobre una ama de casa durante su clase de punto (*Pepi, Luci y Bom...*), una monja puede drogarse con LSD (*Entre tinieblas*) y un transexual volver al seminario en donde realizó sus estudios *(La ley del deseo)* como si fuera perfectamente natural. A pesar del escándalo que envolvió las primeras exhibiciones de estas películas, dentro de las narraciones,

---

86   LEWITT, David. "Almodóvar on the Verge", *Weekend Guardian* (Londres), (23-24 junio 1990), pp. 12-16.

87   Declaraciones de Augusto M. Torres en VIDAL, Nuria. *El cine de Pedro Almodóvar*. Barcelona: Ediciones Destino, 1988.

lo estrambótico se da completamente por supuesto. Esto sitúa al público en una posición de complicidad con el cineasta, ya que el espectador debe tomar el hermético mundo del filme en sus propios términos o abandonar el cine. Richard Dyer pregunta si es posible representar la homosexualidad en el cine como "fortuita" sin condenarla a la marginalidad, y este es el principal problema cuando se examina el interés lésbico y gay de Almodóvar. Es posible que el "como si" sitúe al espectador en una posición de indiferencia o desinterés por la homosexualidad que hay en el film, sin necesidad de cuestionarse sus actitudes fuera del cine."[88].

La deliberada confusión genética de estas películas también desconcertará a las audiencias –y a los actores: Carmen Maura cuenta su consternación por la divertida reacción de una auténtica canadiense ante una escena en la que un hombre desnudo intenta violarla en la ducha–. [89] Y parece que los términos –con carga homosexual– de *camp* o kitsch o el término español más neutro "hortera" son de escasa ayuda. De hecho, la conocida definición de Susan Sontag como "seriedad malograda"[90] es invertida por Almodóvar: el final solemnemente esperado de *Pepi, Luci y Bom...* y las conclusiones abiertamente trágicas de *La ley del deseo* apuntan más bien a una seriedad completamente lograda, pero que permanece en un contexto cómico. Y aquí la interpretación es esencial; la significación de Carmen Maura como la actriz más destacada de la obra de Almodóvar ha añadido una ternura especial a los personajes femeninos que se encuentran en situaciones absurdas y humillantes. [91]

---

88   SMITH, Paul Julián. *Las leyes del deseo*. Barcelona: Editorial de la Tempestad, 1998, p. 173.
89   PONGA, Paola. *Carmen Maura*. Barcelona: Mitologías, 1993.
90   SONTAG, Susan. *Against Interpretation and others essays*. Nueva York: Picador USA, 1967, pp.275-292.
91   IZQUIERDO, Charo. "Pedro Almodóvar: 'ahora está de moda el placer'". *Dunia*. (29-22-2983).

Como en el caso de Eloy de la Iglesia, pues, el autorismo de Almodóvar −el hecho de que cada una de sus películas sea inmediatamente reconocible como suya− se ve cuestionado a la vez que facilitado por un compromiso contradictorio de género. Y como en De la Iglesia, de nuevo, los dos géneros más significativos son el *cinéma vérité* y el melodrama. De este modo, el *cinema vérité* del *underground* −como en Warhol− se basa en la realidad, en el conocimiento inconfundible de que los acontecimientos que tienen lugar ante la cámara realmente transcurrieron en un lugar y en un momento concretos. La notoria secuencia de la "meada" en *Pepi, Luci y Bom...* ejemplifica esto, así como la meticulosa atención a la moda y a la vida nocturna de una subcultura en los primeros films. Para el novelista y columnista Francisco Umbral, Almodóvar es el cronista de Madrid por antonomasia, el realizador cuyo trabajo nunca podría doblarse por la inmediatez de su lenguaje.[92]

Por otra parte, los guiones delirantemente complejos −evidentemente escritos por el propio Almodóvar− hacen un claro uso del melodrama, aunque esto en sí mismo no hace las películas menos serias. El melodrama constituye una forma bastante tradicional de incorporar la fantasía y el deseo en la narración. Y, como género identificado como "femenino", está evidentemente asociado con la familia. [93]Aunque, a diferencia de Eloy de la Iglesia, Almodóvar no muestra ninguna nostalgia por la familia heterosexual, sino que presupone la existencia de "familias aparentes" homosexuales: madres lesbianas, comunidades de mujeres, agrupaciones más abiertas de amigos del mismo sexo. Más en concreto, el melodrama ofrece un precedente para una narrativa no lineal basada en la repetición

---

92   UMBRAL, Francisco. "Almodóvar". *El Mundo* (Madrid), (25-1-1990).
93   ELSAESER, Thomas. "Tales of Sound and Fury: Observations on the Family Melodrama". *Home is where the heart is: Studies in Melodrama and the Woman's film*. Londres: Ed. Christine Gledhill, 1990, pp. 43-69.

y la inversión que Tania Modleski identifica con "el tiempo (no fálico) de las mujeres". [94]

Una tesis común de la cultura es que la cultura de masas está basada –como el melodrama–[95] en la recepción, en la reproducción de un objeto original hoy definitivamente perdido. Así, el cine popular constantemente repite "simulacros" –basándonos en Jean Baudrillard– de fórmulas que ya hace mucho tiempo que carecen de una "aura" artística. Parece probable que esta lectura irónica y escéptica de la cultura de masas ya esté integrada en la práctica cinematográfica de Almodóvar y explique otro aspecto de su tono distintivo. Por tomar sólo dos ejemplos, la publicidad y la música popular –mayormente el bolero– son partes intrínsecas del repertorio fílmico de Almodóvar y no elementos externos para decorar la superficie cinematográfica. John Hopewell ha ofrecido una breve y algo irónica composición literaria de esta interpretación posmoderna de Almodóvar, expresa en la forma de un diálogo cómico. Para Hopewell, la obra primera de Almodóvar lleva todas las marcas distintivas del posmodernismo: la erradicación de la distinción entre alta cultura y subcultura; las citas repletas de alusiones; la mezcla de géneros; la utilización de imágenes, efectos de sonido o planos sin ningún motivo o significado. También menciona un recurso específico: la ausencia de planos descriptivos al principio de las secuencias, una técnica típica de los videos pop este último detalle es muy interesante. Para Hopewell, las películas más recientes no sólo muestran una técnica cada vez más convincente, sino también una característica que no duda en cualificar de "moral",

---

94 MODLESKI, Tania. "Time and desire in the woman's film", *Home is the heart is: Studies in melodrama and the woman's film*. Londres: Ed. Christine Gledhill, 1990, pp. 326-338.
95 MAQUA, Javier. *El docudrama. Fronteras de la ficción*. Madrid: Cátedra, 1992.

el estudio del deseo –pero sobre todo del deseo femenino y homosexual–. [96]

En opinión de Hopewell esta inquietud general continúa siendo una cuestión personal, el terreno del estilo excepcionalmente personal del cineasta. Y –al igual que el posmodernismo–, como ética moral, es difícil reconciliarla con el compromiso político. Almodóvar ha sido a veces criticado –sobre todo en el extranjero– por reprimir la historia de España y no referirse a la Guerra Civil y a la dictadura, tan importantes para la generación anterior de realizadores españoles. No obstante, se puede dilucidar un énfasis político e histórico implícito en su trabajo, sobre todo en relación con la homosexualidad, y que esta crítica está arraigada en la textura cinematográfica de su obra sin estar abiertamente expresada en su diálogo. Cuando Almodóvar presenta a dos mujeres cocinando juntas o recitándose mutuamente una canción de amor (*Pepi, Luci y Bom...*), cuando muestra a un director de cine exhortando a un joven para que se masturbe ante la cámara (*La ley del deseo*), implica al espectador en un tráfico de reflejo homosexual –de voyeurismo e identificación– que precisa una respuesta urgente e inmediata.

Laberinto de pasiones (1982)

Como ya hemos comentado anteriormente, muchos son los teóricos que consideran –no sin falta de razón– que el cine de Almodóvar es homosexual. Bien, pues una prueba que tienen tanto el propio Almodóvar como los que opinan lo contrario es *Laberinto de pasiones*. Lechón Álvarez inicia así su crítica: "Para todos aquellos que se limitan a definir el cine de Almodóvar como homosexual, venga aquí otra prueba que demuestra hasta qué punto las primeras cintas del manchego

---

[96] HOPEWELL. *El cine español después de Franco. 1973-1988*. Madrid: Ediciones El Arquero, 1989, pp. 13-20.

de oro sirvieron para modernizar una sociedad que necesitaba salir de su estancamiento."[97]

Psicoanálisis, la jet, reproducción artificial de las especies y el mundo del pop son algunos de los elementos sobre los que se ironiza.

En esta película, Sexilia (Cecilia Roth) es una ninfómana imparable capaz de atender las necesidades de doce jóvenes en una sola fiesta. Riza Miro (Imanol Arias) es el heredero de Tirán que se ha refugiado en Madrid porque, aparte de ser la ciudad más divertida del mundo –recordemos la "movida" madrileña, en plena efervescencia aquellos años–, es el refugio ideal para vivir libremente y sin complejos su homosexualidad. Ambas tendencias sexuales se verán superadas finalmente cuando, de modo casi accidental, ambos descubren la vivencia pasada que les obligó a separarse y buscar cada uno su camino.

Banderas inicia con este título su larga relación profesional con Almodóvar, interpretando a un terrorista *gay* que está a punto de echar a perder la misión de matar a Riza Niro cuando se enamora de éste tras haberse acostado con él.

La cinta resulta interesante y divertida, y aunque la profundización respecto al tema de la homosexualidad se limita a las dudas homosexuales de Riza Miro ante los encantos de Sexilia, nos da una cierta e ilustrativa imagen del mundo homosexual de la época.

5.5.4. La homosexualidad según Ventura Pons

Ventura Pons inició su carrera artística en el teatro dirigiendo a los veintidós años *Nit de Reis* de Shakespeare. Colaboró en diferentes revistas como crítico cinematográfico y debutó en el cine con el documental *Ocaña, retrat intermitent/Ocaña, retrato intermitente* (1979), sobre el artista y travesti Ocaña,

---

97   LECHÓN ÁLVAREZ, Manuel. *La sala oscura. Guía del cine gay español y latinoamericano*. Madrid: Ediciones Nuer, 2001, p. 50.

personaje carismático de la Rambla barcelonesa de los setenta. La película fue proyectada en la sección *Un certain regard* del Festival de Cine de Cannes. A partir de *El viacari d'Olot/El vicario de Olot* (1981), orientó sus trabajos hacia la comedia costumbrista con obras como *¿Qué te juegas Mari Pili?* (1990).

Ocaña retrato intermitente (1979)

Pons, uno de los directores españoles que más y mejor ha tratado el tema de la homosexualidad, consiguió un gran reconocimiento con este trabajo tanto dentro como fuera de nuestras fronteras. Su paso por el Festival de Canes, aunque no premiado, fue ampliamente comentado.

A través de este documental conocemos a Ocaña, un personaje real, una figura curiosa que llegamos a conocer con la narración de su vida que hace a cámara. Los sentimientos que despierta alternan la admiración con la compasión, la apatía con el rechazo. Pero la conclusión definitiva es que Ocaña fue, ante todo, un ser humano. Las contradicciones que se aprecian en su discurso, "yo no soy un travesti, sólo me gusta vestir de mujer", ayudan a entender mejor lo que fue aquella época para la gente de sus características. Llama poderosamente la atención que el protagonista no se refiera de forma correcta a su tendencia. Habla constantemente del "homosexualismo". La lucha interna entre lo que uno siente y lo que uno sufre por parte de la sociedad aparece retratada de una forma tan humana que despierta admiración.

Afirmaciones como "la esperma acumulada es malísima p'al cuerpo" no hablan tan sólo de represión homosexual sino de todo tipo de negación personal. Ocaña, hombre valiente que buscó varias formas de expresar su arte –actuaciones musicales, dramas teatrales, pintura–, moriría tres años después de al disfrazarse de sol para los niños de un pueblo en fiesta. Esta película también nos ayuda a demostrar que muchos de los prejuicios que parecen pertenecer a otras épocas siguen tan vigentes como entonces.

El vicario de Olot (1981)

Esta obra marcó un antes y un después en la cinematografía de la Transición. Lejos de los desnudos gratuitos, única excusa de algunas películas de la época, este film se centra en el contenido teórico.

La historia es la de un pueblo que se ve sacudido ante la llegada de un obispo de Roma, tío del vicario del pueblo. Éste, a modo de lección, pretende que durante su estancia se celebre un congreso de moralidad en el que se debatan todos los temas que llevan a la vida licenciosa. Una de las primera medidas es la de prohibir el trato a los lugareños con la prostituta, provocando ya con ello una reacción en contra. Además, entre los habitantes de la localidad se encuentra una especie de semental que mantiene relaciones con numerosas mujeres del pueblo. Y con el farmacéutico, personaje al que su posición social consiente que se acueste con quien quiera.

Construyendo como una metáfora en escala de la España del momento, Pons presenta una especie de debate nacional que se debía haber celebrado en aquel momento en el que todo un país estaba reposicionándose en su lugar social.

5.5.5. Otras referencias a la homosexualidad

El pistoletazo de salida lo da Angelino Fons en 1973 con *Mi hijo no es lo que parece*. Los tiempos de Franco están terminando y la apertura cultural se va abriendo camino poco a poco. Una actriz de revista, la Gámez, que intenta sin éxito pasarse al drama, recibe a su hijo de vuelta a casa. Éste ha estado estudiando toda la carrera en el extranjero y las formas y gustos que ha adquirido hacen pensar que se ha vuelto *gay*, sobre todo por su contacto con un tal Hans, un holandés que le llama frecuentemente. La madre está dispuesta a lo que sea con tal de que su retoño cambie. Incluso llega al punto de pedirle a su vecina, otra corista, que le seduzca. Ésta lo intenta con éxito, quizá con demasiado porque planean casarse, idea que no hace nada feliz a la madre del chico. Ante esta negativa materna, el muchacho dice: "¿No quería que me gustaran las mujeres? Pues lo ha conseguido". Este absurdo cambio de actitud sexual, propio de la época, es mantenido por ese tópico sobre lo fácil que es "reconvertir" a alguien a través de la experiencia sexual adecuada. En todo caso, y por fortuna, el final queda más abierto cuando, una vez celebrada la boda, la última frase es que el hijo tiene, de nuevo, una conferencia de Hans. Llamada ante la que tanto la madre como la esposa se quedan absortas y sin saber qué decir.

Continúa Juan Bosch en 1978 con *40 años sin sexo*. Producida al estilo de los trabajos tan característicos de aquella época –con la presencia de un narrador en *off* llevando el hilo argumental–, en esta cinta se hace un repaso de todos esos aspectos de la sexualidad que no podían siquiera ser citados. Entre ellos, claro está, la homosexualidad. Aunque la referencia a este tema se limita a un homosexual –amanerado– , es muy interesante que se cite el hecho de que los homosexuales podían ser arrestados acogiéndose a la Ley de Peligrosidad Social, que era una forma de dejar la vía libre a las "fuerzas del orden" para arrestar a cualquier *gay* o lesbiana en el momento que ellos quieran. De esto opina Lechón Álvarez: "Sin hacer ningún alarde de ello, el incluir este dato es, de alguna forma, una pequeña reivindicación de la precaria situación en la que vivieron los homosexuales durante aquellos años".[98]

En el mismo año se realiza *Ernesto*, de Salvatore Samperi. Título que en su momento dio bastante que hablar a nivel internacional, el Ernesto que cita es un niño bien que inicia

---

98 LECHÓN ÁLVAREZ, Manuel. *La sala oscura*. Madrid: Ediciones Nuer, 2001, p. 22.

una relación homosexual con uno de los obreros de la fábrica familiar. El romance pesa más en el miembro de clase obrera, especialmente cuando llega el momento en que el niño rico decide casarse y formar una familia. El detalle sorpresa y agradable se encuentra en el final cuando percibimos en la mirada de Ernesto que no por casarse va a dejar de lado esa carnalidad con la que realmente disfruta.

Una narrativa clásica para terminar una historia que termina concluyendo en lo evidente: no se pueden reprimir los instintos.

Aunque en general resulta bastante mediocre, no se le puede negar la importancia que en su momento tuvo. Los personajes que se presentan no eran amanerados típicos. Aunque el jovencito tiene la ambigüedad fácilmente atribuible a su edad, el obrero al que da carne Michele Placido es un tipo viril del que nadie sospecharía su homosexualidad. El hecho de ser coproducción Hispano-Ítalo-Germana ayudó a que se pudiera relatar tal y como estaba previsto sin problemas de la censura ni finales inesperados. Pero esta película pierde su valor ante la posible lectura que defiende el conservadurismo: que no importa lo que hagas mientras que sea de puertas adentro y, puertas afuera, te cases, mantengas familia y te atengas a lo establecido. En cualquier caso, otro eslabón necesario para la normalidad.

En 1979 nos encontramos, de la mano de Iván Zulueta, la que algunos consideran la película más fascinante del cine español, *Arrebato*. Esta película, catalogada por Gómez Tarín como de culto[99], transcurre bajo la sombra un personaje fuertemente intrigante, el encarnado por el joven Will More, quien suplió sus carencias como actor con la apariencia necesaria para este papel. Su ambigüedad incluía una fasci-

---

99 GÓMEZ TARÍN, Francisco J. "<<Arrebato>>: de la marginalidad al culto". En *Cuadernos de la Academia*. El Cine de la Transición. IX Congraso de la AEHC, nº 13/14, 2005, p. 317.

nación por el protagonista en la que no se incluía explicación alguna de su contenido homosexual. Es decir, no era necesario calificar la atracción que los unía. Algo muy de agradecer en una época en la que todavía se tenía que justificar de alguna manera absurdas –haber crecido entre mujeres, por ejemplo– la "desviación" del personaje.

En 1980 se realizan dos películas. *Gay Club*, de Ramón Fernández y *Él y él*, de Eduardo Manzanos.

La primera es la comercial historia de un niño bien que se ha marcado como objetivo en la vida llegar a ser actor. Después de una trampa que le tienden en una fiesta, se despierta a la mañana siguiente desnudo en la cama junto a un hombre. Su primera reacción es matarle de un botellazo. Cuando, al final, descubre que no le había matado, sino que le había dado un golpe sin importancia, lo mata definitivamente. Todo para descubrir, en la última secuencia, que él es *gay*, pero que no lo gusta que lo utilicen sin su consentimiento. Un delito espantoso que lleva a la conclusión de que los *gays* son viciosos y asesinos.

"Tremendo disparate que, frente a los esfuerzos de normalización que se estaban realizando en su momento, tiraba para atrás la imagen positiva que se quería vender del homosexual. Se había pasado del mariquita gracioso y objeto de burlas al pervertido mental que no dudaba en hacer lo que fuera por el mero capricho de hacerlo. Todo un capítulo negativo en el trato del homosexual en el cine español."[100]

Por su parte, *Gay Club*, aunque trataba de ser claramente un alegato a favor de la homosexualidad, no pudo evitar seguir una serie de parámetros para contentar el gusto que se llevaba en la época. Por ejemplo, que los personaje *gays* son siempre chistosos que a todos caen bien, que las chicas tienen presencia para cumplir con una serie de desnudos gratuitos, o que en los

---

100 LECHÓN ÁLVAREZ, Manuel. *La sala oscura*. Madrid: Ediciones Nuer, 2001, p. 40.

diálogos se incluyan comentarios despectivos hacia los homosexuales. Pero quizá, su mayor acierto sea el partir de los parámetros reconocibles en su momento para que el gran público pueda seguir más fácilmente lo que se presenta: la aceptación social de la homosexualidad. Algo que se hace particularmente evidente en el discurso que, durante el juicio, lanza la madre de uno de los *gays* enjuiciados en el que afirma que "es la alegría de mi vida, el mas cariñoso de mis hijos", lo cual no evita que resulte chocante el hecho de que Paco España, que aparece como él mismo, resulte el menos amanerado de la cantidad de homosexuales que se presentan.

Aparte del loable intento citado, también resulta especialmente interesante el visionado de esta película por ser un documento en el que se pueden seguir en directo algunas de las actuaciones de los transformistas más importantes del momento: el citado Paco España, Juan Gallo y Elianne. Del título de esta película salió el nombre del local homosexual más famoso de la capital de España.

5.6. El lesbianismo en España

La mayoría de los aspectos políticos, sociales y religiosos mencionados en el capítulo dedicado a la homosexualidad pueden ser aplicados al lesbianismo. De todos es sabido que la hermandad de estos movimientos aún persiste.

No obstante, debiéramos, como introducción, reseñar el acontecimiento más destacado dentro del movimiento lésbico español de la época.

En Enero de 1977, se materializa *El Collectiu de Lesbianas del Front d'a liberament del País Valenciá*, esta sería la primera y única asociación de lesbianas que existía en España. El *Collectiu* se constituyó en el primer congreso de marginados que se celebró en Valencia en 1976, y hasta ese momento funcionó a niveles muy restringidos. Aunque ya habían colaborado con otras organizaciones feministas que se movían en el ámbito del País Valenciano, su actividad se centró principalmente en la discusión teórica sobre homosexualidad y feminismo. En el seno del *Collectiu* se enfrentaron dos posturas: la de las que propugnaban la creación de un frente de liberación sexual amplio que integrara a mujeres y hombres y la de las feministas a ultranza, para quienes «un hombre siempre es un machista, aunque sea homosexual».[101]

"Nosotras no estamos reivindicando que se nos llame lesbianas y después se nos acepte –decía el manifiesto de *Collectiu*–, sino la posibilidad de expresarnos libremente, sin el rechazo de la sociedad. No queremos que se nos juzgue en razón de nuestra alternativa sexual, ya que, de hecho, ser homosexual no determina ningún tipo de comportamiento especial. Una lesbiana es una mujer capaz de amar a otra, tanto en el aspecto afectivo como en el físico", señalaba también dicho manifiesto.

Como hemos comentado en un principio, la similitud de los movimientos *gay* y lesbiana hizo que las reivindicaciones del *Collectiu* fueran similares a las que planteaban las asociaciones de homosexuales: derogación de la ley de Peligrosidad Social, implantación del divorcio, liberalización de anticonceptivos y aborto, reconocimiento del derecho que tiene todo ser humano de disponer de su propio cuerpo, etcétera.

Pero los problemas de las mujeres homosexuales presentaban un cariz específico. "La tolerancia de la sociedad hacia las lesbianas es falsa. A efectos sociales, la lesbiana no existe, está totalmente ignorada", afirmaba una miembro del *Collectiu*.

"Tenemos que aclarar ideas en el plano teórico y, sobre todo, llevar el problema a la calle. Pero las dificultades que se oponen a ello son múltiples. Por una parte algunas organizaciones feministas mantienen una actitud recelosa con nosotras y,

---

101   B.C. "Organización de lesbianas en el País Valenciano" *El País* (Madrid), (01-11-1977).

por otra, las propias mujeres del *Collectiu* vamos perdiendo las ganas de trabajar en esto y, poco a poco, nos desmoralizamos."

5.6.1. EL LESBIANISMO SEGÚN PEDRO ALMODÓVAR

De esta forma describe Julián Paul Smith una de las secuencias más famosas de *Pepi, Luci, Bom y otras chicas del montón* (1980): "Un plano medio de dos mujeres bordando en un interior. Pepi (Carmen Maura) es treintona y lleva un vestido a rayas negras, blancas y rojas; Luci (Eva Silva) es «cuarentona y sumisa» según el guión, lleva un peinado escultórico y una pulcra chaqueta azul de punto. Discuten sobre el punto, y Pepi, ahora en primer plano, observa a su compañera con lascivia y le da un golpe en el brazo. En una serie de planos y contraplanos Luci explica con modestia a la admirada Pepi cuánto le gusta ser dominada. Pepi pincha su brazo con la aguja con una sonrisa de complicidad y, al oír el timbre, desaparece del encuadre.

Corte a un plano medio largo de Bom (Alaska), una punki adolescente que lleva un abrigo con un dibujo de leopardo, desde el punto de vista de Luci. Vemos un plano medio largo, con Luci aún sentada en el centro. Pepi entra en el encuadre por la izquierda y Bom por la derecha. Esta última levanta la pierna hacia la pared y la muestra completando el gesto de lado; su pierna se arquea por encima de la parte superior del encuadre mientras el rostro vacilante de Luci está abajo a la derecha y Pepa está en el centro. Un chorro de orina atraviesa la pantalla y baña ahora a la extática Luci." [102]

Almodóvar ha dicho con orgullo que *Pepi, Luci, Bom y otras chicas del montón* es su película "más guarra", afirmando que quería mostrar el comportamiento típico de la pornografía dentro de un ambiente naturalista y cotidiano, libre de exhi-

---

102   SMITH, P. J. *Las leyes del deseo*. Barcelona: Editorial de la Tempestad, 1998, p. 176.

bicionismos[103]. Y está claro que el humor de esta escena reside en el contraste entre la realidad doméstica y banal –clases de punto– y perversa práctica sexual: tras orinar encima de su recién descubierta compañera, Bom le pregunta educadamente de qué parte de España es. Pero esta temprana secuencia de la película no es sólo importante por la sugerida incongruencia entre la función corporal y la convención social; también establece una estructura triangular que funciona a lo largo de esta "comedia lesbiana", como la denomina Paul Julián Smith, ya que la relación entre Luci, la ama de casa, y Bom, la cantante punki –la única relación que perpetuará hasta el final de la película–, está mediada para el espectador por Pepi, que sirve como personaje de identificación –vemos la mayor parte de la acción a través de sus ojos y la entendemos a través de sus opiniones– y representante de nuestro voyeurismo. Pepi no participa en la acción sexual, pero la vemos iniciarla y divertirse mientras observa a sus amigas. Esta estructura triangular –activa, pasiva y *voyeur*– plantea una serie de problemas para el espectador masculino heterosexual cuya búsqueda de placer en la escena pornográfica se ve continuamente perturbada por detalles banales y materiales –agujas de tejer y educada conversación–.[104]

Pepi, Luci... es el primer largometraje de Almodóvar y fue filmado en un período de dieciocho meses –entre 1979 y 1980– con un presupuesto minúsculo. La tosquedad de la imagen –16 milímetros pasados a 35– y la suciedad de la banda sonora se advierten inmediatamente. Un problema comentado por algunos críticos al hablar de esta película, pues, es saber en qué medida las cualidades cinematográficas son fruto de una técnica deliberada o de las exigencias de la necesidad económica.

---

103 Declaraciones e Pedro Almodóvar en *Guía del ocio*, Madrid, (3-11-1980).
104 SAMOIS. *Writings and graphics on Lesbian*. Boston: S/M, 1982.

En su entrevista con *Contracampo*, [105] Almodóvar afirmó que adaptó el material para ajustarse al presupuesto; por ejemplo, no se podía permitir un ingeniero de iluminación, pero escribió el proyecto de forma que la calidad de imagen no fuera importante.

En su estreno, la película fue elogiada por su "espontaneidad" y "frescura" por críticos tan influyentes como Diego Galán[106]. Sin embargo, si observamos las primeras escenas, podemos ver que este efecto no es de ningún modo natural sino el resultado –consciente o inconsciente– de una trasgresión de las normas del montaje continuo. Así, en la primera secuencia, Pepi es violada en su piso por un policía (Félix Rotaeta); pero en la próxima, su aspecto ha cambiado y lleva unos pantalones de cuero negro y un top mientras camina de arriba a abajo tramando una venganza. Inmediatamente después visita la habitación donde ensaya el grupo punk de Bom; ahora lleva unos tejanos y una chaqueta rosa de raso. La falta de atención a la continuidad narrativa se extiende de la ropa a la caracterización; así, la violación de Pepi la transforma instantáneamente de niña lasciva a mujer maquinadora. Mientras el grupo punk, bajo las órdenes de Pepi, pega al hombre que creen que es el policía que la ha violado –siendo en realidad su hermano gemelo– van vestidos con trajes de *chulapas* madrileños, como si se tratara de "la verbena de San Isidro". La paliza transcurre al son de la zarzuela *La revoltosa*.

Sin tomar esta secuencia sin demasiada seriedad, podríamos opinar que muestra al público desde el principio de la película que las virtudes del cine clásico –verosimilitud, psicología– van a ser subvertidas por técnicas antinaturalistas –incongruencia

---

105   FRANCIA, Juan I. y PÉREZ PERUCHA, Julio, "Primera película: Pedro Almodóvar", *Contracampo*, 23 (Madrid), (septiembre 1981), pp. 5-7.
106   GALÁN, Diego. "Pepi, Luci, Bom...y otras chicas del montón". *El País,* (30-10-1980).

del sonido y la imagen, discontinuidad de los personajes–. El filme, pues, parecería autodefinirse genéricamente como una "comedia disparatada" en la que el anárquico humor se deriva de una subversión del propio mecanismo cinematográfico. No obstante, debemos señalar que *Pepi, Luci...* también recurren al género igualmente canónico de la "comedia de situación", que se basa en la alteración de las jerarquías sociales representadas de forma verosímil para el espectador. [107] Así, debemos creer en la posibilidad del desventurado idilio lésbico entre Luci y Bom si vamos a responder a sus cualidades cómicas y subversivas.

El aspecto granulado y la narrativa informal de *Pepi, Luci...* dan la impresión de *cinéma vérité*: las secuencias en una fiesta, en un club nocturno y en una sala de conciertos parecen improvisadas, aunque a menudo se corresponden estrechamente con el guión original. En su reseña de *Contracampo*, Alberto Fernández Torres critica la película por la manera de apoyarse en el conocimiento del espectador de un referente actual – obviamente, la "movida" madrileña–, que se encuentra "más allá de la cámara". [108] Fernández dice que el intento de ruptura de Almodóvar con la lógica formal del discurso cinematográfico es en sí mismo un recurso artificial, no menos afectado que el minimalismo de otro primer largometraje estrenado en 1980: *Ópera prima*, de Fernando Trueba. Fernández da por descontado que *Pepi, Luci...* no tiene ningún mensaje o análisis más allá de la superficie de su historia anecdótica. Sin embargo, podríamos indicar que en la representación del lesbianismo, como en otras partes, conlleva un comentario social implícito que trasciende el innegable interés de la película por documentar la "movida".

---

[107] Recordemos que este recurso es muy utilizado en los guiones de Berlanga y Azcona.

[108] FERNÁNDEZ TORRES, Alberto. "Pepi, Luci, Bom... y otras chicas del montón". *Contracampo* (Madrid), 18 (enero 1981), p. 73.

En realidad, el diálogo de *Pepi, Luci...* está repleto de referencias a la historia contemporánea y a la política. El policía interpretado por Félix Rotaeta –violador de Pepi, marido abandonado por Luci– es una caricatura fascista que se queja durante el desayuno de no saber a dónde se va a llegar "con tanta democracia". Cuando Luci planta a su marido por Bom le dice que es una víctima de "la ola de eroticismo que nos invade". El problema con estas referencias es que son, evidentemente, paródicas, clichés sacados de su contexto normal. Como las provocaciones pornográficas de Pepi –"¿Qué te parece este conejito en su salsa?"–, el discurso político de la película muestra ser de segunda mano, una vacía repetición de propuestas que han perdido el verdadero valor que podían haber tenido alguna vez. En este estilo, Almodóvar coincide con el análisis de Richard Dyer sobre el cine *gay underground* en Estados Unidos; y las referencias explícitas a Norteamérica de *Pepi, Luci...* –la utilización de música pop en lengua inglesa en la banda sonora, la aparición de una *drag queen* que afirma que es de Nueva York, sugieren que deberíamos prestar más atención a la relación entre el cine *gay* de ambos países.

Para Dyer, el cine *underground* no está tan definido por sus cualidades formales como por su relación marginal con respecto a las redes de distribución y producción convencionales y su tendencia a romper con los tabúes sociales, sobre todo los sexuales. [109] Desde los años cuarenta hasta los sesenta, el cine *gay underground* de Estados Unidos pasó del elogio del propio cineasta como tema a un estilo personal en el cual la autenticidad y la fidelidad de la representación dio paso a un deseo por lo artificial, el culto del plástico. Como en el pop art, la sensibilidad *camp* del período puede que fuera políticamente moral y políticamente neutral, pero "no era socialmente

---

109 DYER, Richard. *Now you see it: Studies in lesbian and gay film.* Londres: Richard Dyer, 1990, p. 102.

inexpresiva".[110] Mientras que las afirmaciones de una identidad gay o lésbica dependen de un "sentido del yo ilusoriamente unificado", las películas underground ofrecían, en contraste, "fragmentos y superficies, autenticidad [mezclada con] teatralidad"; en resumen, una "ficción de identidad" que cuestiona si la identidad era incluso compatible con el cine.

A pesar de las diferencias evidentes entre las películas de Warhol y Almodóvar, según Smith, "en mi opinión comparten un espíritu underground similar al que floreció en Nueva York durante la década de los sesenta. Hemos visto que la ruptura de tabúes sexuales es una constante en la película, como lo es la naturalidad con la que el material (porno)gráfico no se presenta como la auténtica expresión del autor que la ha realizado ni como la fiel representación de una realidad social que afirma reflejar. Más bien manifiesta un culto a lo superficial y artificial yuxtaponiendo imágenes y sonidos de una apabullante variedad de vieja cultura popular: zarzuela, cómic y publicidad televisiva. Los motivos españoles tradicionales chocan con una cultura joven transnacional, como cuando Bom combina un abanico español y una peineta con un microvestido de lúrex." [111]

El último aspecto que Dyer plantea es el de la identidad gay o lesbiana, y afirma que el cine underground –Norteamericano– la cuestiona. En *Pepi, Luci y Bom,* Luci, tras dejar a su marido, Luci se traslada al piso que Bom comparte con dos pintores *gay* (Enrique Naya y Juan Carretero). Las pinturas que cuelgan en las paredes del piso –de damas españolas clásicas con mantilla– señalan el culto posmoderno por lo pasado de moda a la vez que el cruce underground de pintura, música y cine.

Hacia el final de la película Pepi invita a comer a su piso a Bom. Primero vemos a las dos mujeres desde fuera, encuadradas en cristales separados de la ventana. Después la cámara se

---

110   *Ibid.* p. 144.
111   SMITH, P. J. *Las leyes del deseo.* Barcelona: Editorial de la Tempestad, 1998, p. 179-180.

desplaza a la cocina para una secuencia compuesta por planos de ángulo invertido no muy simétricos. De nuevo, la secuencia tiene un aire de improvisación que en realidad no es tal: el diálogo figura en el guión: Bom se lamenta de que nunca encontrará a una mujer tan buena en la cama como Luci. Pepi la tranquiliza y habla una vez más sobre la película que tiene previsto hacer: en uno de los finales que han pensado Luci y Bom se casan de blanco y como regalo de boda Pepi les da el bebé que concibió tras ser violada por el policía. Esto es apropiado –dice– ahora que las dos mujeres han formado un hogar. Pero Bom tiene otro final: ella y Pepi se juntan como pareja. Al son de una melodía romántica la cámara corta a un primerísimo plano del plato que se cuece en el fuego –bacalao–; se trata de una imagen que, según el guión[112], adopta un "carácter ambiguo". Esta es la escena con que terminaba el guión original.

Otras películas donde aparecen personajes de estas características, aunque no formen la trama básica del film son: *La loba y la paloma* (Gonzalo Suárez, 1973); *Emma, puertas oscuras* (José Ramón Larraz, 1974); *Me siento extraña* (Enrique Martí Maqueda, 1977) o *La muchacha de las bragas de oro* (Vicente Aranda, 1980).

5.7. TRAVESTISMO

No son muchas las películas que tienen a un travesti como protagonista, eso sí, la desinformación hizo que el típico *gay* apareciera en la gran pantalla como travesti, muy amanerado y, casi siempre, vistiendo ropas de mujer.

Quizá la mejor película sobre el tema sea la realizada en 1978 por Pedro Olea *Un hombre llamado flor de otoño*. Esta película,

---

112 ALMODÓVAR, Pedro. *Guión original: Pepi, Luci, Bom... y otras chicas del montón*. Madrid, 1980, p. 88.

ambientada en la dictadura de Primo de Ribera, narra la historia de un abogado barcelonés que alterna su labor como tal con la de actuar por las noches de travesti. A pesar de la sobriedad con la que está filmada esta obra, es innegable que su simple existencia supuso un fuerte empujón para la apreciación del homosexual. No debemos olvidar que la transformista, al vestirse de mujer, era tolerada por el simple hecho de facilitar con su aspecto su rápida clasificación. Eso sí, si te vestías de mujer eras inmediatamente clasificado como homosexual. Además, el hecho de que el protagonista era un heterosexual incuestionable como José Sacristán ayudó a que la respuesta del público fuera entusiasta. Sin entrar en detalles claros y explícitos, lo insinuado es suficiente para que el espectador entienda cuáles son los gustos del personaje. Éste es uno de los dos personajes homosexuales que Sacristán interpretó en el mismo año y la diferencia entre uno y otro también marca la evolución que vivieron los *gays* en el cine español. Del hombre que por ser *gay* quiere y desea, en el fondo, ser mujer –el aquí retratado– pasamos al adulto viril, no identificable de entrada como Homosexual, al que dio cuerpo en *El diputado*.

Opinaba Antonio Castro sobre este film que encontraba "[...] temas fundamentales del cine de Olea, su desacuerdo con la noción burguesa de normalidad sexual aparece de nuevo, tratando de que quede claro la relación que para Lluia de Serracant –y para Olea– existe entre su actividad política revolucionaria como anarquista, y su homosexualismo. [...] Se nota que es un film realizado con bastante miedo a "pasarse" –por parte de Olea y de Sacristán (que recibió el premio de Interpretación)– pero que cuenta entre sus méritos haber resuelto con discreción y sensibilidad la escena clave del film: el encuentro de Lluis con su madre." [113]

---

113 CASTRO, Antonio: "San Sebastián 78. Lo que no debe de ser un festival". *Dirigido Por...* (Barcelona), 58 (1978), p. 43.

5.8. El Transexualismo

Respecto a la transexualidad encontramos dos películas básicas: *Cambio de sexo* (Vicente Aranda, 1976) y *El transexual* (José Jara, 1977).

Cambio de sexo (1976) Vicente Aranda

Recién salida del programa televisivo *Un, dos tres*, Victoria Abril se enfrenta con este difícil papel en el que la dirige uno de los directores clave en su carrera. Comenzando como José María, nos presenta a un muchacho que se siente mujer y que, poco a poco, y dando palos de ciego, va descubriendo el camino que le lleve a decidirse a la operación definitiva que la convertiría en María José. Quizá el estar basada en hechos reales sea la causa por la que la película sea tan absolutamente correcta y acertada –pese al difícil momento en que fue rodada–. También, por otro lado, se trata de la presentación en el cine de Bibí Andersen, la primera transexual que alcanzó popularidad en España. Junto a una demostración gráfica de lo que supone una operación de cambio de sexo, los testimonios que se recogen en la película son un documento interesante para llegar a una mejor comprensión de la gente que decide tomar esta vía.

Un valiente trabajo, adelantado para su época, y que sirvió para abrir camino a otras historias que se rodarían más adelante. Así como la afirmación del buen hacer como actriz de Victoria Abril.

El transexual (1977) José Jara

Prosiguiendo el camino empezado el año anterior por *Cambio de sexo*, en esta cinta se vuelve al tema de aquellos hombres que, convencidos de haber nacido en un cuerpo equivocado, deciden recurrir a la cirugía para convertirse en el tipo de persona que quieren ser. Contando como hilo conductor el testimonio de un transexual real, la historia se centra en la persecución que hace un periodista de uno ficticio para que le venda su historia y así publicarla. Ágata Lys como protagonista hace un esfuerzo claro por convertirse en el especial tipo de mujer del que se trata.

El relato ficticio encuentra su mayor interés cuando se relata la unión amorosa que vive la protagonista junto a un hombre que, al descubrir la condición de la mujer que ama, reacciona inicialmente con un rechazo tajante. Por otro lado, la forma en la que cuenta su historia la protagonista real deja ver hasta qué punto lo tuvieron difícil estas personas que tenían que realizarse la vaginoplastia –última fase de las operaciones de cambio de sexo– en la clandestinidad, con el riesgo incluso de perder la vida.

A modo de anécdota, hay que destacar que en esta película –al igual que en *Gay Club*– aparecen secuencias rodadas en el Gay Club, donde actuaban transformistas de la talla de Paco España, quien en esta ocasión interpreta a un personaje de ficción llamado Tony Greco. También es inevitable ante el visionado de este título recordar que durante un tiempo de la historia nacional mucha gente encontraba más fácil aceptar a aquellos que querían cambiar radicalmente de sexo antes que a los que estaban satisfechos de su apariencia física.

5.9. Conclusiones

Como era de esperar, una vez muerto el General Franco, los movimientos reivindicativos a favor de la despenalización de la homosexualidad salieron a la calle. Se organizaron numerosas asociaciones pro-gays y lesbianas, y sobre todo se movilizaron con el fin de abolir la Ley de Peligrosidad Social.

En esta materia sí encontramos un cambio radical tanto temático como estético e iconográfico dentro del cine español.

La imagen del homosexual, el travestido o el transexual, unificados durante la dictadura en un personaje amanerado, gracioso y víctima de las burlas y la compasión de los "normales", salta a la palestra con sus diferentes características y, por una vez, honrado y diferenciando su situación de la supuesta enfermedad de vicio que la Iglesia católica se encargó de extender.

Fueron directores como Pedro Almodóvar o Eloy de la Iglesia los que con un puñado de películas dieron el salto cualitativo y pusieron los puntos sobre las íes en uno de los temas más viciados del cine español.

Por otra parte y gracias al film de Almodóvar *Pepi, Luci, Boom... y otras chicas del montón* (1980) la tendencia sexual lésbica se vio reflejada, y aderezada de una modernidad a borbotones salpicada del *punk* y de la *new wave* que acabó por llamarse *movida madrileña*.

El estado de marginalidad en el que las instituciones franquistas se encargaron de sumir a los homosexuales se vio violentamente quebrado con *El diputado*, de Eloy de la Iglesia, que hacía ver que todas las posiciones políticas, económicas y culturales estaban implicadas en este supuesto problema.

De aquí en adelante, el tema de la homosexualidad en todas sus vertientes, ha sido tratado con diferente prisma, con la dignidad y el respeto que requiere en cualquier país democrático.

6. La familia en la sociedad española de la transición

6.1. La familia en la sociedad española de la Transición

El análisis empírico de la familia española debe comenzar, lógicamente, por situarnos ante el marco demográfico definido por las situaciones familiares de la población, el número de familias existentes y las formas de vida alternativas a la familia y su importancia sociológica, para proseguir con los tipos de familia existentes en la sociedad española del momento y sus características más relevantes.

Evidentemente, el concepto de familia debe ser acotado previamente. En este sentido, la familia monógama, formada a partir del matrimonio religiosamente celebrado, será el criterio central para delimitar el concepto de familia como institución legal identificable en las estadísticas oficiales, si bien nadie puede ignorar las posibles insuficiencias de tal definición, puesto que la familia adopta también culturalmente otras formas.

Una primera aproximación a la situación familiar de los españoles en este período nos la puede ofrecer el análisis de su estado civil, que lógicamente tendrá que tener en cuenta la edad de los individuos. Casi la mitad de la población era soltera, pero solamente entre un 10 y un 12 por ciento permanecían en ese estado civil a partir de los treinta años. En cambio, hasta esa edad la mayoría de la población permanece célibe, si bien entre los quince y los veintinueve años una cuarta parte han cambiado ya su estado civil. Entre los treinta y los sesenta y cinco años, la mayor parte de la población está casada pero a partir de esa última edad hay ya un alto porcentaje de personas que han quedado viudas.

En conjunto, casi el 90 por ciento de la población a partir de los treinta años de edad ha formado su propia familia por medio del matrimonio, si bien a edades avanzadas la unión matrimonial se deshace por el fallecimiento de uno de los cónyuges o en una proporción muy escasa por separación. Asimismo, algo más del 99 por ciento de la población vive en familia, es decir, integrado en una comunidad familiar, que puede ser la de referencia o la constituida por ellos mismos, y esto supone una norma de vida, incluso para aquellos que han renunciado o no han logrado constituir una familia, como es el caso de los solteros de más de treinta años o el de quienes han visto rota su familia por el fallecimiento de un cónyuge, o por la separación. Esta situación, que afecta especialmente a las personas de la tercera edad, provoca que algo más del 2 por ciento de este grupo no viva integrado en una familia, con los "problemas" peculiares que esta situación acarrea, tal como se verá en el momento oportuno.

Ahora bien, los datos anteriores ocultan una situación de hecho de la vida de familia que no se corresponde con la imagen ofrecida, dado que existen casi 1,3 millones de individuos que forman un núcleo familiar unipersonal, es decir, que viven solos, y de los cuales la mayoría son personas de edad y mujeres, que están solteras o han quedado viudas. De ahí que las situaciones familiares de la población española estén recogidas de una manera más completa en la encuesta realizada por Salustiano del Campo en 1980[114] que, aun teniendo una fiabilidad menor que las encuestas censales, permite avanzar en el conocimiento de este tema.

---

114   Del CAMPO, Salustiano y NAVARO, Manuel. *Análisis sociológico de la familia española*. Barcelona: Editorial Ariel, 1985, pp. 23-31.

Estos datos nos permiten analizar no solamente algunas peculiaridades de las situaciones familiares normales, sino también ciertas formas desviadas de vida familiar o, dicho más correctamente, algunas alternativas a la familia. Según el esquema desarrollado por Bert N. Adams[115], se pueden encontrar tres tipos de alternativas de familia: las *alternativas paralelas*, que se desarrollan al margen de la familia, pero implican una forma de vida similar, es decir, básicamente la cohabitación, las *alternativas incorporables*, que se limitan a alterar ciertos aspectos problemáticos de la conducta familiar, y fundamentalmente matrimonial, como puede ser la exclusividad de las relaciones sexuales y, finalmente, las *alternativas que están en contra o van más allá de la familia actual*, de las cuales las más significativas y extendidas son el celibato y la vida en común.

Evidentemente, en este contexto la viudez o la separación son alteraciones de la vida familiar tradicionalmente establecida, pero no representan actitudes en contra de la familia, especialmente cuando desbordan la voluntad de las partes. En este sentido, el divorcio no implica un cuestionamiento de funcionalidad de la familia, y cabe decir que, por el contrario, puede reforzar la familia monógama en cuanto reflejo de una situación legal y sobre todo cultural. Son otras formas de vida las que se presentan como alternativas a la familia. En la sociedad española de la Transición, el típico solterón constituye el comportamiento desviado tradicional posiblemente más frecuente y, aunque como forma de vida implica un rechazo de la institución familiar —de hecho, no podemos considerarlo ideológico—, viene a estar legitimado normativamente por la sociedad. Otras alternativas admitidas a la familia son ciertas formas de vida comunal, estén o no organizadas normal-

---

115 ADAMS, Bert N. *The Family: A sociological interpretation.* Chicago: Rand McNally College Publishing Company, 1975, pp. 373-383.

mente. Por el contrario, las hay que transgreden abiertamente los códigos morales dominantes, como las uniones consensuales, las relaciones homosexuales y las relaciones poligámicas. Evidentemente, estos últimos comportamientos, que se consideran desviados y son sancionados por la sociedad, son también estadísticamente poco relevantes.

Algunos de estos comportamientos pueden ser vislumbrados a través de los datos del estudio de Del Campo citado anteriormente. Resulta indudable, como ya se ha puesto de relieve, que existe en la sociedad española el predominio estadístico de la familia monógama. Contando las personas casadas y los separados, viudos y solteros que declaraban vivir en familia, más del 92 por ciento de la población se encuentra en una situación familiar que puede calificarse de "normal". El conjunto de personas que vivían solas superaba en poco el 5 por ciento, pero entre ellas se daban situaciones que podían calificarse igualmente como normales; por ejemplo, los separados o los viudos y los solteros jóvenes que por necesidades de estudio o trabajo tenían que vivir de ese modo, sin que en su caso se dé una renuncia o rechazo a la vida familiar. Ni todos los solteros que vivían solos mantenían una actitud en contra de la familia, ni todos los solteros que declaraban vivir en familia mantenían ese estado civil en contra de su voluntad. Como vimos anteriormente, a partir de los treinta años, algo más del 10 por ciento de la población permanecía célibe. De ellos la cifra de aquellos que podían ser calificados comúnmente como "solterones" es difícil de determinar. En todo caso, hay que considerar que en la España de la época existía una posición relativamente alta de solteros por motivos religiosos, que en edades adultas había más mujeres que hombres y que algunos célibes podían serlo por motivos ajenos a su voluntad, o sin que ello implicara el mantenimiento de una actitud de oposición al matrimonio. Por todo lo cual es de suponer que el conjunto de personas que voluntariamente se negaron a formar una familia era escaso: posiblemente ni siquiera sobrepasaban el 1 por ciento de la población adulta. No obstante, tampoco se puede ocultar que éste es el comportamiento defendido en su momento por algunas mujeres, y que, aunque estadísticamente fuese minoritario, debe ser diferenciado de otras alternativas como la cohabitación, o lo que se ha denominado monogamia sucesiva, porque no todo rechazo del matrimonio implica un celibato deliberado con o sin relaciones sexuales.

El otro caso claro de estilo de vida al margen de la familia estaba formado por las personas que declaraban vivir en grupos mixtos, de amigos o amigas, es decir, la *vida en comuna*, implicando, si no en todos cuanto menos en algunos casos una relación heterosexual múltiple. Un 0,28 por ciento del total de la muestra declaraban vivir de esta forma, lo cual suponía unas 68.000 personas. Debemos tener en cuenta que al ser estos datos extraídos de una encuesta verbal –que no censal–, algunos individuos que se encontraban en esta situación, pudieron ocultarla.

En cuanto a la *cohabitación* como alternativa paralela a la vida familiar, se deben aplicar las mismas consideraciones hechas anteriormente a estos datos: un 0,37 por ciento declaraba estar cohabitando, lo cual significaría un volumen de unas 90.000 personas que afectaría no solamente a solteros, sino también a viudos y separados. Hay que tener en cuenta que algunas de las personas que estaban cohabitando o vivían en comunas podían eventualmente acabar constituyendo sus propias familias en pleno sentido legal.

Finalmente, había un 1,46 por ciento de la población que declaraba vivir de otra forma. De ellos, un 0,88 por ciento con un *grupo de amigos*, lo cual constituía una situación aparentemente normal entre personas jóvenes y solteras. Ahora bien, teniendo en cuenta que la forma de selección utilizada por Del Campo para la muestra impedía llegar a los hogares colectivos —conventos, hoteles, cuarteles, etc.— el restante 0,58 por ciento que declaraba vivir de otra forma, podía estar formado, en ciertos casos, por alguna situación excepcional (por ejemplo, alguna comunidad religiosa, el matrimonio que vive con el servicio doméstico, etc.), pero una parte de estas personas pueden también haber indicado con esta fórmula una *relación homosexual* permanente y alternativa a la familia.

6.1.1. Relación de la familia conservadora y vida sexual

La situación económica, social y familiar de la familia burguesa conservadora —la más mimada por el régimen— sería insostenible si no estuviera reforzada por otros hechos, entre los cuales se contaba un cierto tipo de relación entre el hombre y la mujer, tipo que identificaremos como patriarcal, y con una muy determinada concepción de la vida sexual.

El análisis del pequeño burgués de la Transición, no permite duda alguna sobre el sentido de su relación entre su vida sexual y su ideología del "deber" y del "honor".

La posición del padre en el Estado y en la economía se refleja en su actitud patriarcal con respecto al resto de la familia. Según afirma Wilhelm Reich, "el padre representa en la familia el Estado autoritario, de donde el padre se convierte en el más precioso instrumento de poder estatal."[116]

En el interior de la familia, el padre adopta la misma actitud que su superior jerárquico ostenta frente a él en el proceso de producción. Y se apresura a transmitir a sus hijos, y especialmente a los varones, su estado de sujeción con respecto a la autoridad establecida. De este conjunto de datos deriva la actitud pasiva, servil, del pequeño burgués con respecto a todas las personas que tengan apariencia de jefes.

---

116 REICH, Wilhelm. *La psicología de masas del fascismo.* México D.F.: Ediciones Roca, 1973, p. 75.

La posición del padre así definida exige una represión sexual severísima de las mujeres y los niños. En efecto, bajo la influencia del ambiente pequeño burgués, las mujeres desarrollan una actitud resignada basada en una rebelión sexual reprimida, mientras que los hijos se caracterizan, además de por una sumisión servil a la autoridad, por una gran identificación con el padre que, más tarde, se transformará en una identificación de gran carga emocional con toda autoridad, cualquiera que sea.

Wilhelm Reich considera que "Las inhibiciones y la debilitación de la sexualidad, sobre las cuales se apoya esencialmente la existencia de la familia autoritaria, y que forman la base misma de la estructura caracteriológica del pequeño burgués, se producen merced a la angustia religiosa, la cual se alimenta de un sentimiento de culpabilidad sexual que se hunde profundamente en la vida afectiva. Ahí tiene su nacimiento el problema de las relaciones entre la religión y el rechazo del placer sexual. La debilitación sexual conduce a una debilitación del sentido de valor de sí mismo que, en este caso, se traduce por una actitud de brutalidad con respecto a la sexualidad y en el otro por el envaramiento de las estructuras caracteriológicas."[117]

La lucha de la sociedad autoritaria contra la sexualidad de los niños y de los adolescentes y el conflicto de ella derivado, se desarrolla en el marco de la familia autoritaria que, como es sabido, ha revelado ser la institución más idónea para llevar el combate a buen término. Las necesidades sexuales precisan naturalmente contactos estrechos y multiformes con el mundo. Desde el momento en que se les reprime, no les queda más remedio que manifestarse en el marco de la familia. La inhibición sexual es la razón del aislamiento familiar del individuo, del mismo modo que se halla en la base de la conciencia individualista de la personalidad. No hay que olvidar

---

117 REICH, Wilhelm. *La psicología de masas del fascismo*. México D. F.: Ediciones Roca, 1973, p. 77.

que el comportamiento metafísico, individualista y el apego sentimental a la familia no son más que aspectos diferentes del mismo proceso fundamental de rechazo a la sexualidad, mientras que una actitud abierta a la realidad se acompaña siempre de una situación más independiente con respecto a la familia o, al menos, de una indiferencia acentuada con respecto a la ideología sexual ascética.

Lo que importa es que la inhibición sexual es el medio de ligar al individuo con la familia, que la obstrucción del camino de la realidad sexual transforma el lazo biológico del niño con su madre y el de su madre con los niños en una fijación sexual indisoluble y en una falta de aptitud para contraer otros vínculos. La representación de patria y de nación son, en su núcleo subjetivo emocional, representaciones de la madre y de la familia.[118]

Teniendo lo anteriormente expuesto, podemos afirmar que toda política cultural reaccionaria plantea como primer punto de su programa la "protección a la familia", es decir, a la familia autoritaria y numerosa. E incluso, más imperioso que el trabajo en común, es el deber del hombre y la mujer de perpetuar el género humano. Sin dejar de concederle a la mujer un vasto campo de actividad, no se deberá nunca perder de vista que el fin último de una verdadera evolución orgánica y lógica es la formación de la familia. La familia es la unidad más pequeña, pero también la más importante de toda la estructura del Estado. Recordemos la frase consabida: "El trabajo honra a la mujer tanto como al hombre. Pero el hijo ennoblece a la madre."

Respecto a la sexualidad, la perdurabilidad de la familia autoritaria no está fundada exclusivamente sobre la dependencia económica de la mujer y los hijos con respecto al padre y marido respectivamente. Para que unos seres en tal grado

---

[118] No olvidemos la relación entre madre y patria impuesta por el franquismo en su dialéctica.

de servidumbre sufran esta dependencia es preciso no olvidar nada a fin de reprimir en ellos la conciencia de seres sexuales. De este modo, la mujer no debe aparecer como un ser sexual, sino solamente como un ser generador. La idealización de la maternidad, su culto exaltado, que configuradas antípodas del tratamiento que se inflige a las madres de las clases trabajadoras están destinadas, en lo esencial, a asfixiar a la mujer la conciencia sexual, a someterla a la represión sexual artificial, a mantenerla a sabiendas en un estado de angustia y culpabilidad sexual abonado por la religión. Por ello, reconocer oficial y públicamente a la mujer su derecho a la sexualidad conduciría al hundimiento de todo el edificio de la ideología autoritaria. La reforma sexual conservadora ha cometido siempre el error de no realizar correctamente el derecho de la mujer sobre su propio cuerpo, de no plantear y defender, de modo neto y claro a la mujer como ser sexual que es, al menos en tanto que madre. Ha contado demasiado por otra parte, en su política sexual, con la función de reproducción, en lugar de abolir de una vez por todas la identificación reaccionaria entre sexualidad y reproducción.

Otro punto de apoyo de la familia autoritaria, es la "felicidad de la familia numerosa", que minimiza la función sexual de la mujer en relación con su función generadora. La oposición entre la "madre" y la "mujer alegre" da lugar a la consideración de que el acto sexual realizado por placer deshonra a la mujer y a la madre, y hace de ella una prostituta ávida de placeres.

Si lo que se quiere es que la mujer dé a luz sin la menor protección por parte de la sociedad, sin garantías ni seguridad para la educación de los hijos, sin que ella tenga, al menos, el derecho de determinar el número de éstos que quiere traer al mundo, entonces es imprescindible idealizar la maternidad y oponerla a la función sexual de la mujer.

6.2. La familia en el cine de la Transición política

El contraste más evidente entre la presentación de la familia como protagonista antes y después del franquismo, lo encontramos en la película saga que nació a raíz de la película *La gran familia* (Fernando Palacios, 1963). Esta primera película, fuertemente conservadora y respetuosa con el orden instituido, tiene como fin la entronización de la familia y de la procreación, una de las grandes metas propagandísticas del régimen.

Nace a consecuencia de la influencia de la comedia italiana y de los premios a la natalidad tan de moda durante la dictadura del general Franco. Definido como una forma "princosa, bobalicona, paternalista, moralizante y muy deformada visión de la realidad española de la época"[119], cuenta una sucesión de mínimas historias en torno al matrimonio formado por Carlos Alonso (Alberto Closas), su mujer (Amparo Soler Leal), sus dieciséis hijos, el padre de él (Pepe Isbert) y el padrino (José Luis López Vázquez) de los dieciséis niños.

El éxito obtenido por *La gran familia*, hace que se convierta en una saga y de lugar en 1965 a *La familia y uno más*, también dirigida por Fernando Palacios y conservando un planteamiento idéntico su predecesora, pero con el abuelo muerto de viejo y la madre a consecuencia del último parto.

El similar éxito de público hizo que dieciséis años después Pedro Masó dirigiera *La familia bien, gracias* (1979).

En esta nueva entrega, más un homenaje a la primera película que una nueva entrega[120], se muestran las muy diferentes realidades de la vida de sus hijos. El interés se encuentra en que

---

119 TORRES, Augusto M. *El cine español en 119 películas*. Madrid: Alianza, 1997, p. 209.
120 Son numerosas las imágenes y secuencias que se repiten como recuerdos del ya abuelo Carlos.

hace una radiografía –sin asumir tampoco mucho riesgo– de la amplitud de posibilidades que la democracia da a la familia.

Carlos tiene como hijos a una diversidad de personajes, una hija monja, dos misioneros, una hija casada con un moralmente estricto miembro del OPUS DEI, uno de sus hijos regenta un hotel de citas y una de sus hijas se va a abortar a Londres.

El evidente conservadurismo demostrado en las otras dos entregas por el productor Pedro Masó, choca esta vez con el liberalismo del co-guionista, junto con Masó, de Rafael Azcona, pero a pesar de contar con este genial guionista, *La familia bien, gracias*, está escrita de forma rápida y atropellada, y falta la habilidad de que dotó a la primera entrega el director Fernando Palacios.

6.2.1. La desmitificación del progenitor

En 1973 sorprende Víctor Erice con la película *El espíritu de la colmena*. En palabras de José María Caparrós Lera, "se trata, francamente, de una obra maestra del cine español."[121] Si durante el franquismo más vigoroso la familia se consideraba algo intocable, uno de los indiscutibles pilares de la sociedad, la familia de *El espíritu de la colmena* es una familia desmantelada, desmembrada, "pues cada uno de sus componentes vive en espacios y tiempos diferentes sin posibilidad de contacto con el resto."[122]

Las hijas de Fernando (Fernando Fernán Gómez), deben buscar la figura paterna en otros horizontes que no en la ensimismada figura del padre biológico.[123] Ana, por un lado busca esta figura en un espíritu que identifica con su padre –que no

---

121 CAPARRÓS LERA, José María. *El cine de los años 70*. Pamplona: Editorial Eunsa, 1976, pp. 228-229.
122 AROCENA, Carmen. *Víctor Erice*. Madrid: Cátedra, 1996, p. 141.
123 El único momento en que vemos a Fernando actuar como padre, es en el momento en que les enseña a diferenciar en el bosque a sus hijas, la seta venenosa de la comestible.

en su padre real–, e Isabel, adoptando la imagen paterna disfrazándose de él, con su cazadora y sus guantes.

La necesidad de Ana, la hija menor, de encontrar esta figura paterna, y encontrándose en una edad –según algunos críticos seis años, por tener ya todos sus dientes– en la que se mezcla lo real y lo imaginario, la niña suplirá la falta creando un ser imaginario.

La adoración hacia el padre muere hacia el final de la película, con la muerte del fugitivo, lo que supone el rechazo del padre y, con ello, a la institución familiar establecida, así como la búsqueda de la libertad. La niña convierte al fugitivo en padre también a través de los objetos que lo representan. Al entregarle el reloj, "emblema soberano de la paternidad"[124], lo entroniza como nuevo padre.

En 1975 realiza José Luis Borau una de las películas míticas de la época, *Furtivos*. En esta película, Ángel (Ovidi Monitor) vive dominado por el carácter fuerte de su madre, Martina (Lola Gaos), en el corazón de un bosque. Cazar alimañas y venados es su única ocupación como furtivo. Un día en la ciudad conoce a Milagros, novia de un delincuente. Ángel la sube a su casa. El gobernador civil de la provincia es hermano de leche de Ángel, mantiene una vieja relación con ellos, y sube de cacería con sus amigos. Martina odia a Milagros; pero el gobernador, atendiendo la súplica de Ángel, patrocina la boda de los jóvenes. La guardia civil descubre al delincuente; éste se refugia en el bosque. El gobernador pide a Ángel que ayude a su captura, pero aconsejado por su mujer, en vez de apresarle le enseña el camino de la huida. Cuando Ángel vuelve a casa, Martina le dice que Milagros ha huido tras el forajido. La madre intenta recuperar el cariño del hijo y reanudar sus viejas relaciones. Pero una sospecha va cobrando fuerza en Ángel.

---

124   GONZÁLEZ REQUENA, J. "Escrituras que apuntan al mito", en VV.AA. *Escritos sobre el cine español. 1973-1987*. Valencia: Filmoteca de la Generalitat Valencuana, 1989, p. 94.

Si Milagros está con su antiguo amante, ¿a dónde huyó? Un hallazgo casual supone la prueba definitiva.

Milagros está muerta. Y Ángel, siguiendo su carácter reservado, prepara cuidadosamente la venganza, la muerte de su madre.

Nos encontramos aquí con uno de los tipos más representados del cine de la época, la madre posesiva. En este caso, incluso se vislumbra en la escena en que Martina intenta consolar a su hijo de la supuesta huida de Milagros, un olor incestuoso. Todo se lleva a extremos, el hecho psicológico de "matar al progenitor/a", torna realidad en esta fábula, y Ángel ejecuta a su madre, no sin antes permitirle su última confesión.

Tras las críticas recibidas por José Luis Borau por el carácter extranjero de su anterior película *Hay que matar a B* (1973), Borau decide hacer una película eminentemente española. De esta forma en entrega a la creación de *Furtivos*. Por ello decidió aliñar este nuevo film con dos ingredientes eminentemente españoles, el desarrollo de la película en un bosque, y contar con la actriz Lola Gaos. El personaje que Lola Gaos interpreta en *Tristana* (Luis Buñuel, 1961), representa para Borau la piedra angular de su nuevo proyecto. En esta película Lola Gaos representa a Saturnina, y aquí es donde nace la idea de *Furtivos*. Borau, en un magnífico trabajo de asociación de ideas, recuerda, teniendo en mente el nombre del personaje —Saturnina—, la obra de Goya Saturno devorando a su hijo, y esto es, precisamente, lo que le da la idea de realizar una película en la que una madre, Matilde, devora moralmente a su hijo. [125]

Sorprende que esta película fuese estrenada unos meses antes de la muerte del dictador, en el momento de las últimas ejecuciones y cuando la estabilidad política brillaba por su ausencia, pues durante la Dictadura había sido imposible

---

125 VV.AA. *El cine español.* Barcelona: Larousse, 2002, p. 191.

la representación de este odio hacia la madre, sobre todo teniendo en cuenta la entronización de la figura materna como productora de vástagos.

En 1976, sorprendió Jesús Franco con la adaptación de la novela de Camilo José Cela *Pascual Duarte*. *La familia de Pascual Duarte*, una de las novelas más célebres de la obra de su autor, desde el mismo momento de su publicación, ya tuvo numerosos productores y cineastas interesados en llevarla a la pantalla. Uno de los primeros fue Fernando Fernán Gómez, que estuvo en tratos con el productor Elías Querejeta y Antxon Eceiza, que por entonces colaboraban con la compañía Uninci. Poco tiempo después, y sin que este proyecto cuajara, una compañía asturiana se hizo con los derechos de la película y estuvo a punto de poner el proyecto en manos del director italiano Marco Bellocko. Pero fue Elías Querejeta quien se hizo el control de la producción mediada la década de los 70.

El productor, que ya gozaba de un enorme prestigio internacional gracias a los proyectos realizados junto a Carlos Saura, quiso confiarle la dirección a un director prácticamente desconocido, Ricardo Franco, al que acababa de conocer al producirle el cortometraje *El increíble aumento del coste de la vida*. Franco comenzó a trabajar en el guión con la ayuda de Emilio Martínez-Lázaro, intentando obviar la mecánica literaria del texto para poder llevar la historia a la pantalla. Debido a la dificultad de adaptación, el propio Querejeta se incorporó al equipo de guionistas.

Desde el punto de vista del productor, se quería que Pascual Duarte fuese Alfredo Landa. La decisión sorprendió, ya que por aquellos entonces, el artista estaba disfrutando del máximo apogeo del "landismo". De hecho, en su cargadísimo calendario le fue imposible encontrar un hueco para Querejeta. El productor recurrió entonces a José Luis Gómez aunque no contaba con ninguna experiencia cinematográfica previa. Para los papeles de secundarios también se contó con actores de conocida solvencia, como Eduardo Calvo, Paca Ojea y Héctor Alterio. El equipo técnico fue prácticamente el mismo que había trabajado hasta entonces en los proyectos de Saura y Querejeta.

A *Pascual Duarte* no le faltaron los problemas de la censura en un agonizante franquismo. Por ejemplo, ésta ordenó cortar la frase final en la que el protagonista gritaba "¡Hijos de puta!" segundos antes de morir ajusticiado en el garrote vil. Otras secuencias, como la brutal muerte de la mula, fueron pasadas por alto. Ésta precisamente sería remontada más tarde por el director y el productor al considerar que se trataba de una escena excesivamente salvaje.[126]

Finalmente la película se presentó en el festival de Cannes, donde tuvo mucho éxito, y José Luis Gómez recibió el premio a la interpretación. A pesar de que contó con críticas muy favorables, la cinta demostró ser demasiado dura para triunfar clamorosamente en taquilla.

El problema de Pascual es que personifica sus frustraciones en personas o animales y, dentro de un ambiente parco y seco, intenta librarse de sus demonios aniquilándolos. La realidad de sus problemas radica en la trama social en la que vive. Se trata de un mundo sumido en un puro medievalismo donde los poderes fácticos ejercen como tales y coartan las libertades individuales. Un problema social que Pascual acaba personificando en su madre, la que no supo mantener coherente a su padre y permitió la marcha de su hermana Rosario.

Una de las escenas más duras del film es el asesinato de la madre. Ricardo Franco describe con minuciosos primeros pla-

---

126 La muerte violenta de un animal, la encontramos tanto en esta película, con la mula y el perro, como en la anteriormente estudiada, *Furtivos*, en el momento en que en un ataque de rabia por no poder separar a su hijo de su amante, Lola Gaos mata a palos a una loba.

nos y sonido ambiente cómo Pascual limpia delicadamente su escopeta de caza. Su madre se sienta frente al él al otro lado de la mesa y, una vez montada y cargada la escopeta, la mira, le apunta y le dispara a bocajarro. El cuerpo de la madre cae a plomo al suelo. A Pascual sólo le queda hacer una cosa, matar al patrón, y con la misma frialdad, mientras éste le saluda, "Hola Pascual", le apunta con la escopeta y le dispara. Acto seguido, ya libre de ataduras, Pascual tira le escopeta y se deja capturar.

Ya sólo quedaba su muerte, una muerte agónica, no por el tiempo de ejecución, sino por el largo camino a recorrer desde la celda al garrote vil. Llora, grita, se resiste, se desmaya y, finalmente, muere. Ricardo Franco pone el punto final de la película con la imagen del cartel anunciador, Pascual en el último suspiro de vida, dando un grito desgarrador que quiebra los sentidos del público.

6.2.2. La descomposición de la familia burguesa

Aquella mimada estructura familiar que representaba la familia burguesa, ve cómo con la democracia y las influencias exteriores, van desapareciendo las bases que la sostenían y cayendo en su propia trampa. La de la cultura y la modernidad.

En 1976, el director Jaime Chavarri realiza *El desencanto*. Ciertamente, nunca se tuvo la certeza de que aquella aventura cinematográfica acabase en una película. El tiempo transcurrido entre sesión y sesión hacía que cambiaran las circunstancias personales, el estado de ánimo, la estrategia ante la cámara y hasta la apariencia física de los integrantes de la familia Panero. Como nos cuentan Rosa Álvares y Antolín Romero, "era muy difícil controlar un psicodrama en el que se jugaba a la verdad y la mentira, a la espontaneidad y la puesta en escena. Un juego en el que había dos reglas fundamentales que lo condicionaban todo: hasta que acabara el film, nadie sabría lo que decían los demás; y si el trabajo no gustaba a la familia, la película no existiría."[127]

A pesar de la trayectoria cinematográfica del director, *El desencanto* fue realizado con unos mimbres totalmente distintos, aunque casa perfectamente en el cómputo general de su cinematografía. Está inspirada en la película *A bigger splash*,[128] de David Hockney y, al igual que en esta película, no se habla de la Historia, sino de una familia de la burguesía provinciana venida a menos. El que había muerto no era el "generalísimo", sino el patriarca de un clan en extinción. Esto hacía que la película no pudiera verse sin pensar inmediatamente en el momento histórico que estaba viviendo.

El desencanto se integra plenamente en la obra de Chávarri, aunque sólo haya hecho otro documental, para la televisión y con unos medios muy restringidos: *Vida de locos*. Además, conecta íntimamente con su trabajo anterior, *Los viajes escolares* (1974). De nuevo se plasma la situación familiar, la locura y esa infancia perdida para siempre, que se recuerda desde la gran mentira que, al final, ha resultado ser todo. De nuevo un padre muerto y presente; alguien que, a pesar de haberse ido, deja su marca en la vida de todos. Pero ahora no está, y es hora de ajustar cuentas, ya que, en su presencia, no se atrevían a hablar.

La idea inicial era el rodaje de un cortometraje, pero el material iba creciendo y tomando cuerpo. En palabras del propio director: "Cuando decidimos seguir, los mismos Panero planteaban temas. Un día, Leopoldo dijo que quería salir en la

---

127   ALVARES, Rosa y ROMERO, Antolin. *Jaime Chavarri. Vivir rodando*. Valladolid: Semana Internacional de Cine de Valladolid, 1999, p. 62.
128   Es la historia de un cuadro de este pintor, a partir de una relación suya con un hombre.

película.[129] Lo primero que rodamos con él fue su aparición en el cementerio. Otro día fuimos al Liceo Italiano, donde habían estudiado de pequeños, y de repente, Leopoldo empezó a atacar verbalmente a su madre, como se ve en una escena, achacándole su incomprensión y que le hubiesen metido en un manicomio por fumar porros. Felicidad no esperaba una reacción así, y Michi tampoco; pero éste se puso de parte de su hermano, en un cambio de juego terrible."[130]

El planteamiento de la película era crear un "docudrama", rompiendo las características del *cinema vérité* y contar de alguna manera que aquello era una ficción también, reconocer desde la propia gramática cinematográfica que aquello era una ficción también, que estaba manipulado.

Pepe Salcedo, montador, fue determinante en la realización final de la película. La familia Panero pretendió eliminar las referencias a la relación homosexual del padre con Luis Rosales y al consumo de drogas, aunque al final decidieron respetar la voluntad de director y productor. De hecho, Felicidad fue acompañada en el día del estreno por Luis Rosales, y a la mitad de la proyección el poeta se levantó indignado y se fue.

Críticos como Fernando Trueba aprovecharon cualquier ocasión para hablar maravillas de la película. Ellos sí habían entendido la pretensión de Jaime Chávarri, y veían el film como una metáfora sobre el padre, en general, y asociaban el desencanto con la figura paterna.

Otros críticos, como es el caso de Antonio Muñoz Molina, consideraron que no se debía hablar mal de un padre muerto, pero en palabras del propio Chávarri: "Ya hemos visto en cin-

---

129 En un principio se negó en rotundo a participar del proyecto, pero finalmente decide participar en él, siendo determinantes sus conversaciones con su hermano y con su madre a la hora de juzgar globalmente la vida de la familia.

130 ALVARES, Rosa y ROMERO, Antolín. *Jaime Chávarri. Vivir rodando*. Valladolid: Festival de Cine de Valladolid, 1999, p. 65.

cuenta películas norteamericanas a unos hijos llorando por su papi borracho, que era cojonudo. Ojalá fuera así en todos los casos. Pero si hay un caso en que no, ¿por qué tienen que mentir? ¿por qué tienen que contarlo de otra manera? Yo era consciente de que el padre no se podía defender, y había una imagen cinematográficas que lo expresaba con claridad: la estatua del padre, atada y amordazada."[131]

Finalmente, la familia quedó conforme con la película, de hecho Michi le dijo al director "nunca entenderás lo que has hecho. Has convertido una historia cotidiana y vulgar en una leyenda."

La repercusión final de esta película fue tal que el término "desencanto" se aplicó, a partir de entonces, a ese estado postdemocrático, en el que se encontraban muchos de los que habían luchado contra la dictadura al encontrarse con una democracia con la que no estaban conformes.

En el mismo 1976, realiza Antonio Jiménez Rico *Retrato de familia*. La película está ambientada en febrero de 1936 en una ciudad de Castilla la Vieja. Se vive el clima preelectoral de aquellos días, y en el seno de una familia burguesa aparecen problemas industriales y particulares.

Comienza el film con los atentados que se producen antes de estallar la Guerra Civil. La ciudad queda en zona nacional. El conflicto bélico trae a la familia nuevos problemas que se sazonan con la rivalidad amorosa entre el hijo y el padre. Los conflictos sociales, políticos y militares condicionaran las conductas familiares, amorosas, económicas y sexuales de todos y definirán su trágico destino.

Según comenta Pedro Miguel Lamet: "Pero lo que da más consistencia a la obra es una excelente interpretación de Mónica Randall y Miguel Bosé, quienes consiguen eficazmente el contraste entre dos víctimas de la sociedad burguesa unidas en sus

---

[131] ALVARES, Rosa y ROMERO, Antolín. *Jaime Chávarri. Vivir rodando*. Valladolid: Festival de Cine de Valladolid, 1999, p. 71.

desgracias: la «querida» del comerciante adinerado y el «hijo-muñeco» mimado y malogrado por una educación narcisista."[132]

En *Las largas vacaciones del 36* (Jaime Camino, 1976), se nos describe el sorprendente, y largo, verano de algunas familias burguesas. Muchas de ellas, apolíticas o tibiamente republicanas, prolongaron de modo inusitado y durante casi mil días esas inesperadas, pintorescas y duras "vacaciones". El comerciante que vio su empresa colectivizada, el pequeño tendero cuyo negocio se vino abajo, aquel que tuvo miedo o simplemente precaución, se refugiaron en uno de tantos pueblos a donde la guerra sólo llegaba como un ruido lejano, en donde el subsistir se hizo más fácil y llevadero. Y mientras tanto, los niños que habían comenzado aquel verano del 36 con juegos infantiles, terminaron el verano del 39 jugando a la guerra como la cosa más natural del mundo.

Las dificultades de esta familia, sin pretensiones políticas, llegan con la aparición de unos familiares nacionales, y con ellos el conflicto familiar y la desaparición del núcleo durante tantos años considerado irrompible.

Norberto Alcover considera que "*Las largas vacaciones del 36* podrían denominarse también «vacaciones desde el egoísmo hasta el exilio», porque ésta es la pretendida línea vertebral del film. Esta caverna de burgueses catalanes, encerrados en el solo juguete de pequeñas preocupaciones en Gelida, tranquilo pueblecito de veraneo, cuando el estallido de nuestra guerra civil, muestra las contradicciones egoístas de nuestra condición secular mientras esperan el resultado de la contienda con una actitud absolutamente pueril."[133]

---

132 LAMET, Pedro Miguel. "Retrato de familia", en EQUIPO RESEÑA. *Cine para leer 1976*. Bilbao: Editorial Mensajero, 1977, p.p. 247-248.

133 ALCOVER, Norberto. "Las largas vacaciones del 36", en EQUIPO RESEÑA. *Cine para leer 1976*. Bilbao: Editorial Mensajero, 1977, pp. 186-187.

Este mismo año realiza Manuel Mur Oti la película *Morir. Dormir. Tal vez soñar*. Esta película nos permite ir conociendo a una familia desde 1916 a 1966. Los nacimientos y las muertes. Carmen, Eulalia, Antonio y Ana Mari, la compañera de juegos infantiles y amor de preadolescencia de Juan. Herminia, la doncella. Margarita, la sensual criada. Y, sobre todos, Juan desde que tenía seis años, conductor de la historia, que llora a Luisa, su primera mujer, desaparecida. Elena, quien le ha dado hijos y está a su lado en los últimos momentos y recuerdos. Es la sencilla saga de una sencilla familia. Con sus esperanzas. Con sus alegrías.

Con sus dolores. Por la cantidad de sueños e irrealidades que lleva dentro, toma como nombre una frase de Shakespeare: "Morir. Dormir. Tal vez soñar".

Vuelve Saura en 1979 con *Mamá cumple cien años*. Protagonizada por Rafaela Aparicio, que encarna magistralmente el papel de madre centenaria, esta película narra cómo en torno a ella y en el viejo caserón se reúne toda la familia. También la antigua institutriz y su marido. La película transcurre a través de los preparativos de la fiesta y de las relaciones entre los distintos personajes en torno a sus recuerdos, a sus conflictos pasados y actuales, a sus obsesiones, a sus desencantos y alegrías.

En este film nos encontramos con uno de los conflictos familiares más dados durante la época, aunque su ubicación habitual fuese la zona rural, la herencia. En la película vemos cómo se fragua el complot de los hijos para, en el día de su cumpleaños, matar a la madre envenenada. Y es precisamente la cuñada (Geraldine Chaplin), alguien fuera de la familia sanguínea, quien salva de una muerte segura a la anciana madre.

Los conflictos, envidias, celos y adulterios que aquí se narran, declaran fielmente la decadencia de la familiar burguesa de la época, avocada, indudablemente, y tras la desaparición de los pilares paternos y maternos, a la autodestrucción.

En 1982 se estrena la película de Manuel Gutiérrez Aragón *Demonios en el jardín*. Tras haber establecido una estrecha relación profesional con el productor Luis Megino –juntos pusieron en marcha proyectos como *El corazón del bosque* y *Maravillas*– sus seguidores estimaban, sobre todo, ese universo mágico que el cineasta creaba en sus producciones.

Según cuenta el propio director sobre el nacimiento de la idea: "El almacén de mi abuela era un poco como la cueva de Alí-Babá: un sitio extraño, cerrado, maravilloso y secreto. Un lugar que tenía auténticas cuevas: la de la sal, la del aceite, la del vino... De esa atmósfera de cueva con tesoros orientales, y del sentimiento que me creaba el hecho de ser el único niño del pueblo con potestad para estar allí, nació el primer impulso de la película."[134]

Manuel Gutiérrez Aragón y Luis Megino redactaron el guión de *Demonios en el jardín*, basado en las experiencias autobiográficas del director. Gutiérrez Aragón nació en 1942, justo cuando empieza la narración del largometraje y, como el pequeño protagonista, fue un niño enfermo de tuberculosis, por lo que casi siempre estaba en cama y recibiendo las atenciones de toda su familia.

El personaje de Gloria (Encarna Paso), la cabeza visible de la familia, también está inspirado en la realidad, ya que la abuela del director regentaba una tienda de ultramarinos llamada "El jardín", donde el pequeño Manuel pasó magníficos momentos de su infancia.

Al comprobar que el guión prometía un nuevo estilo narrativo en la filmografía de Gutiérrez Aragón, alejado de las complejidades visuales y argumentales de sus anteriores proyectos, el productor quiso contar con un reparto que asegurara la taquilla de la película. En cuanto a los medios de comunicación anunciaron que la película iba a mostrar un vibrante

---

134 HEREDERO, Carlos F. *Cuentos de magia y conocimiento. El cine de Manuel Gutiérrez Aragón*. Burgos: Editorial Alta Films, 1998, p. 90.

duelo entre Ángela Molina y Ana Belén, dos de las grandes estrellas de la época, la expectación que se creó fue enorme. No satisfecho con eso, el productor se aseguró la presencia de la veterana Encarna Paso para hacer el papel de abuela y del galán de moda, Imanol Arias, para hacer el principal personaje masculino; además del joven Álvaro Sánchez, que interpretó el papel del niño. El extraordinario reparto fue la clave para que *Demonios en el jardín* triunfase en taquilla como hacía mucho tiempo que no lo hacía una producción española.

En el mismo 1982, realiza el director catalán Francisco Betriu *La Plaça del Diamant/La Plaza del Diamante*, película basada en la obra homónima de Mercé Rodoreda. En esta película se narra la historia de una muchacha que, con el paso del tiempo, deja atrás la juventud. Una juventud rememorada fundamentalmente con ternura y lirismo, entre el descubrimiento de la vida que se le pasa y la estancia con su familia en su casa de la Plaza del Diamante. Una época conflictiva la que ella atraviesa, vista con un detallismo antes que nada poético, con hechos históricos vistos desde un prisma personal y nostálgico.

Dice sobre ella Ángel A. Pérez Gómez, en su crítica: "Condensación no significa simplificación, y algunas secuencias del film se resienten de esta última. Anotemos en ese «debe» la voz repetitiva del principio, la caricaturesca caracterización de la familia burguesa que emplea a «la Colometa» la torpe realización del intento de suicidio en la calle, la pobrísima entrada de los «nacionales» en Barcelona (o no se muestra directamente o no se utiliza esa pobreza de medios que «cantan»), etc. Sin embargo, el gran hallazgo del film es la interpretación de Silvia Munt que logra transmitir físicamente la tristeza, la amargura y la honda afectividad herida de la protagonista."[135]

---

135 PÉREZ GÓMEZ, Ángel A. "La Plaza del Diamante" en EQUIPO RESEÑA. *Cine para leer 1982*. Bilbao: Editorial Mensajero, 1983, p. 185.

6.2.3. La decadencia de la familia aristocrática

El ejemplo evidente de la decadencia de la familia aristocrática lo tenemos gracias al director Luis García Berlanga que, con su "Trilogía Nacional", describe en clave de humor la muerte de los últimos reductos de esta clase con la familia Leguineche.

Las tres películas que conforman la trilogía –*La escopeta nacional* (1978), *Patrimonio nacional* (1981) y *Nacional III* (1982)– nos hacen viajar temporalmente por las tres fases de la Transición, desde el franquismo, pasando por la restauración de la monarquía, y la llegada de los socialistas al poder.

En la primera película, *La escopeta nacional*, ya nos encontramos con una familia aristocrática venida a menos y totalmente disparatada. El marqués (Luis Ciges) está separado de su mujer y tiene como afición coleccionar pelos de pubis. Su hijo, Luis José (José Luis López Vázquez), también peleado con su mujer (Amparo Soler Leal), anda por el caserón campestre masturbándose y llega a secuestrar a una modelo, y a la servidumbre no le falta sangre noble si tenemos en cuenta las andanzas amorosas de sus antepasados con la familia Leguineche.

En la segunda, *Patrimonio nacional*, los Leguineche se trasladan a Madrid, buscando el amparo de la reinstaurada monarquía, con lo que nos encontramos a la condesa (Mary Santpere), separada del marqués a consecuencia de sus infidelidades y en ese momento amante de un sirviente –anteriormente había tenido como amante a otro "igual".

En la tercera película, *Nacional III* (1982), Berlanga retrata el terror que le produce a la familia Leguineche la llegada inminente del PSOE al poder, por lo que narra el disparatado plan de la familia para poder salir con el dinero hacia Francia.

Como vemos, la antigua idea de moralidad, saber estar e incluso buen gusto de la aristocracia en España queda rebasada totalmente con este retrato, dejando en evidencia la decadencia y el anacronismo de los favores ofrecidos a la clase aristocrática en el pasado más inmediato.

6.2.4. La comuna juvenil

Otro de las novedades que encontramos en el cine de la Transición es el grupo de amigos que viven juntos, denominada sociológicamente como "comuna", por lo que se descentraliza el núcleo familiar y parte de la misma torna a formar parte de otro entramado social en el que los progenitores no toman parte directamente.

Como ejemplo inicial tenemos la película de Juan Antonio Bardem *El puente*. Se trata de la primera película de este director durante la época democrática, y con ella hace una radiografía de la situación de España en ese momento.

La película, basada en un relato de Daniel de Sueiro, *Solo de moto* (1967) y protagonizada por Alfredo Landa, cuenta las peripecias de un joven mecánico de taller, que tras haber sido "plantado" por su pareja, decide irse a Torremolinos, desde Madrid, con su moto. En el transcurso del viaje, Bardem consigue plasmar las miserias de un país que comenzaba su andadura democrática.

Como comenta Juan Francisco Cerón Gómez: "Este guión se convirtió en *El puente*, un título que en principio no era más que la nominación objetiva de un fin de semana largo, pero que adquirió también muchas connotaciones como símbolo del cambio que se operaba en el protagonista."[136]

En una de las aventuras del protagonista, se encuentra casualmente con un grupo de hippies que viven en una furgoneta y se dedican al teatro. En este episodio –pues podríamos dividir la película en episodios–, vemos la descripción de

---

136 CERÓN GÓMEZ, Juan Francisco. *El cine de Juan Antonio Bardem*. Murcia: Universidad de Murcia, 1998, p. 237.

lo que se podría denominar una comuna hippie. Allí encontramos la libertad, el amor libre, la amistad, la ruptura con los lazos nacionales y familiares y el rechazo tanto al sistema como a los estamentos establecidos.

En 1979 realiza Francesc Bellmunt *La orgía*. Esta película se sitúa en el saco del humor catalán, o mediterráneo, en el que se encuentran mezclados la Pasión de Esparraguera, el Perich, las Fallas Valencianas y la inacabable Sagrada Familia. La Orgía es en definitiva el relato de la excursión sexual de un grupo de jóvenes de Barcelona, pero sin darle más importancia de la que cualquier ser humano al hecho de masturbarse sin prisas, pero sin pausas, en una plácida tarde de verano.

Al año siguiente, en 1980, Pedro Almodóvar presenta su primer largometraje, *Pepi, Luci, Bom y otras chicas del montón*. Aquí encontramos el piso regentado por Pepi (Carmen Maura), donde se reúnen, hacen fiestas y se relacionan los amigos y amigas de ésta. La libertad, la falta de progenitores y reglas hace que tanto el piso como los lugares que frecuentan se conviertan en un espacio apartado de la realidad social donde las libertades, las drogas, la diversión y el sexo campan a sus anchas sin las represiones exteriores.

La imagen más significativa la encontramos en la fiesta que realizan, organizada por el propio director, Pedro Almodóvar, donde el alcohol, las drogas y un concurso de penes amenizan la fiesta.

La "comuna" juvenil representa un espacio libre donde los prejuicios morales no existen y se puede dar rienda suelta a las ideas y necesidades de todos los integrantes. Los participantes, siempre amigos o invitados, conforman un grupúsculo tan rechazado por la sociedad como ajeno a ella, ya que los propios participantes también rechazan desde ese espacio los convencionalismos exteriores.

6.2.5. La nueva situación de la tercera edad

La película que nos lleva a ver este sector social es la dirigida por José Luis Garci, *Volver a empezar* (1982).

Se inicia esta película con las siguientes palabras: "Quiere rendir homenaje a los hombres y mujeres que empezaron a vivir su juventud en los años treinta, y en especial, a los que aún están aquí, dándonos ejemplo de esperanza, amor, entusiasmo, coraje y fe en la vida. A esa generación interrumpida, gracias." Con estas palabras, José Luis Garci dejaba bien claras sus intenciones.

Galardonada con un Oscar a la mejor película de habla no inglesa la noche del 11 de abril de 1983, narra el regreso de Antonio Miguel Albajara (Antonio Resines), premio Nobel de Literatura, a su ciudad natal, Gijón, después de cuarenta años de ausencia. Recorre la ciudad contemplando los cambios que se han producido a través de los años, y después de visitar a su mejor amigo, «el Roxu», un conocido médico, se encamina a una galería de arte: «Modigliani». Es allí donde se encuentra frente a frente con Elena (Encarna Paso), su amor de juventud. Juntos, irán reconstruyendo los momentos más felices de su pasado y viven una historia de amor mientras se cuentan mutuamente sus vidas truncadas por la separación en los dramáticos días de la guerra.

Sería impensable una situación de este tipo durante el franquismo. La tercera edad –recordemos por ejemplo el Pepe Isbert de *La gran familia*– siempre se encontraba rodeada y protegida por sus hijos y familiares más cercanos, respetada y, lógicamente, no protagonizaría una historia de amor como la que encarnan Antonio y Encarna. Sobre todo si tenemos en cuenta que Antonio está casado en EE.UU. y con hijos, por lo que peca de adúltero.

6.3. Conclusión

De todos es sabido que la familia era la base fundamental de la Iglesia católica y, por extensión, del franquismo. Una vez desaparecido éste, saltan a la luz todos los problemas que se habían mantenido ocultos durante este período.

Si recordamos el tipo de familia representado durante el franquismo en películas como *La gran familia* (Fernando Palacios, 1962), vemos una estructura totalmente jerarquizada, siendo el padre el "director" de orquesta de la red familia. Las incitaciones tanto estatales como religiosas, avocaban a las parejas a la familia numerosa, quedando la mujer relegada a las tareas del hogar y la satisfacción del hombre.

Esta estructura primaria y fascista ve su fin con la llegada de la dictadura y, como es lógico, se ve plasmada en un nuevo cine lleno de directores nóveles con nuevas estructuras mentales e ideológicas que dan al traste con lo institucionalmente establecido.

De esta forma nos encontramos con la desaparición del padre como eje de la familia, ser adorado y adorable, apareciendo un progenitor poco digno de ser así adjetivado, como en el caso de *El espíritu de la colmena* (Víctor Erice, 1973) y *El desencanto* (Jaime Chávarri, 1976), o a una madre dirigente asesinada en *Furtivos* (Borau, 1975) y en *Pascual Duarte* (Ricardo Franco, 1976).

La familia protegida por el régimen, la familia burguesa y aristocrática, vislumbra su fin y destapa sus carencias tanto en la película de Chávarri *El desencanto*, como en la *Trilogía nacional* de Luis García Berlanga, en el *Retrato de familia* (1976) de Jiménez Rico o en *Las largas vacaciones del 36* (1976) de Jaime Camino. Las imagen de la burguesía y la aristocracia ya no volverá a ser como antes, se ha abierto la caja de Pandora.

Por otra parte, es la juventud la que lleva la voz cantante, la que considera la pareja y no la familia como el núcleo social. Esto se ve reflejado en películas como *Pepi, Luci, Bom y otras chicas del montón* (1980) de Pedro Almodóvar, en *La orgía* (Francesc Bellmunt, 1979) o *El puente* (Juan Antonio Bardem, 1976).

Y la tercera edad ya no tiene que seguir llorando a sus muertos y cuidando del bienestar de sus hijos, también puede empezar una nueva vida, una nueva juventud que les dé razones para continuar, como vemos en la película de José Luis Garci *Volver a empezar* (1982).

Todo un nuevo panorama familiar se abría con esperanza en estos primeros años de democracia. La influencia de la Iglesia católica había claudicado y sólo sobrevivían los últimos coletazos de los sectores más retrógrados. Estaba en nuestras manos la construcción de una estructura familiar moderna.

7. La prostitución

7.1. La prostitución en la España de la Transición

La derogación de la ley de Peligrosidad y Rehabilitación Social constituyó la principal reivindicación de todos los grupos marginados, entre ellos las prostitutas. Antes de que se llevara a cabo la revisión de la citada ley, parecía que la judicatura tendía a aplicar criterios más flexibles sobre las prostitutas. La propia policía hacía gala de una mayor tolerancia, aunque de cuando en cuando se producían redadas.

Desde el pasado 15 de septiembre de 1977, las sentencias condenatorias de mujeres que ejercían la prostitución fueron escasas. La legislación española no consideraba la prostitución como delito, sino como conducta peligrosa, y para perseguirla exigía dos supuestos: que puedan probarse el ejercicio habitual y su peligrosidad.

Por todo lo anterior, la policía mantenía con las prostitutas una tolerancia progresiva, aunque, como hemos comentado, continuará haciendo redadas, ya que pretendía que el número no aumentase. Pero, una vez detenidas, les imponían una multa de mil pesetas por falta moral o escándalo público, figuras previstas en la ley de Orden Público, y las ponían en libertad.

Las prostitutas habían venido sufriendo condenas de hasta seis meses de privación de libertad. Pero podían aducirse ya ejemplos claros de la tolerancia policial y judicial. La prisión de Alcázar de San Juan, que era exclusivamente para prostitutas y estaba llevada por funcionarios y monjas, tenía en aquel momento más funcionarios que internas, pues las prostitutas no solían ya ir a la cárcel.

Otra situación jurídicamente injusta y discriminatoria es la de las prostitutas extranjeras, que eran condenadas por Peligrosidad Social e ingresaban en prisión la mayor parte de los casos. La expulsión o el sometimiento a la ley de Peligrosidad Social quedaban a criterio de la policía, que decidía pasarlas al juez o no. Mientras se producía la expulsión, la prostituta extranjera ingresaba en la cárcel en tanto que se llevaban a cabo los trámites para sacarla del país, que podían durar hasta dos meses. Después de la propuesta de expulsión, el caso pasaba a la Dirección General de Instituciones Penitenciarias, tras lo cual la prostituta era expulsada en un coche de la Guardia Civil conocido en el argot como *canguro*. Las redadas de extranjeras solían ir precedidas de un *chivatazo* de las españolas, que consideran pisado su terreno. Las extranjeras solían ser más *abiertas*, por lo que el español las prefiere –como bien refleja el cine de la época–. El *chivatazo* podía provocar la expulsión automática de las competidoras extranjeras, ya que la mayor parte de ellas no tenían permiso de residencia.

Según fuentes jurídicas, en España podía haber en 1978 entre 300.000 y 400.000 prostitutas, incluidas las de bares americanos, barras, casas de citas y otras eventuales, como personas casadas que mantenían secreta la profesión ante su marido y estudiantes que ejercen la prostitución para costearse la carrera, entre otros casos. En los clubs y barras americanas solía haber una prostitución encubierta, que se daba también en las carreteras, donde había bares con reservados que solían frecuentar los camioneros. Las chicas que trabajaban en estos lugares carecían de Seguridad Social y no cumplían las ordenanzas de trabajo.

Las prostitutas trabajaban en distintas zonas de las ciudades. Y así como en Barcelona eran y son tradicionales el barrio Chino y las Ramblas, en Madrid continuaban en los lugares tradicionales, como la Ballesta, Fleming o la calle Montera, la plaza de Vázquez de Mella y Hermanos Bécquer.

Otro de los puntos a tocar es la llamada alta prostitución. En todas las grandes ciudades seguían existiendo los bares de alta alcurnia y las casas privadas de lujo, así como los hoteles de categoría. En Madrid se encontraban varias cadenas de hoteles muy conocidas que tenían la prostitución prácticamente entre los servicios al cliente, siempre que éste pudiera pagar, por ejemplo, 25.000 pesetas de la época.

Aunque el ejercicio individual de la prostitución no era delito, sí lo era ampararlo. La ley castigaba a los proxenetas o a quienes regentaran casas de citas hasta a seis años de prisión, que se aplicaban en grado máximo si la prostituta era menor de veintitrés años. El *chulo* o *cacero*, a quien la ley denominaba *rufián*, y que parecía que llevaba la gran *tajada* del negocio, podía tener dos sanciones: una por la ley de Peligrosidad Social y otra por el Código Penal.

Las medidas que la ley establecía contra las prostitutas eran su internamiento en un establecimiento de reeducación, la prohibición de visitar establecimientos públicos y su sometimiento al delegado gubernativo. Estos establecimientos eran penitenciarios. Los padres o el juez podían ordenar el ingreso en el Patronato de Protección de la Mujer, sucesor del Patronato Real para la supresión de la trata de blancas y cuya organización y funcionamiento venía siendo denunciado desde amplios sectores. La ley de 20 de diciembre de 1952 reorganizó el patronato y afirmó que se creaba «para la dignificación de la mujer, de las jóvenes, para impedir su explotación, apartarlas del vicio y educarlas moralmente».[137]

---

137 Fragmento de la Ley de 20 de diciembre de 1955 en MARÍN, K. "Mayor tolerancia jurídica sobre la prostitución". *El País*. (18-4-1978).

El oficio más antiguo del mundo ya no era sólo cosa de mujeres. Cada día era más frecuente encontrarse en el centro de Madrid –Castellana, Fuencarral, Atocha, Sol– con hombres dedicados a la prostitución. La mayoría frecuentaban la noche, pero algunos se aventuraban incluso de día. Muchos no eran homosexuales y los había que reconocían abiertamente que se dedicaban a esto para poder comer. A veces, este mundo de la prostitución de hombres estaba muy próximo al delito contra la propiedad y más de uno utiliza este viejo oficio para poder relacionarse con personas de cierta posición social a las que poder atracar impunemente.

7.2. La prostitución en el cine español de la Transición

Debemos comenzar diciendo que en el cine de la Transición ya nos encontramos con los dos tipos de prostitución, la femenina y la masculina. Pero al contrario que la femenina, que se encuentra representada por todos los tipos, la masculina sólo la encontramos en la homosexualidad. Por ello, este tema está expuesto, exceptuando la película *El chulo* (Pedro Lazaga, 1973) en el capítulo dedicado a la homosexualidad.

Respecto al tema de la prostitución, podemos comenzar este viaje por la película *El Chulo* (Pedro Lazaga, 1973). El protagonista es un proxeneta, una ser antisocial, pero su condición arranca de hechos –traumas – que le sucedieron a temprana edad y al indudable atractivo que ejerce sobre las mujeres, en parte personal y en parte por el encanto que tienen sobre ellas los hombres que las circunstancias visten con una aureola de conquistadores irresistibles. Los que llegan a alcanzar fama en este sentido son presa del acoso femenino y pueden llegar hasta el hastío en materia amorosa. Esto le sucede a El Chulo hasta que encuentra el amor de verdad, pero su bien ganado prestigio seductor le llevará a que esa imagen que él ha creado sea la causa de su definitivo fracaso.

Del mismo año es *Las señoritas de mala compañía* (José María Forqué). A un pueblo castellano llega Charo, una chica para la casa de citas de doña Sole. La presencia de la nueva alegra a los hombres, pero indigna a doña Íñiga y sus amigas. Éstas protestan y trazan planes para salvar la moral del pueblo, por lo que deciden expulsar a doña Sole y sus muchachas. Entre doña Íñiga y doña Sole hay una vieja y personal cuenta pendiente. La situación se hace crítica.

Doña Sole visita a doña Íñiga en demanda de paz, pero ésta no está dispuesta a perdonar. La lotería de Navidad cambia la situación. A doña Sole y sus muchachas les ha tocado el gordo.

Doña Sole es ahora un gran personaje, monta un nuevo negocio, un hotel, y seducida por las fuerzas vivas invierte su dinero en la mejora del pueblo. Pero el dinero tiene un límite y se arruina, a la par que la vida sentimental de sus chicas es un fracaso. El amor de Charo y Luis es imposible y Charo se va del pueblo para emprender una nueva vida.

Podemos sacar de esta película la crítica a una sociedad hipócrita que vende sus principios religiosos por dinero y, por otra parte, el personaje del cura, que defiende, poniendo ejemplos bíblicos a las prostitutas. En una de estas "clases prácticas" de respeto que da el párroco, tacha a doña Íñiga y compañía de malas cristianas al ponerle el ejemplo de Jesucristo y María Magdalena.

Continuaremos con la película de Fernando Merino *Préstame quince días* (1974). El protagonista de esta película es un trabajador español en Alemania que inventa una vida que está muy lejos de ser la realidad, con objeto de deslumbrar a sus paisanos y a su familia. Por Navidad viene a pasar las fiestas a su pueblo. Entre las mentiras que se ha fabricado está la de su boda. Por lo tanto, no puede presentarse ante los suyos sin su esposa. Decide alquilar una chica de cabaret para que finja ser su mujer. Ella accede, por dinero, a representar la farsa. Tras no pocas peripecias surgidas y motivadas por el novio de su recién estrenada esposa, el amor surge entre ambos, y lo que empezó siendo un juego va transformándose en una cosa bien distinta.

Empezamos encontrándonos con una película en la que se ejercita una extraña prostitución, una especie de "prostitución social", ya que Concha Velasco sólo tiene que fingir en público. Éste es un perfecto ejemplo de la importancia de la opinión pública en las sociedades rurales de la época.

Esta película es también un ejemplo paradigmático de la redención de una prostituta por el amor. Concha Velasco decide apartarse de un mundo que sólo consigue maltratarla y acudir al "amor verdadero", establecido, y bien visto de José Luis López Vázquez. Como vemos se trata de una visión tradicional del tema.

Dentro de esta película, encontramos una de las afirmaciones más clarividentes de la relación pueblo–Iglesia. López Vázquez, camino ya de España, llama a su familia y les dice: "Vuelvo con una mujer que cuando la vea el cura la prohíbe." Y de hecho, el cura, dado que "todo es por culpa de la lascivia", no se cree que el matrimonio es cierto hasta que no ve el certificado. Como es evidente esperar, el final de la película lo tenemos en la secuencia en que los protagonistas se casan ante el oficio del cura.

Otra película a destacar dentro del tema es *Pim, pam, pum. ¡fuego!*, realizada el mismo año por Pedro Olea. Vuelve Concha Velasco a interpretar a una prostituta en una película. En este caso situada hacia el 1940. Ella es una corista, Paca, que vuelve a Madrid en el tren tras una gira por provincias. En el mismo coche viaja Luis, un chico joven, que saca una hogaza de pan blanco para comer. Ya en Madrid él la sigue hasta su casa y le pide habitación, ya que no tiene documentación y esto le impide dormir en cualquier pensión o posada.

La Compañía de revistas se disuelve y Paca tiene que buscar otro trabajo. Buscándolo, consigue cantar en un café, pero Julio, hombre situado que la persigue ya hace tiempo porque le gusta, influye en el dueño del local par que la despida y así, teniéndola más humillada, poder ayudarla más. La necesidad de Paca y el acoso insistente de Julio, que le pone pegas para resolvérselas, la obligan a aceptar un piso de querida. Esto acentúa su soledad y ayuda a descubrir el amor de Luis. Este va al piso nuevo y allí es sorprendido por Julio quien, aparentando comprender su situación y las disculpas de Paca maquina una trágica venganza.

Aquí volvemos a encontrar un tipo de prostitución muy particular, el de la llamada mantenida, prostitutas que sólo son amantes de un señor de clase alta que les costea. Este tipo de prostituta se da fundamentalmente, como es en este caso, en el cine español que plasma la posguerra, como veremos a continuación en la película *La colmena* (Mario Camus, 1982).

Un año después, en 1976, vuelve el prolífico Vicente Escrivá con la película *La lozana andaluza*, que cuenta la historia de la bella andaluza, Lozana, una prostituta del siglo XVI que gracias a sus gracias enamora a dos hombres, Rampín, el ayudante de la Alcahueta que regenta la casa de citas donde trabaja Lozana, y Don Sancho, un noble español. El resultado de enamorarse de una prostituta resulta ser, cómo no, el fracaso y la ruina de ambos aspirantes. Película de carácter moral conservador que no aporta más en aspectos iconográficos o estéticos.

En 1976 encontramos *La corea*, de Pedro Olea. Esta película, ubicada en Madrid, narra la historia de un chico de pueblo, Tony, que llega a la capital atraído por las aventuras que le ha contado su paisano y amigo Paco en los viajes que hacía éste al pueblo. Al llegar a Madrid es esperado en la estación por su amigo, que le lleva a vivir a una pensión gobernada por una señora mayor, Charo, a la que apodan «La Corea» por sus actividades amorosas con los americanos en los años cincuenta. Charo, «La Corea», es a su vez la cabecilla de una organización de delincuencia juvenil que opera en la capital. Para este "suministro de carne joven" elige a Tony, al que, además, le convierte en su favorito. Paco muere en un accidente, y Tony, aterrorizado, quiere huir a su pueblo; pero cuando se va a dirigir a los estudios es asaltado y asesinado por Sebas, el antiguo favorito de «La Corea».

Como era lógico, no podía faltar la película en la que la prostitución se relacionase con la delincuencia. De esta forma, podemos utilizar la película de manera pedagógica y ver las consecuencias de relacionarse con determinados ambientes.

Del mismo año es *Cuando los maridos iban a la guerra*, una película dirigida por Ramón Fernández. De indudable comercialidad, esta película narra la historia del señor feudal Don Tello. A Don Tello le obsesiona perpetuar su nombre; quiere nietos. Sus hijos están siempre de guerras, y de las nueras que no se quedan encintas. Don Tello se casa de nuevo. Con la esposa llegan tres pícaros que desquician la situación. Se suceden los lances; las esposas de los hijos quedan embarazadas. Don Tello también quiere ir a la guerra, pues la guerra es un prostíbulo a las afueras del castillo donde los hombres dan rienda suelta a sus fantasías sexuales.

El caso de esta película es de los más típicos. Aquí encontramos cómo dos mujeres abandonadas se hacen pasar por prostitutas en un burdel y son elegidas por sus maridos como concubinas. Volvemos a encontrar cómo el matrimonio, el verdadero amor, es el fin último del más mujeriego hombre español.

Del mismo carácter que la película anterior, encontramos *Fulanita y sus menganos*, película dirigida también en 1976 por Pedro Lazaga. Su protagonista, Mapi, por derechos adquiridos, asiste como representante oficial al Congreso Europeo de Prostitutas que se celebra en París. Diversos motivos le hacen recordar hechos acaecidos en el ejercicio de su profesión, y así aparecen uno tras otro el ligón rácano, el estafador profesional, un vizconde homosexual y un policía francés que fueron anécdotas importantes en su vida. Finalmente, sus alegatos ante el Congresos, hacen que termine con éxito total en su empresa.

Roberto Bodegas reaparece en 1976 con *Libertad provisional*. Vuelve a representar a una prostituta la afamada actriz Concha Velasco. En este caso ella es Alicia una prostituta ocasional que, junto a un delincuente de poca monta (Patxi Andino) ensayan una forma de convivencia partiendo de unos esquemas de libertad mutua. Son dos personajes desclasados y solitarios, atrapados entre la realidad cotidiana de la supervivencia moral y el deseo de prosperar. Su historia como pareja constituye, a la vez que una desenfadada visión del mito de la regeneración social, un retablo irónico de las degradadas formas de respetabilidad conyugal y familiar de la clase media.

Este mismo año inicia su carrera cinematográfica Ricardo Franco con una de las mejores películas del período que nos ocupa, *Pascual Duarte*. En este caso la prostitución está presente, aunque ambientada a principios del siglo XX, en la clase baja, y vemos con claridad su repercusión en un ambiente rural.

La prostituta es la hermana de Pascual, Rosario que, protegida por "el estirao", marcha a la ciudad para buscarse la vida y poder ser una boca menos y, quizá, una ayuda más a la casa familiar. Aquí nos encontramos con un principio clásico y tradicional, la defensa de la "honra". Es evidente que todo el pueblo conocía la ocupación de la hermana de Pascual. Ella era criticada, pero se hacía el silencio cuando llegaba Pascual. La única vez que el tema sale a la luz es tras la boda de Pascual. Los hombres se encuentran reunidos en la taberna y cantan coplillas haciendo rimas acerca de la boda de Pascual y de la política del momento. Es en esa situación cuando "el estirao" canta la siguiente coplilla:

"Hay dos mujeres «mu» guapas en la vida de pascual/ hay dos mujeres «mu» guapas en la vida de pascual/ y a veces yo me pregunto si serán tal para cual".

Esta coplilla crea el silencio en la taberna, por lo que deducimos la complicidad social, Pascual se enfurece y ataca a "el estirao"; le ha tocado la honra.

En 1977, Alfonso Ungría realiza su genial película *Soldados*. Situada en marzo de 1939, *Soldados* narra la huida hacia Alicante de un grupo de soldados republicanos al mando de un capitán (Juan Calvo). Su cruce con un automóvil en que las prostitutas Remedios (Marilia Ross) y Tula (Claudia Gravi) se dirigen a Madrid, da lugar a que cinco desarraigados personajes recuerden sus vidas, en un continuo ir y venir, a lo largo de algunos *flashbacks* muy bien estructurados.

La criada Remedios está embarazada del señor Alfaro (Lautaro Murúa). Su hijo Agustín (Ovidi Montllor) acepta casarse con la criada para que su madre no se entere, pero como su padre sigue acostándose con ella, la muchacha les abandona y se prostituye. La campesina Tula (Claudia Gravi), por su parte, se casa por motivos económicos con el rico de su pueblo, pero cuando descubre que Vicente (Francisco Guijar) sólo quiere utilizarla como tapadera de sus amores incestuosos con su madre (Pilar Bardem), enloquece, corre en camisón bajo la lluvia y aborta en una de las mejores y más desgarradas escenas de la película. Más tarde se hace prostituta y llega a regentar un importante burdel de Madrid, pero cuando la guerra la obliga a huir, se va con sus joyas y las pierde al atravesar un río para salvar la vida.

Las cinco historias se desarrollan entre un prólogo, en que el batallón de soldados republicanos libra una refriega en un pueblecito, y un epílogo, donde Agustín y Remedios se encuentran al final de la guerra en un prostíbulo barcelonés;

finalmente acaban manteniendo relaciones sexuales, pero en mitad de un bombardeo y poco después él es detenido por los vencedores y fusilado. Mientras, en una continua huida hacia Alicante, se da el éxodo de los restos de un ejército, de un pueblo vencido en busca de una salida, de unos barcos, anunciados, pero nunca materializados, en los que escapar al extranjero, a un largo exilio.

En el 1981, Pedro Masó realiza *Puente aéreo*. Se trata de una película sin mayor interés, exceptuando que trata el tema de la prostitución de alto *standing*. Mientras tanto, el resto de producciones españolas retrataba la prostitución de bajos fondos y en ocasiones, con un marcado carácter social.

Otra magnífica película que toca el tema de la prostitución, es la realizada en 1982 por Mario Camus, *La colmena*. Nos encontramos en el invierno de mil novecientos cuarenta y dos, o tal vez del cuarenta y tres. El pueblo español está hambriento, cansado y lleno de carencias y de ganas de sobrevivir. La historia se inicia, y continúa a veces, en el Café "La Delicia". El Café está siempre repleto de personas que huyen del frío, que se refugian en la charla, en la compañía, y en los sueños. Son sesenta personas, dentro y fuera del café, que viven en las calles y en las casas de la ciudad. Son un torrente de gentes que a veces son felices y a veces no. Tras ellos, como fondo, el paisaje urbano del Madrid de la posguerra, tan especial, tan distinto, tan sórdido, tan luminoso a veces.

En este panorama encontramos a Victoria (Ana Belén), una joven enamorada de un tísico que es despreciado por su familia. Para poder conseguir dinero, y con él medicinas para su novio, Victoria entra en una casa de baile para enseñar pasodoble. Esta casa no es más que una tapadera de una casa de citas "decente". Allí van los hombres a intentar conseguir algún favor sexual con las profesoras de baile, o si acaso no, por lo menos un roce.

Una clienta de la tienda donde trabaja por las mañanas Victoria le ofrece un "trabajo" con un "hombre de bien". Éste es un comerciante que pide a la chica que se desnude, y la va pagando conforme ella se va quitando ropa. La citación es tensa, y Ana Belén decide marcharse.

En una de las secuencias encontramos a la alcahueta arreglando un trato con un amigo suyo. En este trato la mercancía es Victoria. "Escuche, tengo algo para usted. Bien, bien de verdad, fuera de lo corriente. Aquí están las señas. Puede verla cualquier tarde de siete y media a diez y media. Se llama Victoria. No le prometo nada, no le prometo nada pero puede", así la ofrece al cliente.

Finalmente, en una sutil secuencia, vemos cómo el novio de Victoria intuye de dónde saca el dinero para medicinas, pero prefiere no seguir indagando y continuar viviendo con los cuidados de su novia.

Otra perspectiva de la prostitución la vemos a través de lo que le acaece a Martín (José Sacristán). Éste es un pobre escritor liberal que vive en una casa de citas, gracias a la generosidad de doña Jesusa, la mujer que regenta el local. Uno de los momentos más representativos respecto a prostitución y religión –de ese buen acuerdo que hablábamos en la introducción a este capítulo– lo encontramos cuando Doña Jesusa le dice al personaje que encarna Sacristán:

DOÑA JESUSA: Martín, como mañana es Jueves Santo no se trabaja. Puedes venir a la hora que quieras.
MARTÍN: Muchas gracias doña Jesusa.

Como vemos, las tradiciones religiosas están totalmente establecidas en el mundo de la prostitución.

Otro de los momentos en los que la prostitución se refleja como un mundo "amable" y consciente de las necesidades sociales es una noche en la que todas las camas están ocupadas. Martín debe dormir con una de las prostitutas, interpretada por Concha Velasco. La educación y el civismo resurge y vemos a un Martín respetuoso con ella, basando la relación en la reciprocidad de necesidad puramente afectiva. Esta distancia cívica entre Martín y el resto de los personajes, y esa crítica a las trabas morales y los prejuicios sociales de una sociedad tradicional lo vemos cuando Martín dice en el café: "La civilización griega nos dejó el Partenón y el arte jónico, la romana nos dejó el Coliseo, Pompeya y el acueducto de Segovia. Desapareció el paganismo y apareció la civilización cristiana, y ¿qué nos ha traído?, pues, la calle Fuencarral, la calle Hortaleza y el Café de doña Rosa".

Esta es una de las visiones más humanas y humanistas de la prostitución que vemos en el cine español, aderezada de una magnífica ambientación y de unas de las mejores interpretaciones de sus actores tanto principales como de reparto.

7.3. Conclusión

El principal escollo encontrado una vez finalizada la dictadura fue la derogación de la Ley de Peligrosidad y Rehabilitación Social. La reducción del número de condenas a prostitutas la encontramos a partir del 15 de septiembre de 1977, momento en que la prostitución deja de ser un delito para convertirse en lo que se denominaba "conducta peligrosa". A pesar de esta nueva situación, la peor parte se la llevan las prostitutas extranjeras, ya que son perseguidas tanto por las redadas de la policía como por las prostitutas españolas, que les reclaman el "robo" de clientes.

El cine de la Transición plantea por primera vez los dos casos de prostitución existentes en cualquier sociedad: la femenina y la masculina. La primera tiende a aparecer como una mujer ajada por el tiempo y las circunstancias sociales, fundamentalmente cuando la película está ubicada en las posguerra, como ocurre con películas como *Pim, pam, pum, fuego!* (Pedro Olea, 1975), *Pascual Duarte* (Ricardo Franco, 1976) o *La colmena* (Mario Camus, 1982). Este tipo de prostitutas ejercen por necesidad, llevadas por una serie de circunstancias que las obligan a dedicarse a tales menesteres: el hambre, la obligación de mantener a la familia, o las "trampas" de los cabarets, pueden ser un ejemplo.

Otro tipo de prostitutas serían las que, por circunstancias externas, abandonan el oficio. Casos de este tipo son *Las señoritas de mala compañía* (José María Forqué, 1977), película que critica, con cierto toque humorístico, la doble moral de la sociedad española, o *Préstame quince días* (Fernando Merino, 1974), donde la prostituta es redimida por el amor verdadero de un hombre, y acaba, como era de esperar, formalizando su "pecaminosa" relación frente al altar. Otro ejemplo sería *Libertad provisional* (Roberto Bodegas, 1976), donde la chica, una vendedora de libros, mantiene relaciones con los clientes con el fin de que le compren más, y acaba enamorada del "más particular" de ellos.

La que no aparece con frecuencia, es la prostituta "mala", consciente y dichosa de su situación, exceptuando *La Corea* (Pedro Olea, 1976), u otras producciones de carácter comercial y cómico, como *Fulanita y sus menganos* (Pedro Lazaga, 1976) o *Puente aéreo* (Pedro Masó, 1981).

La gran novedad es la prostitución masculina, que exceptuando en *El chulo* (Pedro Lazaga, 1973), se dedica fundamentalmente al mundo homosexual y que, por lo tanto es estudiado en ese capítulo.

Con el cine de la prostitución, la imagen del "oficio más viejo del mundo" se procura dignificar, así como darle un carácter más humano y humanista, teniendo en cuenta fundamentalmente las situaciones sociales que hacen que una mujer decida dedicarse a la prostitución.

8. Las relaciones prematrimoniales

8.1. Política, religión y relaciones prematrimoniales

Los diálogos y enfrentamientos sobre este tema se iniciaron con una entrevista televisada en la que el arzobispo de Westminster, el cardenal Hume expresó su punto de vista acerca de la vida sexual de los cristianos. Según él, los que tengan relaciones prematrimoniales siguiendo los dictados de su conciencia, "no cometen pecado alguno".

En cuanto a la encíclica en la que el Papa condenaba todo acto sexual que no tuviera como objetivo "la transmisión de la vida", Hume afirmó que esa no era la última palabra de la Iglesia sobre el tema. La encíclica se publicó en 1968, con la presencia del terrorismo en el propio suelo británico.

El tema empezó a hervir y las opiniones eran dispares, como esta afirmación de Vicente Soto Perales de El País recogida de las Cartas al director:

"La gran responsabilidad que el matrimonio lleva consigo exige una profunda preparación entre los futuros esposos y no son posibles las relaciones sexuales prematrimontales. En un mundo tan placentero como el actual, resulta difícil a muchos comprender la seriedad del matrimonio: «La unión de un hombre y de una mujer para siempre»." [138]

---

138 SOTO PERALES, Vicente. "No a las relaciones sexuales prematrimoniales". *El País* (10-09-1978).

En julio de 1979 la asamblea plenaria del episcopado español concluyó sus sesiones con la aprobación del documento denominado «Matrimonio y familia». El documento constituyó una clara toma de posición contra las relaciones prematrimoniales, la regulación de la natalidad y el aborto, así como una grave advertencia sobre los peligros de admitir el divorcio en la legislación del Estado. Todos y cada uno de dichos temas fueron considerados como "los grandes desafíos a la familia", cuya preservación fue el objetivo declarado por los obispos.

"La castidad antes y después del matrimonio", continúa el documento episcopal, "sigue siendo una virtud cristiana y una exigencia evangélica, entendida no como miedo o represión, sino como exigencia del mismo amor sexual. Este tiene unas exigencias de plenitud y trascendencia que no pueden conciliarse con muchos de los modelos que la sociedad presenta hoy". Y agregan: "Una sexualidad no controlada esclaviza en vez de liberar al hombre." [139]

Con escepticismo se vivió el quinto sínodo de la Iglesia sobre todo por la materia –tan delicada– que iba a tratar. Por vez primera en la Iglesia, toda una serie de temas relacionados con el sexo y con el matrimonio iban a ser discutidos por la *cámara alta* de la Iglesia y ante seglares. Temas como el divorcio, el aborto, el control de nacimientos, el segundo matrimonio de los divorciados, las relaciones prematrimoniales, las "uniones diversas", el concubinato, etcétera, que hasta ese momento habían sido tratados sólo por las encíclicas del Papa y por los documentos del ex Santo Oficio. No eran ajenos al problema los pertenecientes al mundo, ya que existía una conciencia universal de que la familia y los problemas que giran a su alrededor constituyen una de las crisis más grandes de la actual civilización.

---

139 EL PAIS. "El episcopado aprueba un documento contra la regulación de la natalidad, el aborto y el divorcio. *El País*. (Madrid), (08-07-1979)

Su no al divorcio, al aborto, a las relaciones prematrimoniales, al segundo matrimonio de los divorciados, a los medios artificiales de control de natalidad era indiscutible. Tan evidente era el conservadurismo que una de las revistas católicas de mayor prestigio en Bélgica, *Revue Nouvelle,* escribió, "con inmensa cólera" por lo que se refiere a este documento romano publicado en vísperas del sínodo, "que es demasiado estúpido y demasiado injusto dejar a los burócratas dictar una presunta doctrina cristiana elaborada en una cárcel sin ventanas". [140]

8.2. Las relaciones sexuales prematrimoniales en la sociedad

Lógicamente, una sociedad gobernada por una moral muy rígida, como ha sido la española hasta bien entrada la década de los años 70, tenía que reprimir las relaciones sexuales prematrimoniales hasta anularlas o conducirlas al terreno de lo prohibido o lo marginal. Sin embargo, las generaciones que llegaron a la pubertad a lo largo de los años sesenta fueron transformando poco a poco el clima mora, como efecto de los cambios socioeconómicos producidos en el país, la influencia del exterior y especialmente el influjo del contacto directo con jóvenes de otros países.

En las zonas turísticas, encontramos una extrema diferencia de comportamiento de los jóvenes frente a las extranjeras y a las mujeres de la localidad y el nivel de moralidad en todo lo referente a la sexual. Como es sabido, la mayoría achacó los cambios en la moralidad a la influencia del turismo.

El Informe FOESSA de 1975 sobre las posibles relaciones entre los novios y la importancia de la virginidad al llegar al

---

140   ARIAS, Juan. "Escepticismo de los católicos progresistas ante el sínodo que hoy inaugura el Papa". *El País.* (Madrid), (26-09-1980).

matrimonio para el hombre y la mujer exponía que el 72% de los jóvenes opinaban que "no hay nada malo en que una pareja vaya a pasear a un sitio solitario"; el 36% consideraban que "está bien que los novios se besen, aunque sea en lugares públicos"; el 32,1% opinaba que "si unos novios van en serio se les debe permitir hacer el amor"; a un 49,3% no le "importa demasiado que un chico llegue virgen al matrimonio" y sólo un 20,4 % decía abiertamente que "no importa demasiado que una chica llegue virgen al matrimonio".[141] Todo esto choca directamente con la noticia aparecida en El País –con tonalidad de sorpresa– "El 41% de las norteamericanas mantienen relaciones sexuales prematrimoniales"[142] y evidenciaba una necesaria evolución en este aspecto.

Una de las características de nuestra sociedad de la época es el arraigo de ciertas pautas que subyacen bajo los mitos del machismo y de la virginidad de la mujer. Así, por ejemplo, no sólo se da una mayor intolerancia hacia el comportamiento sexual de la mujer, sino que, según el estudio mencionado, ésta asume esa misma intolerancia en mayor grado hacia sí misma que hacia el varón. A su vez, la moral sexual de los hombres parece muy flexible, según las circunstancias. Si bien se rechazan las posibles relaciones de un hombre y una mujer, siempre que no sea su novia, se tienden a admitir en mayor grado las relaciones entre una pareja de novios o entre un hombre y una mujer enamorados. Las opiniones de los hombres parecen revelar una moral sexual más ambigua y contradictoria. Por el contrario, las actitudes de rechazo de las mujeres son más constantes. Por debajo de los treinta años de edad, las opiniones tenían una tendencia claramente permisiva; por encima de los treinta, eran intransigentes.

---

141   I.O.P. "Comportamientos sociales y turismo", *Revista Española de la Opinión Pública*, nº 27, ener-marzo, 1972, pp. 163-352.

142   EL PAÍS. "El 41% de las norteamericanas mantienen relaciones sexuales prematrimoniales. *El País*. Rid), (09-06-1978).

El cambio se ratifica incuestionablemente con los datos obtenidos entre 1979 y 1980 en las encuestas realizadas por Salustiano del Campo. Los supuestos de estas relaciones van desde el compromiso para casarse, pasando por el enamoramiento y por un gran afecto hacia el otro "partenaire" hasta terminar en el caso de que no exista ni siquiera ese gran afecto. Entre los jóvenes de dieciocho a veintinueve años hay una clara mayoría que acepta las relaciones sexuales completas y, lo que es más significativo, esa mayoría es más importante aún entre las mujeres solteras de dieciocho a veintinueve años de un núcleo urbano tan característico como Madrid. Las otras generaciones, en cambio, rechazan este tipo de relaciones en todas las circunstancias: a partir de los treinta años, bien porque la situación personal ha cambiado o porque son justamente las personas educadas en una moral más rígida, aquí volvemos a ver la brecha generacional apuntada anteriormente. Sorprendentemente, son las mujeres las que defienden más enfáticamente esta rigidez moral, ya que entre los hombres, considerando todas las edades, hay una tendencia a aceptarlas en el caso de que haya enamoramiento o compromiso para casarse.

Se podría asegurar, teniendo en cuenta estos datos, la existencia de un cambio en la sociedad española hacia la aceptación de la igualdad real entre el hombre y la mujer, incluso en un terreno tan delicado como este de las relaciones prematrimoniales completas.

Respecto al comportamiento real de los jóvenes de la época, debemos remitirnos a la recopilación de estudios de Iglesias de Ussel.[143] Como exponen Salustiano del Campo y Manuel Navarro "Desgraciadamente, según señala este autor, los estudios sobre la sexualidad, salvo escasas excepciones, presentan

---

143 IGLESIAS de USSEL, J. "La sociología de la sexualidad en España. Notas introductorias", *REIS*, N° 21, ENERO-MARZO, 1983, PP. 103-133.

entre nosotros algunas características comunes que limitan su valor: abundan más los de actitudes que los de comportamientos; inciden, sobre todo, en la sexualidad individual y no de la pareja; están sesgados hacia la clase media y alta; están más volcados a la sexualidad prematrimonial que a la matrimonial; se centran en jóvenes más que en los adultos y en la heterosexualidad y, en buena parte, se ciñen al análisis del control de la natalidad."[144]

Todo esto hace que no nos extrañe que algunas investigaciones aparezcan vinculadas a historias clínicas médicas, como la pionera muy destacada de Serrano Vicens. [145] Este doctor tomó datos demostrativos de que el coito preconyugal era realmente bajo entre la alta sociedad y la clase media, y excepcionalmente alto entre la clase baja.

El estudio que realizó en 1970 Nicolás Caparrós, estructurado como encuesta realizada en el distrito universal de Madrid, obtuvo resultados acordes con los de Serrano Vicens en lo que respecta a la relación entre coito preconyugal y clase social. [146]

Por su parte, en un trabajo de Rodríguez Echevarría[147] sobre los adolescentes españoles, se destaca que solamente un 17 por 100 de los hombres y un 3 por 100 de las mujeres habían tenido relaciones sexuales, si bien es cierto que a partir de los 17 años crece el porcentaje, llegando a ser el 25% entre los que tienen diecisiete años o más.

La última encuesta realizada en la época data de 1980, a los que se le preguntó a todos los que no estaban casados por su

---

[144] Del CAMPO, Salustiano y NAVARRO, Manuel. *Análisis sociológico de la familia española*. Barcelona: Editorial Ariel, 1985, p. 93.

[145] SERRANO VICENS, R. *La sexualidad femenina*. París: Ruedo Ibérico, 1971.

[146] CAPARRÓS, N. *Crisis de la familia. Revolución del vivir*. Buenos Aires: Ed. Kargieman, 1973.

[147] RODRÍGUEZ ECHEVARRÍA: *El adolescente español*. Madrid: Instituto de la Juventud, 1975.

vida afectiva y sexual según los *ítems* de una pregunta similar utilizada en una investigación francesa de referencia. Lo primero que destaca es, lógicamente, el alto nivel de negativas a contestar en comparación con la encuesta francesa, aunque dada la reserva y falta de costumbre que se estilaba en la época, parece no obstante un éxito aceptable. En la encuesta, del total de los entrevistados no casados un 41% declara algún tipo de relación sexual que, por definición, se producen al margen del matrimonio. Aunque en este total hay incluidos 21 casos de separación, el peso principal le corresponde a los solteros de todas las edades, entre los cuales el 58% declara un comportamiento de esa clase.

En esta encuesta son evidentes dos desviaciones notables: entre los españoles hay algunos más que no tienen ninguna relación sentimental ni sexual y un 9 % que declara tener un compromiso amoroso con relación sexual, pero sin proyecto concreto de matrimonio.

La encuesta realizada en 1982 sobre *Experiencia sexual según la edad*, nos dice que un 61% de los jóvenes entre 14 y 18 declararon tener alguna relación sexual, aunque fuese esporádica y tan sólo un 11,9 % de los que contaban de 19 a 24 años afirmaron no tener ninguna, mientras que practicaban bastante o habitualmente un 41,5 por ciento. No obstante, los datos de mayor internes son los del primer grupo de edad, ya que en los del segundo se da una proporción significativa de casados. Aun así, parece existir una experiencia sexual relativamente alta entre los jóvenes de la muestra.

Los cambios de actitudes y comportamiento, actualmente ya cristalizados entre los jóvenes, son muy importantes en comparación con las generaciones anteriores y todo parece indicar que la juventud española no era muy diferente del resto de Europa. Empero, la evaluación exacta del cambio generacional acaecido durante este período es difícil establecer, debido a que se desconoce en rigor el comportamiento sexual prematrimonial de las personas casadas de mayor edad y dado que la obtención de un información de este tipo tropezaron con los prejuicios, la reserva de la intimidad, e incluso la fragilidad de la memoria.

8.3. Las relaciones prematrimoniales en el cine

8.3.1. Las relaciones prematrimoniales en el cine de la Transición

La primera película que encontramos que trate directamente este tema es la obra de Fernando Merino *Préstame quince días* (1974). En esta película se narra la historia de un emigrante que, a la vuelta al pueblo, decide contratar a una cabaretera para que se haga pasar por su mujer. En ningún momento vemos las "pecaminosas" relaciones prematrimoniales entre Concha Velasco y Alfredo Landa –aunque sí con su proxeneta, José Luis López Vázquez–, debido al pacto hecho entre ellos, pero la repercusión social de las mismas, en el pueblo, nos hacen ver el nivel de preocupación por este tipo de actos.

La ilusión de Lola Gaos, la madre, es que su hijo le dé nietos, por lo que le prepara un bebedizo con el fin de que se anime a procrear, pero un trato es un trato y él tiene que reprimir sus instintos para no atacar a Concha Velasco.

Finalmente, consiguen casarlos, una vez que Concha Velasco se ha dado cuenta de que su proxeneta sólo se aprovecha de ella y que quiere realmente a Alfredo Landa. El cura los casa mientras dice que el matrimonio es para consumarlo.

Otra película a destacar es *Tormento* (1974), de Pedro Olea. El deterioro de las relaciones entre la Iglesia y el Estado que se da al final de la dictadura del general Franco, hace posible la realización de algunas películas basadas en famosas novelas españolas, pero que se apoyan en relaciones amorosas entre mujeres y sacerdotes. En 1974 se producen *Pepita Jiménez*, rodada por Rafael Moreno Alba sobre la obra de Juan Valera, *La Regenta*, realizada por Gonzalo Suárez sobre la gran novela de Leopoldo Alas, y *Tormento*, dirigida por Pedro Olea sobre la obra de Pérez Galdós.

La mejor de todas es *Tormento*, que marca el comienzo de las relaciones entre el productor José Frade y el director Pedro Olea, con la que inician una atractiva trilogía con *Pim, pam, pum... ¡Fuego!* (1975), que narra las relaciones entre una corista, un maqui y un estraperlista en la más dura posguerra, y *La Corea* (1976), sobre el submundo de homosexuales, prostitutas y chulos del Madrid de la época, que enlaza con la primera al comenzar con una escena en que el protagonista llega a la capital y se encuentra con el rodaje de *Tormento* en la estación de Atocha. Aunque la película más interesante que hacen juntos es *Un hombre llamado Flor de Otoño* (1978), que ya analizamos en el capítulo dedicado a la homosexualidad y cuenta la historia de un abogado barcelonés que en los años veinte, durante la dictadura del general Primo de Rivera, de día defiende a los sindicalistas con problemas y de noche canta cuplés vestido de mujer en un cabaret.

Tormento narra la llegada del indiano de mediana edad Agustín Caballero (Francisco Rabal) a Madrid, a casa de sus primos Brincas, la ambiciosa Rosalía (Concha Velasco) y Francisco (Rafael Alonso), y su atracción por Amparo (Ana Belén), que trabaja en su casa como criada. Amparo ha mantenido una difícil relación con el sacerdote Pedro Polo (Javier Escrivá), que lo ha llevado a colgar los hábitos, pero la dificultad de la relación ha obligado a la muchacha a romper con él, aunque sigue persiguiéndola.

Agustín Caballero se entera de la historia amorosa que Amparo no se ha atrevido a contarle, mientras se pone en contacto con Marcelina Polo (Amelia de la Torre), una hermana del sacerdote que le entrega unas cartas comprometedoras para la muchacha.

Gracias a la ayuda de Francisco Brincas y, sobre todo, al buen juicio de Agustín Caballero se entrevista con la muchacha. Ella le cuenta que siendo muy joven, tras la muerte de sus padres, el sacerdote Pedro Polo comenzó a socorrerla, se enamoró perdidamente de ella y no hizo nada por impedírselo, pero su estado la obligó a dejarle, y que no se atrevió a contarle la historia en el momento adecuado. Ante la desesperación de su prima, Agustín Caballero no decide dejar a Amparo, sino poner tierra de por medio e irse de Madrid con ella.

El propio Pedro Olea filma en 1975 *Pim, pam, pum. ¡Fuego!* Esta cinta se sitúa hacia el año mil novecientos cuarenta y narra la historia de una corista, Paca (Concha Velasco), que vuelve a Madrid en el tren, tras una gira por provincias. En el mismo coche viaja Luis (José María Flotats), un chico joven que la invita a pan blanco. Ya en Madrid intiman y ella le refugia en su casa, ya que él no tiene documentación y esto le impide dormir en cualquier pensión. La Compañía de revistas en la que trabaja Paca se disuelve y ella tiene que buscar otro trabajo. Buscándolo, consigue cantar en un café, pero Julio, hombre situado que la persigue, influye en el dueño del local par que la despida y así poder ayudarla más a cambio de favores. Ella acaba aceptando el piso de querida, y mantener relaciones con ambos.

Un año después, en 1976, Ricardo Franco realiza *Pascual Duarte*. En esta adaptación de la obra de Camilo José Cela encontramos un caso de relación prematrimonial, la que tienen Pascual y su novia. De hecho, el cura les acusa de mantener relaciones sexuales antes del matrimonio, lo que les lleva a pasar por la vicaría.

Diego Galán opinaba sobre esta película: "Es mérito especial del director no sólo la elección de actores cuyos rostros no demasiado conocidos dan, si cabe, mayor veracidad a la película, sino también haberles sabido sacar partido máximo sin llegar a forzarles. Lo es así mismo la elección de paisajes y ambientes naturales que la fotografía ha sabido reunir en un conjunto ala vez expresivo y trágico.

Se ha suprimido una parte de la anécdota, como el viaje a Madrid y algunas muertes. Alguna escena de amor ha cambiado de lugar, mas a pesar de todo, cuando la historia acaba con la secuencia impresionante de la muerte, puede decirse que el espíritu original de la obra no se ha perdido, ni en esa muerte que el autor apunta en el epílogo del libro, ni en ese Pascual que conocemos desde niño, ni en la novia, ni en la hermana, ni en el acento extremeño que subraya y llena de encanto especial todo el diálogo como aportación del cine a la novela, a través del sonido directo. Por supuesto que hubiera sido más fácil recurrir a la socorrida *voz en off* para explicar aún más el drama de Pascual, pero aparte de romper la estructura bien diáfana del film, concebido en grandes silencios, en espacios concretos y en ritmo lento, el buen arte de José Luis Gómez no lo merecía." [148]

En 1976, el prolífico actor, director y escritor Femando Fernán-Gómez, sorprende a crítica y público con *Mi hija Hildegart*. Pero no podemos hablar de la película sin comenzar a hablar del personaje real.

En la madrugada del 9 de junio de 1933, Aurora Rodríguez Carballeira mató a su hija Hildegart de varios disparos a bocajarro. El criminal suceso conmocionó a la sociedad madrileña por las singulares características de Hildegart, que era una joven de diecisiete años, dotada de una extraordinaria precocidad intelectual y famosa militante socialista, con una intensa vida de conferenciante y publicista entre 1930 y 1933, el año de su muerte. Su vida pública empezó con el final de la dictadura de Primo de Rivera y, siendo tan sólo una adolescente, su

---

148 FERNÁNDEZ SANTOS, J. "Fidelidad imaginativa en *La familia de Pascual Duarte*. *El País* (02-05-1976).

nombre aparecía unido al de aquel grupo de mujeres que descollaban por su lucha a favor de la libertad de la mujer durante los años veinte y los de la República, mujeres de la talla de Victoria Kent, Margarita Nelken, María de Lejárraga, María de Maeztu y Concha Peña, entre otras.

La historia cuenta la relación entre una madre y su hija cuya único fin es la *redención* del género femenino, en particular, y del proletariado en general.

El caso fue seguido desde las páginas del periódico anarquista *La Tierra* por Eduardo Guzmán. En la obra *Aurora roja* de dicho periodista, testigo directo del asunto, se basa el guión (Rafael Azcona-Fernando Fernán-Gómez) de la película *Mi hija Hildegart*.

El movimiento feminista, pese a que en España llevaba un acusado retraso con respecto a los de los demás países de nuestro entorno, experimentó un notable avance en las primeras décadas del siglo XX, gracias a la aparición de nuevos centros educativos, como la Residencia de Señoritas y el Instituto-Escuela de Segunda Enseñanza, o de asociaciones como el Lyceum Club. En ellos se formó un pequeño y selecto grupo de mujeres que procedentes en su mayor parte de familias acomodadas y con mentalidad liberal, lucharon por la promoción de la mujer.

La educación aparecía como la llave para cualquier conquista porque España, país mayoritariamente analfabeto, la mujer daba precisamente los porcentajes más altos –en Madrid un 11 por ciento frente al 2 por ciento de los varones–. También se luchaba por el derecho al voto y por la liberación sexual mediante el control de natalidad.

Hildegart fue una de aquellas mujeres que colaboraron de lleno en dicha acción cultural, hablando y escribiendo sobre los temas de mayor interés polémico, como el de la liberación sexual –y el que más trata la película–, que llevaba aparejado el del control de la natalidad y la abolición de la prostitución. De su folleto *La revolución sexual* llegaron a venderse en Madrid, en tan sólo una semana, 8.000 ejemplares.

Ya famosa Hildegart en toda España, su nombre traspasó las fronteras. Miembro activo del *World League for Sexual Reform*, mantuvo intensa correspondencia con el presidente honorario de la mencionada organización, el conocido sexólogo Havelock Ellis. Hildegart fue cofundadora y secretaria de la Liga Española para la Reforma Sexual, de la que formaba parte prestigiosos doctores y hombres de ciencia, y su casa de Galileo 57 fue la sede social de la revista *Sexus*, patrocinada por la Liga. Hildegart tuvo que abandonar esta asociación por los enfrentamientos tan radicales que su madre tuvo con los miembros de la misma: para un control efectivo de la maternidad, proponía la vasectomía temporal de todos los hombres al llegar a la pubertad. Sólo cuando estos tuvieran 36 y 38 años podrían fecundar a la mujer. Luego se volvería a practicar una vasectomía definitiva.

La madre de Hildegart, Aurora Rodríguez, cumplió su proyecto de moldear la personalidad de su hija hasta extremos tales, su influencia llegó a ser tan fuerte, que realmente cabía preguntarse dónde terminaba el pensamiento de una y comenzaba el de la otra. El mismo dirigente socialista Julián Besteiro dijo de Hildegart que era "más bien un caso de dualidad incomprensible que de individualidad suelta, como son todas las chicas. En la Universidad me causó una incomprensión contradictoria. En los estudios es sencillamente, formidable, pero este fenómeno de ir tan pegada a su madre me evoca la imagen de una cría de canguro encapsulada en bolsa invisible y con el cordón umbilical intacto, canal de una hipertrófica comunicativa gigante de dirección única."[149]

La ruptura entre la madre y la hija se produce cuando a los diecisiete años, la joven quiso *cortar el cordón umbilical*, la

---

149 VALCARCEL, Isabel. "Mi hija Hildegart". *Nickel Odeon*, (Madrid), (Invierno, 1997), p. 26-28.

madre no lo consintió. Hildegart había venido al mundo para luchar por la libertad de la mujer, y perdió la batalla en su lucha por conseguir la suya propia.

Sobre la película opina Isabel Valcárcel: "Cuando la joven militante, ya en el Partido Federal, quiso vivir a fondo aquella etapa republicana a través de mítines y artículos de prensa, cuando quiso disfrutar de sus amistades sin la presencia de la madre, cuando quizá.... quiso enamorarse, su madre, víctima de una paranoia (reconocida por todos los médicos que la examinaron), se lo impidió: «Fue en mayo cuando mi hija decidió separarse de mí... Yo pretendí, por último que mi hija abandonase todo: política, estudios ¡todo!, y que se dedicase sólo a mí. [...] Hildegart quería librarse últimamente de mi tutela espiritual. Y sin ella no podía trabajar... Fue ella la que murió. La verdadera inmolada soy yo. [...] La maté conscientemente. Estoy contenta delo que hice. Vivo feliz. Quiero ser vituperada y no compadecida."

Mi hija Hildegart muestra en sus imágenes finales la puesta en libertad de presas en Madrid, en los inicios de la guerra civil, julio de 1926. Y entre ellas, a la madre asesina dela joven Hildegart. Y deja planteada una incógnita: a partir de aquel momento... ¿Qué fue de Aurora Rodríguez?"[150]

En este film, vemos una de las secuencias más duras respecto al control ejercido por una madre, hacia su hija para evitar que tenga relaciones sexuales prematrimoniales.

Una vez que va a salir Hildegart a ver a Villena, la madre escribe su nombre varias veces sobre su cuerpo. El fin de este hecho es comprobar si Hildegart está manteniendo relaciones sexuales, pues si una marca desaparecía, sería señal de que era una "perdida". La situación llega a tal extremo que la madre la persigue y vigila, llegando al extremo que todos conocemos, su asesinato.

---

150 VALCÁRCEL, Isabel. "Mi hija Hildegart". *Nickel Odeon*. (Madrid), (Invierno, 1997), p. 28.

Este mismo año, se estrena *Soldados*, una magnífica película del poco prolífico director Alfonso Ungría.

Libre adaptación de la novela *Las secretas intenciones*, *Soldados* está situada temporalmente en marzo de 1939, y narra la huida hacia Alicante de un grupo de soldados republicanos. Su encuentro con unas prostitutas da lugar a que los personajes recuerden sus vidas.

Respecto a este tema dice Norberto Alcover: "Todas ellas coinciden en mostrarnos a un grupo humano, perteneciente a la burguesía media con alguna incrustación de pueblo bajo, en la más completa descomposición psicológica, como resultado de unas vivencias –más individuales que colectivas– adversas por desagradables. [...] Realmente, era difícil reunir en tan breve espacio de tiempo un conjunto humano tan hundido, hasta producirnos, como veremos, una mezcla de conmiseración y de censura.

[...] No estamos ante el auténtico planteamiento sociológico de una clase en cuanto tal, sino ante la caricatura de la misma a través de varias anécdotas particulares. [...] La única consecuencia es una especie de pública confesión a cargo de este grupo de fugitivos republicanos, como solicitando nuestra afable benevolencia. Y, como decíamos, lo que sentimos es conmiseración por todas sus desgracias, pero también censuramos su incapacidad para la rebeldía y, en algunos casos, hasta nos repugna su pobre talla moral."[151]

Es en 1978 cuando Fernando Colomo comienza a sentar las bases de la nueva comedia al realizar *¿Qué hace una chica como tú en un sitio como éste?*, donde narra la historia de Rosa (Carmen Maura), una mujer casada con dos niños y separada de su marido, Jorge. Su vida es su peluquería en la que trabaja y sus niños, con los que vive. Jorge aparece de vez en cuando

---

[151] ALCOVER, Norberto. "Soldados". EQUIPO RESEÑA. *Cine para leer 1978*. Bilbao: Mensajero, 1979, p. 307.

por su casa o por la peluquería, tratando siempre de extorsionarla de alguna manera.

A través de Mary, una de sus empleadas, entra en contacto con un mundo totalmente desconocido y extraño para ella, el mundo del rock. Allí conoce a Tony, joven cantante de un grupo que tiene problemas con la policía. "Enamorado" es un policía que conoce, por una parte a Jorge por sus oficios de chivato, y por otra a Rosa, de la que está enamorado desde siempre. Rosa tendrá una aventura amorosa con Tony; enterado Jorge le quita a los niños. Rosa, decidida a recuperar a sus hijos, llama a Jorge y le invita a cenar, prometiéndole a aceptar todas sus condiciones. Terminada la cena bajan los dos a la peluquería, donde Rosa, según le dice, tiene preparada una sorpresa para él.

Para José Enrique Monterde, este tipo de comedia "progre", va "jugando hábilmente a una mezcla de identificación y distancia irónica respecto a unos personajes, sin embargo tan próximos y queridos como los de Garci."[152]

Bigas Luna realiza en 1978 la película *Bilbao*, y partiendo de un ambiente moderno y discotequero. Esta película se realizó con el apoyo que prestaron Ferreri, Fassbinder y Berlanga. Ángel A. Pérez Gómez escribía "en España, [...] estamos padeciendo un cine erótico-pornográfico, tanto nacional como extranjero, de baja estofa. [...] *Bilbao* se aparta de este cine con nitidez. *Bilbao* es la narración de una obsesión, contada con estilo a su vez obsesivo. Leo, un joven al parecer de buena familia, vive en un apartamento donde realiza y colecciona una serie de objetos de carácter marcadamente fetichista."[153]

Bilbao narra la historia de Leo, un maníaco que se encapricha con una prostituta mientras vive, en una relación difícil de catalogar con María.

---

[152] MONTERDE, José Enrique. *Veinte años de cine español. 1973-1992.* Barcelona: Editorial Paidos, 1993, p. 137.

[153] PÉREZ GÓMEZ, Angel A. "Bilbao". EQUIPO RESEÑA. *Cine para leer 1978.* Bilbao: Mensajero, 1979, p. 136.

Leo, deja y coge a su compañera según le vaya con Bilbao, pero en cambio, María es vigorosa y le recibe sexualmente.

Sin saber muy bien cómo, obviamente a causa de la paliza que le propia Leo, Bilbao está muerta, y es María la que le ayuda a deshacerse del cadáver. Casualmente ambas amantes es la primera vez que están juntas, nunca se llegan a ver vivas.

Bigas Luna la encuadra dentro de su época negra, y aclara que habla del mundo objetual. Siendo el objeto Bilbao, uno más para la colección de Leo. El propio autor la denomina como de "erótica frialdad", pues "el único momento en el cual él se muestra con cariño es cuando ella está muerta atada a la silla."[154]

En su siguiente película, *Caniche* (1979), también encontramos un caso relación prematrimonial, aunque con personajes considerablemente adultos. La relación existe entre el veterinario, Alberto, y la protagonista, pero se plasma con naturalidad. La ausencia de moralina hace que esta relación pase de largo y tampoco signifique nada dentro de la moral general de la trama.

En 1979 realiza Manuel Gutiérrez Aragón *El corazón del bosque*. Esta película, situada en 1.952 cuenta el momento en el que el mítico "El Andarín", baja a la verbena.

Una niña le mira con sus grandes ojos. Unos años más tarde aquella niña se convierte en una hermosa mujer, Amparo, enamorada del noble "maquis". Pero "El Andarín" es ya un ser señalado por el destino como perdedor. Refugiado en lo más intrincado de un hermoso bosque se ha convertido en una fiera acosada. Amparo ve con alegría la vuelta al hogar –tras varios años de exilio– de su hermano Juan. Éste viene a rescatar al "Andarín", convencerle de que deje el monte y se ponga a salvo lejos de allí. Juan ignora las relaciones que su hermana ha mantenido con "El Andarín".

---

154 Comentarios de Bigas Luna en los extras del DVD editado por El País.

La película tuvo buena acogida de la crítica, "[...] Manuel Gutiérrez Aragón, el director más sólido hasta ahora de su generación, ha tomado sobre sus hombros el peso de explicarnos una historia de nuestra propia historia espejo de un tiempo presente aún, centrada en una región que conoce bien, más allá de los límites del tiempo. Como toda realidad viva, al pasar de los términos concretos al terreno e la pura narración la ha dotado de un aire de leyenda. Como en el laberinto de los bosques de la infancia, así vamos, paso a paso, descubriendo el verdadero sonido del relato, de sus personajes malditos o entrañables, de un tiempo, en fin, partido en dos mitades, a la vez miserable y violento..."[155].

Sorprendió Iván Zulueta con su película Arrebato en 1980. Nace el film con la ayuda incondicional de los actores Eusebio Poncela, Cecilia Roth y Will More, el director de fotografía Ángel Luis Fernández y el productor ejecutivo Augusto M. Torres.

Contada a través de una sucesión de *flashbacks*, dentro de otro *flashback* general, una gran parte de *Arrebato* se desarrolla durante la noche en que, tras finalizar el montaje de *La maldición del hombre lobo*, su más reciente película, José Sirgado llega a su casa y se encuentra con su escamante argentina y protagonista de sus últimas producciones Ana Turner (Cecilia Roth) y con un paquete de Pedro donde le manda sus nuevas experiencias cinematográficas y una *casette* con unas minuciosas explicaciones. Durante una noche en la que hay más de la heroína que llegó a separarles que del sexo que les unió, José Sirgado ve las películas y oye la *casette* junto a Ana Turner, mientras recuerda cómo conoce a Pedro y queda fascinado por su extraña personalidad.

Dejando al margen algunos fallos de punto de vista, debidos a que la última parte constituye el corto autónomo inicial,

---

[155] FERNÁNDEZ SANTOS, Jesús. "De corazón a corazón". *El País*(30-11-1979).

Arrebato finaliza con la explicación de cómo Pedro ha descubierto que su cámara de super-8 con temporizador se ha convertido en un vampiro más poderoso y destructivo que la propia heroína. Fascinado por la experiencia de su amigo, José Sirgado abandona a Ana Turner para comprobar cómo Pedro ha muerto a manos del cine, o más bien ha desaparecido vampirizado por su cámara, y suicidarse también él de la misma forma.

Y opina Augusto M. Torres en su obra *El cine español en 119 películas* que: "A través de unas imágenes con un especial atractivo, fruto a todos los niveles de la poderosa imaginación de Zulueta, *Arrebato* plantea una curiosa reflexión sobre las relaciones entre cine, vampirismo y droga. Al mismo tiempo, describe con particular eficacia un caso de autodestrucción, encerrado en una exaltación de las drogas y una terrible apología del suicidio: fascinado y atraído por Pedro, un homosexual que como Peter Pan se niega a envejecer, José Sirgado prefiere suicidarse a unirse a él en la muerte antes que seguir viviendo con Ana Turner al borde del abismo de las drogas.

Estrenada de mala manera a principios del verano de 1980, *Arrebato* pasa desapercibida salvo para unos cuantos, pero poco a poco, y gracias a su exhibición en circuitos paralelos, llega a convertirse en lo que se denomina una *película de culto*. Sin embargo, su particular defensa del mundo de la droga y el puritanismo de algunos festivales dificulta su difusión a escala internacional, al tiempo que se convierte en un grave escollo en la carrera de sus protagonistas y su director." [156]

Ya en su estreno convulsionó a la crítica. Muestra de ello es la crítica escrita por José Enrique Monterde para *Dirigido por...*: "Extrañado y fascinado –¿arrebatado?– por la segunda película estrenada comercialmente por Iván Zulueta, *Arrebato*, me creo obligado a ir más allá de una primera constatación:

---

156 TORRES, Augusto M. *El cine español en 119 películas*. Madrid: Alianza, 1997, pp. 326-329.

se trata de uno de los pocos films insólitos surgidos en el seno de la cinematografía española en mucho tiempo[...]. En todo caso, saludemos la aparición en el cine español de un cineasta consciente de la capacidad epifánica del cine, de su posibilidad de explicarnos muchas más cosas de las que a primera vista nos parece contemplar, de la primacía de la mirada interior sobre el exterior, de la magia de un medio de expresión que aún no ha agotado todas sus virtualidades expresivas."[157]

En el mismo 1980, Luis Alcoriza realiza *Tac*-Tac, otro ejemplo del control materno sobre las chicas jóvenes de la época. En *Tac-tac* se cuenta la historia de Verónica, una joven doctora, bien situada profesionalmente, hija de un médico que pertenece a una acomodada familia de clase media. Verónica tiene muchos amigos y entre ellos uno más antiguo, que vive en Ginebra y que se quiere casar con ella. Un día conoce a Ángel, un apuesto muchacho que adora a los caballos y que se enamora de Verónica; ella le corresponde, pero ambos van a sufrir una terrible experiencia.

Ya en las primeras secuencias, vemos cómo su madre regaña con su padre porque la niña se va "a las doce y... con la de atracos que hay". En primera instancia vemos reflejada la crítica al machismo que hace la película, pero continúa en el hospital cuando uno de los médicos, mientras hablan de la posibilidad de aumentar la plantilla con mujeres protesta: "Aquí quien se va a atrever a ser operado por una mujer".

Otro ejemplo de educación tradicional es cuando el padre (Héctor Alterio) sorprende a su hija bañándose con la puerta abierta. Él se sulfura y le regaña.

Nuestra protagonista manifiesta su libertad sexual y la necesidad de un cambio en las estructuras establecidas cuando, tras conocer Leonardo y, eso sí, establecer una relación, le pide que se acueste con ella para así comprobar cómo andan

---

157 MONTERDE, J. E. "Arrebato". *Dirigido por...* nº 82 p. 63.

por el terreno sexual. Ella hace de doctora cómplice con una enfermera, muy humana. Otra muestra de su militancia anti-matrimonial, la vemos cuando va con los amigos a la sierra, donde las bases de su conversación son la ridiculización del hombre y la crítica al sacramento del matrimonio diciendo: "Seguís juntos porque un cura os dijo «Hasta que la muerte os separe»."

Las teorías feministas de la protagonista, se ven fortalecidas debido al intento de violación por parte de Leonardo, bruscamente éste consigue violarla.

Las mayores frustraciones las recibe cuando un amigo abogado, le dice que si denuncia la peor parada sería ella, debido a que "tiene pasado". Así como cuando le tiene que mentir a sus padres y decirles que la han atracado.

Ella está decidida a denunciarlo, pero una amiga, icono de lo tradicional se lo reprocha diciendo: "Imagínate el escándalo..."; aunque ella sigue en su empeño contestándole: "Las leyes no pueden estar hechas sólo para las vírgenes".

Sus artimañas tienen efecto cuando el violador le pide perdón, ella acepta e intiman. Entonces es cuando se hace realidad su sueño; lo duerme y lo castra, purgando así sus pesadillas.

En el mismo año, realiza Manuel Gutiérrez Aragón una de sus películas más aplaudidas, *Maravillas*. Esta película mete en el mundo de Maravillas, una chica de quince años a quien su viejo padre roba dinero para sus pequeños vicios eróticos. Afortunadamente, Maravillas tiene unos antiguos padrinos —de origen judío sefardita— que la visitan y la miman. Cuando Maravillas era pequeña, al que más quería de ellos era a Salomón y este fue obligado a no ver más a Maravillas cuando los otros padrinos descubrieron que había sometido a la niña a una peligrosa experiencia. La vuelta de Salomón, años más tarde, supone para la chica entrar en contacto con el amor y el sexo: efectivamente, con Salomón viene un chico que pasea por el mundo un show teatral sobre la vida de Caryl Chessman, el bandido americano.

El propio autor comenta de su película: "Creo que en *Maravillas* conseguí llevar los límites del realismo más lejos que en otras de mis películas, pero siempre sin salirme de la realidad. Es una especie de realidad irreal, quizás la suma de realidades diferentes y contrapuestas. Esto es lo que más se acerca a mi concepto el cine y del realismo. Cervantes también hizo eso en el *Quijote*. Nunca pensé en esta novela a propósito de la quema de revistas pornográficas, pero la actitud moral de los censores es aquí la misma que la que tenían el cura y el barbero de Cervantes contra los libros de caballería. [...] Por aquel entonces buscaba un cine lo más libre posible de ataduras narrativas, me interesaban los contrastes y las paradojas del comportamiento, el choque de diferentes hilos argumentales que se entrecruzan. Quería explorar las contradicciones de la realidad, la mezcla de personajes y de ambientes, la inversión de las convenciones sociales y los sinsentidos de muchas de nuestras actitudes. De todo eso nace la telaraña narrativa que da forma a la película."[158]

A este respecto, expone Heredero que "Habitada por personajes que pertenecen al mundo real y, al mismo tiempo, parecen moverse en un espacio mágico (como sucede igualmente en *El Quijote*), la película utiliza de forma reiterada un procedimiento al que Gutiérrez Aragón es muy aficionado: la inversión deliberada de roles sociales establecidos para dejar al descubierto, mediante este recurso, los mecanismos sobre los que funcionan aquellos. Así sucede, en este caso, con las relaciones entre el padre y la hija (en torno al dinero, los horarios, la comida, el pelo, etc.), pero también en las relaciones sexuales (Maravillas hace el amor poniéndose siempre encima de los chicos) y hasta en la escena de la confesión, donde Pirri

---

158 HEREDERO, Carlos F. *Cuentos de magia y conocimiento. El cine de Manuel Gutiérrez Aragón*. Burgos: Altafilms, 1998, p. 54.

desmonta con lógica inversa la sociología de manual que el sacerdote insiste en aplicar."[159]

Opera prima (1980), precisamente la primera obra de Fernando Trueba, cuenta la historia de un personaje del momento que se encuentra y se enamora de su prima, justamente la vecina del barrio de la Ópera. Como señala Fernández Santos: "Su actitud ante el amor, frente a la confusión de una generación con la que no se identifica, desorientada, cuando no preocupada por problemas banales hace que su presencia destaque sobre ese mundo en torno que navega a medias entre la indiferencia de no hacer nada por nada y una atonía cercana a la ignorancia. [...] Matías, es decir, Trueba y Ladoire, viene a decirnos que el verdadero modo de encontrarse a sí mismo siempre está en uno mismo, por encima de cualquier circunstancia, que el sexo es poca cosa sin amor, que en el naufragio actual de ritos, magias y fetiches cada cual prevalece según su capacidad de mirar el propio yo, haciendo saldo de aciertos leves y parciales derrotas." [160]

En la película, como vemos, Matías se encuentra a su prima Violeta, a la que no veía desde hacía tiempo y con la que había mantenido un pequeño romance infantil. Primo encuentra a prima en la plaza de la Opera, y las relaciones que se establecen entre ambos, celos, euforias y demás, constituyen el núcleo central de la historia.

Dos años después, impacta en el panorama cinematográfico nacional la película *Demonios en el jardín*, de Manuel Gutiérrez Aragón. Tras un prólogo, situado en 1942 en el pueblo de Torre del Valle, –donde se narra cómo Gloria (Encarna Paso), la propietaria de la tienda de coloniales "El Jardín", se ocupa de los preparativos de la boda de su hijo Óscar (Eusebio

---

159   HEREDERO, Carlos F. *Cuentos de magia y conocimiento. El cine de Manuel Gutiérrez Aragón*. Burgos: Altafilms, 1998, pp. 58-59.
160   FERNÁNDEZ SANTOS, J. "Testimonio y simpatía". *El País* (02-05-1980).

Lázaro) con la bella Ana (Ana Belén), mientras su otro hijo Juan (Imanol Arias) piropea a la novia, se pelean con su hermano y engendra un hijo con su prima Ángela (Ángela Molina)–, *Demonios en el jardín* desarrolla de manera muy particular esta inicial e intensa situación dramática.

Tras el título "Años después", prosigue la historia a principios de los años cincuenta. La solitaria prima Ángela vive con su hijo Juanito (Álvaro Sánchez-Prieto) en una apartada casa a mitad del campo, pero su abuela Gloria consigue convencerla de que lo deje vivir con ella, porque estará mejor atendido, y además el matrimonio entre Óscar y Ana no ha dado ningún fruto. Sin embargo, el niño no tarda en caer enfermo, se convierte en el centro de la vida familiar y consigue todos sus antojos gracias a su abuela, su tía y su madre.

A través de los ojos de Juanito, un débil niño con fiebres reumáticas, cuidado con mucho cariño por todos, se describe el peculiar mundo de la tienda de ultramarinos y el estraperlo que enriquece a su familia, el enfrentamiento entre su tía y su madre por culpa de Juan y también de su abuela, mientras cada vez llegan más fuertes los ecos de la vida de su padre, que trabaja al servicio del general Franco y siempre tiene problemas económicos.

Nos dice Torres, que "[...] el personal humor de Gutiérrez Aragón sazona la historia y hace que algunas escenas, en principio secundarias, lleguen a ser lo mejor de *Demonios en el jardín*. Por ejemplo aquella donde el general Franco va a inaugurar un cercano pantano; entre su numeroso séquito se encuentra Juan, toda su familia va a verle y Juanito por fin consigue conocer a su padre y al *Caudillo*, pero queda tan defraudado cuando descubre que es camarero, que se niega a saludar a Francisco Franco.

Además, mientras Juanito descubre las intrigas familiares, – cómo Ana se convierte en la amante de Juan y acaba pidiendo a Ángela que se case con él para tenerle siempre cerca, que la tranquilidad vuelva a "El Jardín" y el negocio familiar tenga un heredero–, crece su interés por las películas. Gracias a la amistad de su familia con el proyeccionista (Pedro del Río) del cine del pueblo, Juanito ve desde la cabina de proyección un NO-DO para conocer al general Franco y a su padre, pero también ve bailar a Silvana Mangano el famoso bayón de *Ana* (Anna, 1952), de Alberto Lattuada, y su tía Ana le cuenta algunas películas."[161]

Por último, debemos analizar *La Colmena* (1982), de Mario Camus, donde nos encontramos a la pareja de novios que no se casa nunca y que mantiene relaciones sexuales esporádicas.

La pareja, protagonizada por Victoria Abril y Emilio Gutiérrez Caba se encuentra con un problema que, aunque reflejado en la primera mitad del siglo y encontrándonos en la segunda, resulta ser coetáneo; no tenían dónde mantener relaciones sexuales. Por ello, acuden, en principio vergonzosamente a la casa de citas. El primer encuentro es fiel ejemplo y crítica de la moralidad tradicional, ambos, se acuestan con ropa, pero, aunque atenazados por la vergüenza se la van quitando. Ella le pide que apague la luz, y entonces se desinhiben. El contraste de imágenes es tremendo cuando posteriormente vemos el dormitorio de la chica, y vemos cómo lo preside un santo sobre la cama.

Los problemas sobre trabajo que tan en boga están por la época, se ven reflejados en la causa por la cual los novios no se casan; ambos esperan que el novio apruebe las oposiciones a notarías. Él, intentando exculparse del "pecado" que están cometiendo, le echa la culpa al Gobierno por no convocarlas.

Otras películas que también tratan el tema de las relaciones prematrimoniales son: *El amor del capitán Brando* (Jaime de Armiñán, 1973), *Tocata y fuga de Lolita* (Antonio Drové, 1974), *Furtivos* (Pedro Masó, 1975), *Emilia, parada y fonda*

---

161 TORRES, Augusto M. *El cine español en 119 películas*. Madrid: Alianza, 1997, pp. 349-352.

(Angelino Fons, 1976), *La miel* (Pedro Masó, 1979), o *Colegas* (Eloy de la Iglesia, 1982).

8.4. Conclusiones

Durante los años sesenta, y debido a los grandes movimientos sociales de aquellos tiempos, nace un enfrentamiento entre diversos miembros de la Iglesia católica respecto a lo "pecaminoso" de las relaciones prematrimoniales. El papa, por su parte, condena en 1968 cualquier tipo de relación sexual que no tenga como fin último la procreación. Mientras tanto, en España, el documento *Matrimonio y familia* editado en 1979 por el episcopado se posicionaba totalmente en contra de las relaciones puramente placenteras y, sobre todo, antes del matrimonio.

La sociedad, desde luego, iba por otro lado. En las encuestas realizadas se veía una creciente tendencia hacia la normalización de las relaciones sexuales fuera del sacramento del matrimonio, aunque aún quedaban muchas opiniones conservadoras que condenaban tales prácticas.

Esa normalización se ve reflejada claramente en el cine. Encontramos dos formas claras de plasmar las relaciones prematrimoniales. La primera sería la más conservadora, aunque en la mayoría de estas películas lo que se hace es una crítica hacia el repudio que muchas mujeres vivieron a consecuencia de haber mantenido relaciones fuera del matrimonio. Ejemplos claros de estas películas serían: *Tormento* (Pedro Olea, 1975), *Mi hija Hildegart* (Fernando Fernán-Gómez, 1976), *El corazón del bosque* (M. Gutiérrez Aragón, 1979) o *Demonios en el jardín* (M. Gutiérrez Aragón, 1982).

Otra posición es la de la normalización, donde las relaciones prematrimoniales se observan de una forma normal, sin escándalos ni prejuicios. Películas de este tipo serían: *Pascual Duarte*

(Ricardo Franco, 1976), *Soldados* (Alfonso Ungría, 1976), *¿Qué hace una chica como tú en un sitio como este?* (Fernando Colomo, 1978), *Bilbao* (Bigas Luna, 1978), *Caniche* (Bigas Luna, 1979), o *Arrebato* (Iván Zulueta, 1980).

Como podemos observar hay mayor número de obras donde las relaciones sexuales prematrimoniales se exponen con naturalidad. Aun así, como hemos comentado, cuando se expone el tema de la desvergüenza es para criticar el machismo imperante.

Una curiosidad es que no se expone el "problema" de las relaciones prematrimoniales para los hombres, lo que denota la carga de machismo que se vivía en el ambiente; tanto durante la dictadura como en el inicio de la democracia.

9. LA VIRGINIDAD

9.1. RELIGIÓN, LEY Y SOCIEDAD ANTE LA VIRGINIDAD

Según la Iglesia católica, "Liberando nuestro amor de los lazos demasiado acaparadores que nos obligan a entregarnos enteramente sobre algunos de nuestros prójimos, la castidad religiosa nos lleva al servicio de Dios y, por tanto al de nuestros hermanos a quienes debemos ayudar en el caminar hacia Él."[162]

Aun así, nos encontramos con un viejo conflicto que da sus últimos coletazos de vigencia en estos años.

Exceptuando puntuales ejemplos, como el de la etnia gitana, el valor de la virginidad en la sociedad española de la Transición, quizá sea el menos influyente para el español medio.

Las medievales costumbres que hacen revivir el mito de la honra, ese mito que se reclama dentro de un contexto matrimonial de propiedad privada y de posesión va desapareciendo paulatinamente.

En julio de 1976, salta a la luz pública el despido improcedente de una profesora que dedicaba parte del tiempo lectivo a la educación sexual de sus alumnos. La sentencia, reconocía la necesidad de "adecuar nuestra forma de ser y actuar a los tiempos actuales".[163] Esto despertó el interés por conocer cuál

---

162 Del CAMPO, Urbano A. *Sexualidad y persona*. Granada: Universidad de Granada, 1985, p. 162.

163 EL PAÍS. "Despido improcedente de una profesora que educaba sexualmente a sus alumnos". *El País* (14-07-1976).

era realmente la definición de salud sexual. Los expertos de la OMS (Organización Mundial de la Salud) lo definieron así: "La sanidad sexual es la integración de los aspectos somáticos, afectivos, intelectuales y sociales y el amor."[164] Ciertamente, la educación sexual no había sido una constante en nuestro país, caracterizado por el ocultismo, había generado los más extraños morbos y el triste tributo ya denunciado por Freud en *El malestar en la cultura:* la separación entre el sexo y el amor. Freud explicaba que se enseñaba a prohibir la práctica del sexo con las personas a las que se ama mientras se enseña a fomentarlo con las personas a las que se desprecia. Es la alternativa entre la *mujer santa*, maternal y virginal, y la *mujer prostituta*, utilizada y no querida en realidad. Estas opiniones tan desfasadas en psicología, marcaban el patrón en la sociedad española.

En su artículo "La nueva cultura sexual y los sistemas de parentesco", José Luis Aranguren exponía que la moral sexual establecida "reposaba sobre el pudor y la castidad, el culto de la virginidad y el de la fidelidad conyugal femenina, la relación sexual considerada positivamente sólo dentro del matrimonio y en función de la procreación, y la indisolubilidad conyugal. Llamar a eso «moral cristiana» era doblemente abusivo. En primer lugar, porque suponía una «doble moral», extremadamente rigurosa para las mujeres, extremadamente laxa para los hombres. En segundo lugar porque tal sistema de mores, en principio más o menos cristiano, había sido vaciado de su genuino sentido, al ser puesto al servicio de intereses burgueses, y así la virginidad cobraba la significación de entrega, en el contrato matrimonial, de mercancía sana y no averiada."[165]

El cambio se produjo debido al giro radical de la juventud, que consiguió la disociación del goce erótico de la función

---

164 *Ibidem.*
165 ARANGUREN, José Luis L. «La nueva cultura sexual y los sistemas de parentesco ». *El País* (30-10-1976).

procreadora. Esta mutación cultural, descansaba sobre cuatro factores. En principio por esa sinceridad juvenil a ultranza que devaluaba la institución matrimonial como un convencionalismo social. Otro factor sería la extensión de la democracia desde el ámbito político al familiar, unido en conexión directa con el movimiento de liberación de la mujer. El último factor relevante sería la dimensión ácrata de la cultura juvenil, lo que entendemos como contracultura, que bebía de un ingrediente anarquista y utópico, como exponían en su momento autores como Fernando Sabater, Salvador Pániker, Pilar de Yzaguirre o Benjamín Oltra.

Estos autores, en numerosos artículos, luchaban contra el empeño de la Iglesia en ligar la religión a esa "moral católica" que, según ponían en relieve los teólogos en el coloquio de Comillas, era "desafiada" por los jóvenes.

El tema represivo y posesivo de la virginidad se extendía socialmente desde la doncellez hasta el matrimonio, ya que el apelativo de "señora de...", por el que se establecía que una mujer pertenecía a un hombre, y cuya principal "culpable" era ella misma, hacía despertar las llamadas de igualdad en cuanto a exigencias de virginidad se refiere, principio para conseguir dinamitar lo ancestralmente admitido como norma.

Uno de los casos que más removió a la opinión pública fue el de una anónima joven de trece años y el director de una sucursal bancaria. Él la llevó a su piso, le habló de cuán errónea era la formación que le daban las monjas en el colegio en tema sexual. La sentencia dice que tras los tocamientos, él le dio pastillas anticonceptivas y la menor quedó desflorada, y cómo "la menor contó lo sucedido a la tutora de su colegio dando muestras de arrepentimiento, confesándose, y continúa haciendo la vida normal propia a su edad y condición social."[166] Finalmente, el Tribunal Supremo condenó al joven

---

166   EL PAÍS. "La reforma del Código Penal sobre el estupro, un tema polémico". *El País* (26-01-1979).

por corrupción de menores por "dejar pervertido su ánimo (de ella) para la realización de otros actos de la misma naturaleza lesionando la correcta evolución y desarrollo de su instinto genésico", además de provocarle "la pérdida de su honestidad y virginidad y (...) otras consecuencias ajenas, como la pérdida de expectativas de contraer matrimonio."[167] La sentencia, dictada el 1 de marzo de 1977, fue de cuatro años y dos meses de prisión menor.

Otra sentencia que data del 13 de diciembre de 1977, con un caso muy semejante al anteriormente expuesto, decía que "los contactos carnales fueron numerosos, la recta formación de la menor quedó afectada, fue iniciada al vicio y quedó corrompida"[168]. Con estos ejemplos podemos hacernos una idea de cómo era la situación legal de la virginidad en estos últimos años de la década de los setenta.

A partir de la reforma del Código Penal acerca del estupro, los nuevos artículos 434 y 435, castigaban a la "persona que tuviere acceso carnal con otra mayor de doce años y menos de dieciocho" (artículo 434), o a la "persona que, interviniendo engaño, tuviese acceso carnal con otra mayor de doce años y menor de dieciséis" (artículo 435).

Una de las novedades de esta reforma era la penalización del acceso canal de persona con persona y podía entenderse la posibilidad de que ambas fueran de sexo masculino.[169]

---

167   *Ibidem*.
168   *Ibidem*.
169   Como comentamos en el texto dedicado a la homosexualidad, las relaciones lésbicas no estaban prácticamente contempladas en la sociedad de la época. Por ello sólo se mencionaba la posibilidad masculina.

9.2. La virginidad en el cine español de la Transición

9.2.1. La virginidad femenina

Como precedente a este particular, debemos citar la película de 1968, *La celestina*, libre adaptación del clásico de Fernando de Rojas que realizó el director César Ardavín. Como todos sabemos, durante la procesión del Hábeas en Toledo, Calixto, un mancebo de clara sangre, encuentra a la joven Melibea, cuya belleza deslumbra. Calixto provoca encuentros, pero la doncella le rechaza sintiéndose ofendida por su atrevido acoso. Viendo frustrado su amor, acoge la propuesta de su criado Sempronio y recurre a los bajos oficios de Celestina, una vieja alcahueta cuyas malas artes saben dominar a las voluntades rebeldes, pero a los avisos de otro de sus servidores, Pármeno, que sabe bien de la maldad de aquella mujer.

Celestina se pone manos a la obra y, con hipocresía y engaños, llega a Melibea, comprando la confianza de Lucrecia, la criada de ésta; y entregando a la joven Areusa a los apetitos de Pármeno, o haciendo el juego de la codicia de Sempronio; así maneja a unos y a otros como si fueran piezas de un humano tablero de ajedrez, cuya partida sólo es útil en su propio beneficio. Conseguirá finalmente que Calixto y Melibea se encuentren y que la doncella acabe dándole, con su amor, su virginidad. Pero el destino que la vieja va urdiendo la envolverá a ella misma y acabará convirtiéndola en la primera de sus víctimas.

Aquí encontramos un reflejo fiel de los valores tradicionales de la virginidad, respaldado por el empaque literario de la obra y, por extensión de las autoridades pertinentes, que aprovechaban los clásicos literarios como bandera del "cine de calidad" que se realizaba en España.

El primer ejemplo que encontramos de virginidad femenina en el periodo que nos ocupa es en *Tamaño Natural* (Luis

G. Berlanga, 1973). En esta película se narra la obsesión de un dentista por una muñeca de apariencia real. El enamoramiento del doctor le lleva a "casarse" con la muñeca y, como es evidente, a "disfrutar" en la noche de bodas, de la virginidad de la misma.

Un año después, en 1974, Antonio Drové realiza la película *Tocata y fuga de Lolita*. En esta película se cuenta la historia de Carlos, un hombre viudo, de unos cuarenta y tantos años, economista y candidato a procurador en Cortes por el Tercio Familiar. Éste recibe una angustiosa llamada de su hermana Merche: su única hija, Lolita, se ha fugado de casa. Carlos comienza la búsqueda de su hija, que se encuentra en el piso de estudiantes de su amiga Ana, donde empieza los primeros flirteos con su novio.

Lolita, cuida escrupulosamente de su virginidad ante los constantes ataques de su novio, pero ella lo tiene claro, irá virgen al matrimonio. Esta estructura tradicional y católica que vemos en el personaje de Lolita se ve bruscamente alterada cuando conoce tanto a la amante de su padre, como la relación que éste sostiene con su amiga Ana. Este golpe moral le hace mantener sus primeras relaciones sexuales, como era habitual en la época, entre llantos, dudas e incomprensión del "pecado" que está cometiendo.

La siguiente película a citar es *Tormento* (1974), de Pedro Olea —ya estudiada en el capítulo dedicado a los sacerdotes de ciudad—. Aquí encontramos a Amparo (Ana Belén), una sirvienta de la casa burguesa de los Brincas. El caso es de rechazo social, ya que Amparo, ha mantenido relaciones con un sacerdote, y esto impedía —más que si las hubiera mantenido con un seglar— volver a mantener relaciones amorosas —cuyo fin evidente era el matrimonio— con otro hombre. A pesar de que la película —y lógicamente la novela de Benito Pérez Galdós—, se sitúa en el siglo XIX, el rechazo a las mujeres abandonadas tras su primera relación de noviazgo, se extendió por toda la dictadura y en algunos núcleos sociales, hasta la democracia y bien entrada ella.

Por su parte, el final de la película nos traslada a lo coetáneo, ya que Agustín Caballero (Paco Rabal), primo de los brincas y enamorado de Amparo, tras las explicaciones de ésta, la hace su mujer y se refugian —ante los atónitos y sorprendidos ojos de la familia— en París. Por tanto, la elección de la novela resulta providencial para una época en la que las tradiciones que se plasman en la película comienzan a tambalearse.

En ese mismo año realiza Gonzalo Suárez *La loba y la paloma*, irregular película que narra el secuestro de una joven muda por unos buscadores de tesoros, con el fin de que les diga dónde escondió su padre una apreciada escultura.

En esta película, se producen una serie de encuentros "amorosos" entre los secuestradores y la secuestrada, encontrándose siempre en vilo —al modo tradicional— la virginidad de la chica, y finalmente siendo violada varias veces. Estas duras escenas de violación, representan fielmente esa necesidad de posesión, de propiedad privada, que la Iglesia católica predicaba como virtud.

En 1975, realiza Mario Camus, *Los pájaros de Baden-Baden*. Basada en una novela de Ignacio Aldecoa, narra cómo Elisa, una estudiante que se queda en verano en Madrid, dedicada a realizar una ampliación de su tesis doctoral, consigue apartar de sí las múltiples proposiciones de los jóvenes que la rodean. Ella, que se autodenomina virgen y de moral anticuada, lectora ávida de *Los amores tardíos* de Pío Baroja, pierde en este caso el tren del amor a consecuencia de los reproches que le hace su familiar por la relación que mantiene —sin sexo evidentemente— con un fotógrafo divorciado.

Esta historia se podría plasmar en multitud de hechos reales acaecían en toda la geografía española. Pero a su vez es ejemplificadora de ese cambio ideológico que se está fraguando en

España tras la ampliación de libertades que se generaron una vez desaparecida la dictadura.

Este mismo año, realiza Eloy de la Iglesia su película *Juegos de amor prohibido*, en la que volvemos a encontrarnos un secuestro, en este caso de la clase burguesa. Un profesor, secuestra a una pareja de chavales en su residencia, donde vive con otro "amigo". Al ver los chicos las libidinosas intenciones del profesor, la chica se declara virgen, como si de un escudo se tratara, debido al respeto que las instituciones habían implantado a esta situación sexual.

La desobediencia de los chicos hace que el profesor les aplique castigos de arraigado carácter tradicional en la enseñanza franquista y, por lo tanto, que los jóvenes intenten la huida. El tema mismo de la huida, podríamos considerarlo una metáfora de la escapada de esa represión sexual que lo tradicional había impuesto a toda la sociedad española.

No podía quedar de otra manera la película –y más tratándose del director Eloy de la Iglesia y sus juegos de trasgresión– más que tomando la chica el poder de la casa y humillando y matando al profesor que les mantenía secuestrados. Podríamos considerar este hecho, como la muerte de las instituciones que propagaban la represión sexual de la época.

La siguiente película que trata de una forma contemporánea la virginidad femenina es *Las palabras de Max*, una irregular película de Emilio Martínez-Lázaro realizada en 1976. En ella Max (Ignacio Fernández de Castro) es un oscuro intelectual de cuarenta y tantos años, a quien no interesa su trabajo y trata de relacionarse con cuantos le rodean, pero por su peculiar manera de ser, su manía de pontificar, de indagar en el interior de cuantos están a su alrededor, de preguntarles qué piensan de él, cada vez encuentra más dificultades para comunicarse, y esto le hace acercarse al suicidio. Este tema aparece a través de las relaciones con su hija, una novia casual, un antiguo amigo y una criada.

El punto culminante a que nos lleva esta película en el tema que nos ocupa, es una conversación entre padre e hija, en la que él intenta enterarse de si ella ha mantenido o no relaciones sexuales.

SARA: Tiene dieciocho años. Estudia primero de económica.
MAX: ¿Tiene cinco años más que tú?, y ¿de qué habláis?
SARA: No sé, de todo. ¿De qué hablas tú con Luisa?
MAX: De todo también, pero comprende que no es lo mismo.
SARA: ¿Por qué no es lo mismo?
MAX: Porque no, porque no es lo mismo. ¿Cómo se llama?
SARA: Daniel.
MAX: Daniel está en la Universidad y tiene unos problemas completamente diferentes a los tuyos.
SARA: ¿A qué te refieres, a huelgas y todo eso?
MAX: No sé si dejar de ir a clase puede considerarse una huelga.
[...]
MAX: Háblame de Daniel.
SARA: ¿Daniel?
MAX: Sí, no creas que me he olvidado.
SARA: Te lo he dicho, tiene 18 años y estudia primero de económicas.
MAX: Eso ya lo sé ¿qué más?
SARA: No sé mucho más.
MAX: Entonces cuando os veis él dice "tengo 18 años y estudio primero de económicas".
SARA: No tiene esa voz.
MAX: Y tú le contestas "qué bien, cuánto me gustas".
SARA: Pareces tonto.
MAX: De algo hablareis, supongo.
SARA: Sí, hablamos de muchas cosas, claro.

MAX: Y, ¿no me las puedes contar?
SARA: No sabría repetírtelas ahora.
MAX: Claro, yo soy tu padre y no podemos hablar de lo mismo.
SARA: No, podemos hablar de lo mismo sí, pero no, no es lo mismo, es diferente.
MAX: Me cuesta hacerme a la idea.
SARA: ¿Qué idea?
MAX: Déjalo, es igual.
SARA: Ves cómo tú también te guardas cosas.
MAX: Pero no es lo mismo.
SARA: ¿Por qué?
MAX: Tú tienes 13 años, Daniel tiene 18, yo soy tu padre y quiero saber qué haces con un chico de 18 años.
SARA: Pues salgo con él, voy al cine, voy a reuniones, vamos a bailar, reñimos, discutimos, contamos chistes, vemos películas, vamos al teatro, y nada más.
MAX: ¿Te ha besado?
SARA: Te he dicho que nada más.
MAX: ¿No te habrás acostado con él?
SARA: Eso es lo que te preocupa, todo el interrogatorio para esto.
MAX: A mí no me hace ninguna gracia.
SARA: Y si te digo que sí, ¿qué harías?
MAX: Nada, ¿qué podría hacer?
SARA: Cualquiera sabe. Lo primero, decírselo a mamá.
MAX: ¿Crees que se lo debo decir?
SARA: Tú verás.
MAX: O sea, que te has acostado con él.
SARA: Si tú lo dices...
MAX: ¿Quieres hacerme rabiar?
SARA: Eso es lo que me decías de pequeña.
MAX: Y ahora qué eres.
SARA: Si fuera tan pequeña no me preguntarías estas cosas.

MAX: Es verdad, pero ahora.
SARA: Ahora todo ha cambiado de repente. ¿No?
MAX: Ahora tienes 13 años y lo que puedas hacer es muy grave.
SARA: Sí, como por ejemplo ir con Daniel en moto y estrellarnos con un camión. Eso no te preocupa nada.
MAX: Claro que me preocupa.
SARA: No sólo si me he acostado con Daniel.
MAX: Eso, también me preocupa.
SARA: No, sólo eso.
MAX: Si te pones tan furiosa por algo será.
SARA: Siempre has dicho que haga lo que me parezca bien.
MAX: Y siempre te lo diré.
SARA: Pues eso.
MAX: O sea, que te has acostado con Daniel –ella llora–. No te pongas así.
SARA: ¿Cómo quieres que me ponga?
MAX: Si me dijeras la verdad te sentirías mucho más tranquila.
SARA: Tú te sentirías más tranquilo, pero no lo conseguirás.

En esta conversación vemos perfectamente reflejada esa ruptura tanto generacional como moral, ya que nos encontramos con una charla íntima entre un padre separado y una hija que vive, a sus trece años, las primeras formas de libertad sexual conseguidas en la década. A pesar de la progresía de Max, su pasado como alumno de un seminario le han hecho que vuelva a caer en las anacrónicas posturas morales de la tradición, dándole una importancia "vital" a la virginidad de su hija.

En 1977 realiza Fernando Fernán-Gómez la película *Mi hija Hildegart*. En este film, también tratado ampliamente en el capítulo dedicado a las relaciones prematrimoniales, vemos el singular sistema de educación que su madre le aplica a Hildegart, una niña prodigio. Entre todos los valores –de rigidez matemática— que inculca su madre a Hildegart —teóricamente encaminados hacia la liberación de la mujer—, está el del "respeto" por su propio cuerpo y el mantenimiento de la castidad y de la "honra".

Un año después, en 1977, vuelve el más internacional de los directores españoles a la palestra, Luis Buñuel. El director aragonés, se presenta al panorama cinematográfico con la película *Ese oscuro objeto del deseo*, un magnífico film hispano-franco-italiano que muestra la narración que hace don Mateo (Fernando Rey) durante un viaje en tren a Francia a sus compañeros e viaje. Buñuel narra, con su irónico humor las peculiares relaciones entre don Mateo y Concha (Ángela Molina / Carole Bouquet).[170] Salpicado el film por atentados terroristas del grupo GARDNJ (Grupo Armado Revolucionario del Niño Jesús), encontramos a la figura de Concha, una virginal sirvienta de la que se enamora don Mateo. Los problemas del señor Mateo no son otros que las continuas idas y venidas emocionales de Concha, lo que le hacen enojar y volver al buen humor continuamente. El cuidado de la chica por su "honra", está aderezado con el profundo sentimiento religioso de su madre, que ocupa su día entre misa y misa, por lo que ella, Concha, tiene que trabajar para mantenerla.

Como vemos en esta película, este mantenimiento de la virginidad, suele darse, aparte de en las clases profundamente religiosas, en las clases bajas, ya que el fin último de la mujer joven es encontrar marido, siendo un gran *hándicap* el hecho de no ser virgen, ya que podría suponer el rechazo del novio a la relación. Este estado virginal podía entrañar en las familias la esperanza de que alguien de buena posición se enamorara de la hija, subiendo tras la boda de escalafón social y, si era

---

170   El papel de Concha lo iba a representar la actriz Maria Schneider, pero los problemas surgidos durante el rodaje con la actriz, llevaron a Buñuel a la utilización de estas dos actrices para ese mismo personaje.

posible, de nivel económico. Como vemos, un simple cuidado de una mercancía.

En 1980, vuelve a la palestra cinematográfica uno de los grandes directores españoles, Carlos Saura. Esta vez adapta una obra de Federico García Lorca, *Bodas de Sangre*. Esta película, un ballet con coreografía del bailarín flamenco Antonio Gades y con música de Emilio de Diego, corresponde a la trilogía denominada "Trilogía Musical" de Saura, integrada también por *Carmen* (1983) y *El amor brujo* (1986). La importancia de este film es el ambiente gitano en el que se desarrolla, y el adoptar, como era también lógico, sus tradiciones, con lo que nos damos de bruces con un ancestral respeto por la virginidad, representado con la prueba del pañuelo previa a la boda. En ella, las mujeres entran en casa de la novia con un pañuelo blanco y, tras probar la virginidad de la joven novia, deben salir con el pañuelo manchado de sangre, prueba inequívoca de la entrega a su novio. Tras este proceso comienza la boda gitana.

En *Tac-tac* (Luis Alcoriza, 1980), encontramos una postura opuesta y más relacionada con el sentir social al ver a la protagonista de la película. Una mujer formada, estudiante de medicina, que solicita tener relaciones con su novio para tantear cómo iban a andar las cosas tras el matrimonio. Teniendo en cuenta los anteriores ejemplos, es necesario destacar este hecho por "atrevido".

En este mismo año Felipe Cazals estrena *Las siete cucas*, comercial film que narra la historia de Cuco, casado con Cuca María y que tiene seis hijas conocidas como las Cucas. Las siete cucas son una belleza y están asediadas continuamente por los hombres del pueblo para hacerlas perder la virginidad. La lucha diaria agota a Cuco y una serie de circunstancias hace que acabe suicidándose. Las cucas son repudiadas por todo el pueblo para que lo abandonen. La única solución que tienen para subsistir es convertir en un burdel su casa y vender su "honor" a cambio de venerar el cuadro de su marido y suculentos beneficios. Es tanto el éxito que los hombres del pueblo no van nunca a sus casas y las mujeres acuden al gobernador, pero éste también se queda en la casa de las cucas.

Sin mayor interés que su existencia, esta película pasó sin pena ni gloria, ni para el público, para quien estaba realizada, ni para la crítica, que en la mayoría de los casos, ni siquiera la trató en las publicaciones de la época.

Otro ejemplo de los cambios establecidos en nuestra sociedad lo da *Deprisa, deprisa* (Carlos Saura, 1981). En esta película de temática social y barriobajera, se narran las desventuras de unos jóvenes delincuentes residentes en el extrarradio de Madrid. El grupo está compuesto por varios chicos y una chica. Ésta, en una de las conversaciones declara su virginidad, los chicos se sorprenden y lo encuentran fuera de lugar, lejos del mundo en el que a diario cohabitan.

En 1982 realizó el director Mario Camus *La colmena*, adaptación de la obra homónima de Camilo José Cela. En esta película, "mucho más de productor que de director"[171] encontramos dos casos relacionados con la virginidad. En un principio es la madre de Victoria Abril, la que le dice que conserve la virginidad, "que los hombres se divierten con las frescas y se casan con las decentes."

El otro caso es el de Victoria (Ana Belén), que para poder pagar las medicinas de su novio tísico, se inicia en la prostitución, y en la primera y fallida cita, el cliente le pregunta si es virgen.

En ambos casos encontramos una sobrevaloración a la antigua usanza de la virginidad, y en ambos casos se trata de la valoración de una "mercancía". En uno como "precinto de garantía" para un posible matrimonio, en el segundo como valor añadido a un disfrute sexual puramente; pero ambos

---

171   ALBERICH, Enrique. "La colmena". *Dirigido Por...* (Barcelona), 97 (1982), P. 60.

pertenecen a esa misma raíz tradicional a la que nos venimos refiriendo continuamente.

9.2.2. La virginidad masculina

Lo que nos encontramos en el cine español de la época, más que virginidad masculina es impotencia, o ambas juntas, pues una lleva a la otra. Este caso, el de la impotencia masculina, se encuentra en numerosas películas y podemos decir que llega a convertirse tanto social como políticamente en el gran lastre para el personaje masculino. No hay nada peor que la impotencia, unido claro está a la esterilidad.

En el cine de la época, el caso de un hombre virgen, se trata con cierta sorna, y el fin último de los compañeros que lo rodean, es que, de una vez por todas, pierda ese lastre. Como vemos la posición es diametralmente opuesta a la de la mujer, que intenta, por todos los medios, conservarlo.

La primera película que podemos citar es *Lo verde empieza en los pirineos* (Vicente Escrivá, 1973). En ella encontramos el caso de López Vázquez, vendedor de antigüedades y virgen, y con un problema psicológico, como mínimo original; a consecuencia de un cuadro de una santa barbuda que vio de niño, ve a todas las mujeres con vello en la cara. Junto con otros amigos, organizan una excursión a Biarritz (Francia) con el fin de que se estrene en el campo sexual en un ambiente liberado y "fácil". El final, más conservador imposible, lo lleva al altar con una española de la que se enamora en Biarritz.

Otra película obligatoria sería la realizada por Jorge Grau en 1976, *Secreto inconfesable de un chico bien*. Aquí nos encontramos con un típico caso de impotencia, el de Juanjo (José Sacristán), tanto él como su novia Ana (María José Cantudo) son vírgenes. Juanjo, intenta por todos los medios médicos y psicológicos librarse de su impotencia. Lo intenta con una prostituta pero tampoco puede; va al médico y éste le pregunta si tiene tendencias homosexuales[172]; nada lo cura.

La desesperación, la presión social, la presión religiosa y el menosprecio llevan a Juanjo a un intento de suicidio, pero falla y la bala le alcanza a su sexo, lo que milagrosamente provoca la cura.

Ya en la boda, y siendo consciente Juanjo de la infidelidad de su novia, ante la pregunta protocolaria que los convertiría en esposos, dice que no.

En los aspectos vistos, la presión social, religiosa[173] llevaban a algunos hombres, extremadamente avergonzados, a situaciones límite. Son dignas de resaltar estas películas que consiguieron sacar a la luz, con mayor o menor acierto, un problema normal que los hombres sufrían sin siquiera atreverse a contarlo. En este caso, la tradición consiguió mancillar a ambos sexos.

9.3. Conclusión

Como era de esperar, el valor de la virginidad comienza con la democracia a ser el menos influyente para la sociedad española, a pesar de la rigidez con que se había tratado por parte de Estado e Iglesia durante la dictadura.

El mito de la virginidad, de la honra, se encuadra ancestralmente en la propiedad privada. Esto provoca la maniquea situación de enfrentar diametralmente la mujer santa, casta y pura, con la mujer prostituta, de mala vida, sin pensar más en las situaciones reales de ambas.

---

172 "Mitológicamente" existía socialmente esa relación entre la impotencia y la homosexualidad. Ejemplo evidente de la poca educación sexual que se daba en la época.

173 Tengamos en cuenta que la impotencia podía ser motivo de nulidad matrimonial por parte de la Iglesia.

Como es habitual, se establece una doble moral extremadamente rigurosa para las mujeres y muy suave para los hombres. Como opinaba Aranguren : "La virginidad cobra su significación de entrega, de mercancía sana y no averiada" (Aranguren).

El cambio se produce debido a la evolución de la juventud al haber devaluado el sacramento del matrimonio como convención social.

Como precedente cinematográfico tenemos *La celestina* (César Ardavin, 1968), donde Melibea "da" su virginidad a Calixto gracias a las tramas de la Celestina.

Ya durante la Transición, se inicia el recorrido con *Tamaño natural* (Luis García Berlanga, 1973), donde se ejemplifica la importancia que las clases más conservadoras dan a esta situación. El protagonista, se casa con una muñeca y pasa su primera noche de bodas "disfrutando" de la desfloración de la "dama". Con las mismas características de crítica a los convencionalismos sociales de la alta burguesía tenemos *Tocata y fuga de Lolita* (Antonio Drové, 1974), *Tormento* (Pedro Olea, 1974) o *Juegos de amor prohibido* (Eloy de la Iglesia, 1975).

Dentro de una posición más atrevida, que juega con las posiciones más progresistas pero, también, con las contradicciones y los valores conservadores enraizados hasta en los sectores más adelantados encontramos: *Los pájaros de Baden-Baden* (Mario Camus, 1975), *Las palabras de Max* (Emilio Martínez Lázaro, 1976) o *Mi hija Hildegart* (Fernando Fernán-Gómez, 1980).

Como vemos, a pesar de la evolución social, este tema continúa arraigado a la más negra tradición española, y esto lo refleja el cine de la época teniendo en cuenta los conflictos existentes en una sociedad donde se comienza a tener conciencias más europeas.

Conclusiones generales

Durante la Transición política, el cine español experimenta un cambio considerable en la mayoría de los temas de carácter moral. De primeras, la imagen de los representantes de la Iglesia sufre una transformación. Mientras los sacerdotes ámbito rural se mantienen con unas características muy similares a los de la dictadura, los sacerdotes de urbanos modifican su aparición considerablemente. Esta transformación viene dada por el acercamiento a la vida real, a las mujeres y a las dudas de fe. Ejemplos claros de este nuevo tipo de sacerdote es la película de Eloy de la Iglesia *El sacerdote* (Eloy de la Iglesia, 1978) y respecto a los curas de pueblo el magnífico padre Calvo de la "Trilogía Nacional" de Luis García Berlanga.

Las monjas reducen considerablemente su número de apariciones en el cine español de la época, y sufren del mismo mal que los sacerdotes, el amor y las dudas de fe son las características más relevantes. Como ejemplo podríamos citar la película de Jorge Grau *Cartas de amor de una monja* (1978).

El seminarista, tan en boga durante la dictadura, prácticamente ha desaparecido del panorama cinematográfico español, y se refleja principalmente como un personaje que paulatinamente va alejándose de la Iglesia para, finalmente, colgar los hábitos. Un ejemplo de este tipo de cine los tenemos en *Nosotros los decentes* (Mariano Ozores, 1975).

Por su parte, los que también han desaparecido son el clero regular, y continúan con el tópico de recogimiento y lejanía de la vida ciudadana. Un ejemplo de este tipo de personaje lo encontramos en la película *Onofre, mi nombre es virgo*.

Los altos cargos de la Iglesia siguen siendo respetados, así sólo se les encuentra como figurantes en oficios religiosos, pero sin hacer una crítica o dudar de su entereza, aunque ahora responden a un rictus muy relacionado con el fascismo que los protegió durante años.

En el aspecto moral, el aborto es uno de los temas más conflictivos. De esta forma, nos encontramos con películas de todos los caracteres. Tenemos la imagen conservadora y ligada a los postulados de la Iglesia de *Aborto criminal* (Ignacio F. Inquino, 1973) o *El precio del aborto* (Juan Xiol, 1975), que son las posturas que más abundan respecto al tema, o la más atrevida y normalizadora de Pilar Miró con *Gary Cooper, que estás en los cielos* (1981).

Los anticonceptivos es otro de los temas más en boga en la época pero que tampoco se ven reflejados con profusión en el cine español. Aun así se da una imagen natural del uso de los anticonceptivos y se critica la mojigatería de los que no lo aceptan, como vemos en la película *La otra alcoba* (Eloy de la Iglesia, 1976).

El adulterio es uno de los temas más tratados en el cine de nuestra época, cuando no el que más. El punto fundamental es la aparición de la mujer libre que, respecto a sus predecesoras "cármenes", consigue, de una forma u otra, manifestar sus deseos e incluso, a veces, los lleva a cabo. Aparece dentro de este tipo la mujer insatisfecha de su marido, y que le reprocha la falta de placer que le proporciona. Un ejemplo es *La joven casada* (Mario Camus, 1975).

El divorcio también es uno de los temas más tratados en nuestro cine. Temáticamente nos encontramos todas las opciones posibles. De las más conservadoras críticas como *Las bodas de Blanca* (Francisco Regueiro, 1975) o *¡Qué gozada de divorcio!* (Mariano Ozores, 1981) a otras propuestas más naturales y valientes como son las llevadas a cabo por Fernando Colomo en *Tigres de Papel* (1977) o *¡Qué hace una chica como tú en un sitio como éste!* (1978).

La homosexualidad refleja el mayor cambio de todos los temas que pudieran suscitar un estudio moral. En principio se huye del tópico de *gay* amanerado y que despierta la compasión del resto para representar una imagen más real y reivindicativa. Aparecen las divisiones entre homosexualidad masculina, femenina, transexualismo y travestismo. Como principales directores tenemos los casos de Eloy de la Iglesia y Pedro Almodóvar.

La familia también sufre una gran transformación. Así, de la familia unida y amada vemos como durante la Transición se odia al progenitor: *Pascual Duarte* (Ricardo Franco, 1976) o *El espíritu de la colmena* (Víctor Erice, 1973). Se descompone la familia burguesa, tan protegida durante la dictadura: *El desencanto* (Jaime Chavarri, 1976), *Retrato de familia* (Jiménez Rico, 1976) o *Las largas vacaciones del 36* (Jaime Camino, 1976). Se desmorona la tradicional familia aristocrática, como en la "Trilogía Nacional" de Luis García Berlanga. Aparecen nuevas formas de convivencia, como la comuna juvenil, en *L'Orgía* (Francesc Bellmunt, 1979) o *Pepi, Luci, Bon y otras chicas del montón* (Pedro Almodóvar, 1980). Y la tercera edad, lejos de la imagen de vida acabada y con necesidad de cuidados, la encontramos activa y capaz de volver a enamorarse en *Volver a empezar* (José Luis Garci, 1982).

La prostitución es otro tema que también se transforma considerablemente. Se trata el tema con más libertad y respeto, y contemplando las situaciones sociales que envuelven a la prostitución. De esta forma nos encontramos con *Pim, pam, pum... fuego* (Pedro Olea, 1975). Otra de las novedades es la aparición de la prostitución masculina, como vemos en *El chulo* (Pedro Lazaga, 1973), aunque fundamentalmente la encontramos en la homosexualidad, como es el caso de *El diputado* (Eloy de la Iglesia, 1979).

Las relaciones prematrimoniales comienzan a tomar mayor naturalidad, y en el cine vemos numerosas críticas a las posturas machistas que han plagado el cine de la dictadura. Como ejemplos tenemos *Mi hija Hildegart* (Fernando Fernán-Gómez, 1976), *Demonios en el jardín* (Manuel Gutiérrez Aragón, 1976) dentro de la crítica a la tradición; y como normalización de las relaciones prematrimoniales *Pascual Duarte* (R. Franco, 1976) o *Soldados* (A. Ungría, 1976).

Respecto a la virginidad, comprobamos que se trata de un tabú en desaparición. Podríamos dividir las películas que tratan el tema en dos partes, la virginidad femenina, un clásico que se refleja en películas como *Tac-tac* (Luis Alcoriza, 1980) o *La colmena* (Mario Camus, 1981). Y la virginidad masculina, una novedad en películas como *Lo verde empieza en los Pirineos* (Vicentes Escrivá, 1973).

Como hemos podido comprobar, durante el cine de la Transición, hay una compenetración entre la evolución social de determinados temas que durante la dictadura tenía la Iglesia en propiedad y, aparte de ésta, la sociedad y la política van configurando una nueva forma de pensar más libre y, por qué no decirlo, más lógica.

Bibliografía y hemerografía

AGUILA, Rafael del y MONTORO, Ricardo. *El discurso político de la transición española*. Madrid: C.I.S., 1984.

AGUILAR, Carlos y GENOVER, Jaume. *El cine español en sus intérpretes*. Madrid: Verdoux, 1992.

AGUILAR, Carlos y GENOVER, Jaume. *Las estrellas de nuestro cine*. Madrid: Alianza Editorial, 1996

AGUILAR, Carlos. *Guía del video-cine*. Madrid: Cátedra, 1986.

AGUILAR, Pilar. *Mujer, amor y sexo en el cine español de los 90*. Madrid: Fundamentos, 1998.

AGUILERA CERNI, Vicente. *Arte y compromiso histórico (Sobre el caso español)*. Valencia: Fernando Torres, 1976.

ALBERDI, Inés. *La nueva familia española*. Madrid: Taurus, 2002.

ALCOCER, José Luis. *Fernández-Miranda: agonía de un Estado*. Barcelona: Planeta, 1986.

ALEGRE, Luis y SÁNCHEZ, Alberto. *José Luis Borau*. Huesca: Festival de Cine de Huesca, 1998.

ALFAYA, Javier. *Crónica de los años perdidos. La España del tardofranquismo*. Madrid: Temas de Hoy, 2003.

ALFEO, Juan Carlos. "La homosexualidad como metáfora de libertad en el cine de la Transición. En VV.AA. *El cine español durante la Transición democrática (1974-1983). IX Congreso de la Asociación española de Historiadores del Cine*.

Madrid: Academia de las Artes y las Ciencias Cinematográficas de España. Pp. 201-218.

ÁLVARES, Rosa y ROMERO, Antolín. *Jaime Chávarri. Vivir rodando.* Valladolid: Semana Internacional de Cine de Valladolid, 1999.

ÁLVAREZ MONZONCILLO, José María y IWENS, Jean L. *El futuro del audiovisual en España.* Madrid: Fundesco, 1992.

ÁLVAREZ, Joan. *La vida casi imaginaria de Berlanga.* Prensa Ibérica, 1997.

ÁLVAREZ, Timoteo y otros. *Historia de los medios de comunicación en España.* Barcelona: Ariel, 1989.

AMELL, Samuel y GARCÍA CASTAÑEDA, Salvador (eds). *La cultura española del postfranquismo.* Madrid: Playor, 1988.

AMIGO, Ángel. *Veinte años y un día.* Editorial Igeldo, 2001.

ANGULO, J.; HEREDERO, C. F. y REBORDINOS, J. L. *Un cineasta llamado Pedro Olea.* San Sebastián: Filmoteca Vasca/ Fundación Caja Vital Kutxa, 1983.

ANGULO, Jesús; HEREDERO, Carlos F. y REBORDILLOS, José Luis. *Elías Querejeta. La producción como discurso.* San Sebastián: Filmoteca Vasca, 1996.

ANGULO, José; HEREDERO, Carlos F. y REBORDILLOS, José Luis (eds.). *Entre el documental y la ficción. El cine de Imanol Uribe.* San Sebastián: Filmoteca Vasca, 1994.

ANTOLÍN, Matías. *Cine marginal en España.* Valladolid: 24 Semana Internacional de Cine, 1979.

AROCENA, Carmen. *Víctor Erice.* Madrid: Cátedra, 1996.

ÁVILA BELLO, Álex. *La censura del doblaje cinematográfico en España.* Barcelona: Editorial CIMS, 1997.

AYFRE A., *Contribuía una teología dellfmmagine.* Paoline, 1967

BABIN P., *Otro hombre, otro cristiano en la era electrónica*. Barcelona: Don Bosco, 1980.

BALLESTEROS, Isolina. *Cine (ins)urgente. Textos fílmicos culturales de la España postfranquista*. Madrid: Fundamentos, 2001.

BALLÓ, J.; ESPELT, R. y LORENTE, J. *Cinema cátala. 1975-1986*. Barcelona: Columna, 1990.

BALLÓN, M. *La cosecha del 80*. Murcia: Filmoteca Regional, 1990.

BARAGLI E. *Prensa, radio, cine y televisión en familia*. Madrid: Atenas, 1968.

BARAGLI, E. (dir.). *Inter mirifica*. Roma: Sres., 1969.

BARAGLI, E. *Cinema cattolico*. Roma: Cittá Nueva, 1965.

BARAGLI, E. *Comunicazione, communione e chiesa*. Roma: Sres., 1973

BARBA SOLANO, Carlos y otros (comps.) *Transiciones a la democracia en Europa y América Latina*. México: FLACSO, 1991.

BARBÁCHANO, C. *Francisco Regueiro*. Madrid: Filmoteca Española, 1989.

BARBÁCHANO, Carlos. *Luis Buñuel*. Madrid: Alianza Editorial, 2000.

BARROSO, Miguel Ángel. *Cine erótico en cien jornadas*. Madrid: Ed. Jaguar, 2001.

BARROSO, P. *Códigos deontológicos de los medios de comunicación*. Madrid: Paulinas, 1984.

BAXTER, John. *Luis Buñuel. Una biografía*. Barcelona: Paidós, 1996.

BEAS, Peter. *Behind the Spanish lens*. Denver: Orden Press, 1985.

BERNABÉ LLORENTE, Juan Antonio. *Valores éticos de los géneros del cine*. Armilla: Proyecto Sur Ediciones, S.A.L., 1994.

BERNECKER, W. L. *España, entre la tradición y la modernidad. Política y sociedad (Siglos XIX y XX)*. Madrid: Siglo XXI, 1999.

BLACK, Gregory. *Hollywood censurado*. Madrid: Ed. Cambridge, 1998.

BLASCO, Ricard. *Introducció a la historia del cine valenciá*. Valencia: Ajuntament, 1981.

BORAU, José Luis (director). *Diccionario del cine español*. Madrid: SGAE/ Alianza Editorial, 1998.

BOROBIO, Dionisio. *Familia, sociedad e Iglesia*. Bilbao: Desclee de Brower, 2001.

BOYD, Carolyn. *Historia Patria. Política, historia e identidad nacional en España, 1875-1975*. Barcelona: Ediciones Pomares-Corredo, 2000.

BUSE, M. *La nueva democracia española. Sistema de partidos y orientación del voto (1976-1983)*. Madrid: Unión Editorial, 1984.

BUSQUETS, Julio. *Militares y demócratas*. Barcelona: Plaza y Janés, 1999.

BUSTAMANTE, Enrique y ZALLO, Ramón (coords.). *Las industrias culturales en España*. Madrid: Akal, 1988.

CABELLO, Juan Antonio. *Historia de la cinematografía española*. Madrid: Gráficas Cinema, 1949.

CABEZÓN, Luis A. (coord.). *Rafael Azcona, con perdón*. Logroño: I. E. Riojanos, 1997.

CALLAHAN, William J. *La iglesia católica en España. (1875-2000)*. Barcelona: Editorial Crítica, 2002.

CANALS, Salvador. *La Iglesia y el cine*. Madrid: Rialp, 1965.

CAÑETE, Carlos y GRAU, Maite. *¡Bienvenido, Mr. Berlanga!* Barcelona: Destino, 1993.

CAPARRÓS LERA, J. M. *Travelling por el cine contemporáneo*. Madrid: Rialp, 1981.

CAPARRÓS LERA, J. Mª. *El cine español de la democracia*. Barcelona: Anthropos, 1992.

CAPARRÓS LERA, J.M. *100 películas sobre Historia Contemporánea*. Madrid: Alianza, 1997.

CAPARROS LERA, J.M. *El cine político. Visto después del franquismo*. Barcelona: Dopesa, 1978.

CAPARRÓS LERA, José María (coord.). *Cine español. Una historia por autonomías*. Barcelona: PPU, 1996.

CAPARRÓS LERA, José María. *Arte y política en el cine de la República*. Barcelona: Ediciones 7 ½ - Universidad de Barcelona, 1981.

CAPARRÓS LERA, José María. *El cine español bajo el régimen de Franco*. Barcelona: Universitat de Barcelona, 1983.

CAPARROS LERA, José María. *El cine español de la democracia (De la muerte de Franco al "cambio" socialista, 1975-1989)*. Barcelona: Anthropos, 1992.

CARANDELL, Luis (Ed.). *Cine, en España, sin ir más lejos*. Barcelona: Laia, 1982.

CARMONA, Ramón. *Cómo se comenta un texto fílmico*. Madrid: Cátedra, 1993.

CARR, Raymond. *España, de la dictadura a la democracia*. Barcelona: Planeta, 1979.

CARRILLO, Santiago. *Memoria de la Transición*. Barcelona: Grijalbo, 1983.

CARTELERA TURIA, Equipo. *Cine español, cine de subgéneros*. Valencia: Fernando Torres, 1974.

CASETTI, Francesco. *Teorías del cine*. Madrid: Cátedra, 2000.

CASTELLET, José María (Dir.) *La cultura bajo el franquismo*. Barcelona: Ediciones de Bolsillo, 1977.

CASTILLEJO, José. *Ángela Molina*. Valencia: Fundación Municipal de Cine y Mostra de Valencia, 1997.

CASTRO DE PAZ, José Luis y PENA, Jaime J. (coord.). *Las imágenes y el interior de las palabras: Camilo José Cela en el cine español*. Orense: Festival Internacional de Cine Independiente de Orense, 2001.

CASTRO, A. *Cine español en el banquillo*. Valencia: Fernando Torres, 1974.

CEBOLLADA, Pascual y SANTA EULALIA, Mary G. *Madrid y el cine*. Madrid: Ed. Comunidad de Madrid, 2000.

CEBOLLADA, P. y RUBIO GIL, L. *Enciclopedia del cine español. Cronología*. Barcelona: Ediciones del Serbal, 1997.

CEBOLLADA, Pascual. *José María Forqué, un director de cine*. Barcelona: Royal Books, 1993.

CERCAS, J. *La obra literaria de Gonzalo Suárez*. Barcelona: Quaderus Crema, 1993.

COLMENA, Enrique. *Vicente Aranda*. Madrid: Cátedra, 1996.

COLOMER, Joseph M. *La transición a la democracia: el modelo español*. Barcelona: Anagrama, 1998.

CONFERENCIA DEL EPISCOPADO ESPAÑOL y COMISIÓN EPISCOPAL DE ENSEÑANZA Y CATEQUESIS. *Con vosotros está. Manual del educador. Guía doctrinal*. Madrid: Secretariado Nacional de Catequesis, 1976.

CONTE, Rafael (ed). *Una cultura portátil. Cultura y sociedad en la España de hoy*. Madrid: Ediciones Temas de Hoy, 1990.

COOPERADOR PAULINO. *Comunicación Social y Pastoral*. Madrid: Ediciones San Pablo, nº102 (Sin Fecha).

COTALERO, Ramón. *Transición política y consolidación democrática (1975-1986)*. Madrid: CIS, 1992.

COTARELO, Ramón y CUEVAS, Juan Carlos (Comps.). *El cuarto poder. Medios de comunicación y legitimación democrática en España*. Melilla: UNED, 1998.

CRUSELLS, Magí. *La guerra civil española: cine y propaganda*. Madrid: Ariel Historia, 2000.

D'LUGO, Marvin. *Carlos Saura. The practice of seeing*. Massachusetts: Ed. Princeton Paperbacks, 1995.

De ARMIÑÁN, Jaime. *La dulce España*. Barcelona: Ed. Tusquets, 2001.

De DEBAJO DE PABLOS, Juan Julio. *Los thrillers españoles (El cine español policíaco desde los años 40 hasta los años 90)*. Valladolid: Fancy Ediciones, 2001. (10 Vol.)

De ISASA, Juan. *Historia de la Iglesia, II. Sel cisma de Occidente a nuestros días*. Madrid: Acento Editorial, 1998.

De los SANTOS LÓPEZ, J.Mª. *Sociología de la transición andaluza*. Málaga: Ágora, 1990.

De MORAGAS, Miquel (ed). *Sociología de la comunicación de masas*. Barcelona: Gustavo Gili, 1979.

De VILLENA, Luis Antonio. *La revolución cultural (desafío de una juventud)*. Barcelona: Planeta, 1975.

DeFLEUR, Melvin L. y BALL-ROKEACH, Sandra J.. *Teorías de la comunicación de masas*. Barcelona: Paidós, 1986.

Del ÁGUILA, Rafael y MONTORO, Ricardo. *El discurso político de la Transición española*. Madrid: CIS/ Siglo XXI, 1984.

DELGADO, Juan-Fabián. *Andalucía y el cine, del 75 al 92*. Sevilla: El Carro, 1991.

DOBRI, Michel. *Sociología de las crisis políticas*. Madrid: CIS/ Siglo XXI, 1988.

ELIADE, Mircea. *Imágenes y símbolos: ensayo sobre el simbolismo mágico-religioso*. Madrid: Taurus, 1994.

ESQUIROL, Meritxell y FECÉ, Josep Lluis. "Una aproximación a llos discursos legitimadores de la Transición. El caso de *Pepi, Luci, Bom y otras chicas del montón*, de Pedro Almodóvar". En VV.AA. *El cine español durante la Transición democrática (1974-1983). IX Congreso de la Asociación española de Historiadores del Cine*. Madrid: Academia de las Artes y las Ciencias Cinematográficas de España. Pp. 165-180.

ÉVORA, José Antonio. *Tomás Gutiérrez Alea*. Madrid: Cátedra / Filmoteca Española, 1996.

FAGES, J. B. y PAGANO, Ch. *Diccionario de los Medios de Comunicación. Técnica, semiología, lingüística*. Valencia: Fernando Torres, 1971.

FALQUINA, Ángel y PORTO, Juan José. *El cine español en premios. 1941-1972*. Madrid: Editorial Madrid, 1974.

FÉLIX, T.; COTARELO, R. y BLAS, A. *La transición democrática española*. Madrid: Sistema, 1989.

FERNÁNDEZ BLANCO, Víctor. *El cine y su público en España*. Madrid: Fundación Autor / SGAE, 1998.

FERNÁNDEZ CUENCA, Carlos. *Cine religioso. Filmografía crítica*. Valladolid: Semana Internacional de Cine Religioso y de Valores Humanos, 1960.

FERNÁNDEZ OLIVA, A. *José Luis López Vázquez. Un cómico dramático*. Madrid: Editorial Difusión Cinematográfica Española, 1988.

FERNÁNDEZ PRADO, Emiliano. *La política cultural*. Gijón: Ediciones Trea, 1991.

FERNÁNDEZ VALENTÍ, Tomás y NAVARRO, Antonio José. *El mito de la vida artificial. Frankenstein*. Madrid: Nuer, 2000.

FERNANDO BLANCO, Víctor. *El cine y su público en España. Un análisis económico*. Madrid: Sociedad General de Autores de España, 1998.

FERNÁN-GÓMEZ, Fernando. *Puro teatro y algo más*. Barcelona: Alba, 2002.

FIDDIAN, R. W. y EVANS, P. W. *Challengers to Authority: Fiction an Film in Contemporary Spain*. Londres: Thames Books, 1988.

FLORISTÁN, Casiano y TAMAYO, Juan José (eds.) *Conceptos fundamentales de cristianismo*. Madrid: Ediciones Trotta, 1993.

FONT, D. *Del azul al verde. El cine español durante el franquismo*. Barcelona: Avance, 1976.

FORNER, Juan. *Cine español 1980*. Valladolid: Semana Internacional de Cine de Valladolid, 1980.

FRAGA RODRÍGUEZ, Lucía. "Pascual Duarte: víctima y verdugo". En VV.AA. *El cine español durante la Transición democrática (1974-1983). IX Congreso de la Asociación española de Historiadores del Cine.* Madrid: Academia de las Artes y las Ciencias Cinematográficas de España. Pp. 305-316.

FREIXAS, Ramón y BASSA, Joan. *El sexo en el cine y el cine de sexo.* Barcelona: Paidós, 2000.

FRUGONE, Juan Carlos. *Oficio de gente humilde... Mario Camus.* Valladolid: Semici, 1984. ÁLVARES, Rosa y FRIAS, Belén. *Vicente Aranda y Victoria Abril. El cine como pasión.* Valladolid: Semici, 1991.

FUSSI, J.P. y PALATOX, J. *España: 1808-1996. El desafío de la modernidad.* Madrid: Espasa Calpe, 1997.

GABIÑA AIZPURU, Santiago. *La sociedad del ocio y la religión.* Madrid: Ediciones San Pablo, 1996.

GALÁN, Diego. *Reírse en España? El humor español en el banquillo.* Valencia: Fernando Torres, 1974.

GALÁN, Diego. *Venturas y desventuras de* La Prima Angélica. Valencia: Fernando Torres, 1974.

GALLEGOS ROCAFULL, José María. *La carta colectiva de los obispos fasciosos.* Madrid-Valencia: Ediciones Españolas, 1937.

GALLERO, José Luis. *Sólo se vive una vez. Esplendor y ruina de la movida madrileña.* Madrid: Ardora, 1997.

GÁMEZ FUENTES, María José. "Acordes y desacuerdos. La madre en el cine español de la democracia. En VV.AA. *El cine español durante la Transición democrática (1974-1983). IX Congreso de la Asociación española de Historiadores del Cine.* Madrid: Academia de las Artes y las Ciencias Cinematográficas de España. Pp. 145-164.

GARCÍA ESCUDERO, José María. *Cine español.* Madrid: Rialp, 1962.

GARCÍA ESCUDERO, José María. *Historia en cien palabras del cine español.* Salamanca: Publicaciones del Cine-Club del SEU, 1954.

GARCÍA ESCUDERO, José María. *La primera apertura. Diario de un director general.* Barcelona: Planeta, 1978.

GARCÍA ESCUDERO, José María. *Vamos a hablar de cine.* Madrid: Salvat, 1970.

GARCÍA FERNÁNDEZ, E. C. *Historia del cine en Galicia (1996-1984).* La Coruña: La Voz de Galicia, 1985.

GARCÍA FERNÁNDEZ, E. C. *Historia ilustrada del cine español.* Barcelona: Planeta, 1985.

GARCÍA FERNÁNDEZ, Emilio C. *El cine español contemporáneo.* Barcelona: Cileh, 1992.

GARCÍA FERNÁNDEZ, Emilio C. *Historia del cine en Galicia (1986-1984).* La Coruña: La voz de Galicia, 1985.

GARCÍA FERNÁNDEZ, Emilio Carlos y SÁNCHEZ GONZÁLEZ, Santiago. *Guía histórica del cine.* Barcelona: Film Ideal, 1997.

GARCÍA FERNÁNDEZ, Emilio Carlos. *Cine e historia. Imágenes de la historia reciente.* Madrid: Arco/ Libros, 1998.

GARCÍA FERNÁNDEZ, Emilio Carlos. *Historia ilustrada del cine español.* Barcelona: Planeta, 1985.

GASCA, Luis. *Un siglo de cine español.* Barcelona: Planeta, 1998.

GIL DE MURO, Eduardo T. *Mis cien mejores películas del cine resligioso.* Burgos: Ed. Monte Carmelo, 1999.

GIRARDET G. *Il vangelo che viene del vídeo, le chiese e la tentazione dei mass media.* Turín: Claudiana, 1980.

GÓMEZ BENÍTEZ DE CASTRO, R. *Evolución de la producción cinematográfica española. 1975-1988.* Bilbao: Mensajero, 1988.

GÓMEZ MESA, Luis. *La literatura española en el cine nacional (Documentación y crítica).* Madrid: Filmoteca Nacional de España, 1978.

GÓMEZ RUFO, Antonio. *Berlanga. Contra el poder y la gloria.* Barcelona: Ediciones B, 1997.

GÓMEZ TARÍN, Francisco J. *"Arrebato:* de la marginalidad al culto". En VV.AA. *El cine español durante la Transición democrática (1974-1983). IX Congreso de la Asociación española de Historiadores del Cine.* Madrid: Academia de las Artes y las Ciencias Cinematográficas de España. Pp. 317-332.

GONZÁLEZ BALLESTEROS, Teodoro. *Aspectos jurídicos de la censura cinematográfica en España.* Madrid: Editorial de la Universidad Complutense de Madrid, 1981.

GONZÁLEZ CASANOVA, J. A. *El cambio inacabable (1975-1985).* Barcelona: Anthropos del hombre, 1986.

El cine mexicano entre 1974 y 1983, y las coproducciones de España con México en ese período. En VV.AA. *El cine español durante la Transición democrática (1974-1983). IX Congreso de la Asociación española de Historiadores del Cine.* Madrid: Academia de las Artes y las Ciencias Cinematográficas de España. Pp. 105-126.

GOROSTIZA, Jorge. *Directores artísticos del cine español.* Madrid: Ed. Cátedra / Filmoteca española, 1998.

GRAHAM, Helen y LABANYI, Jo (eds). *Spanish Cultural Studies.* Oxford: Oxford University Press, 1995.

GRAHAM, Ricardo. *España, anatomía de una democracia.* Barcelona: Plaza y Janés, 1985.

GRIGORIEFF, Vladimir. *El gran libro de las religiones del mundo.* Barcelona: Robinbook, 1995.

GUARNER, José Luis. *30 años de cine en España.* Barcelona: Kairós, 1971.

GUBERN, R. *Carlos Saura.* Huelva: Festival de Cine Iberoamericano de Huelva, 1979.

GUBERN, Román (coord.) *Un siglo de cine español.* Madrid: Academia de las Artes y las Ciencias Cinematográficas / Cuadernos de la Academia, 1997.

GUBERN, Romàn y DOMÉNECH FONT. *Un cine para el cadalso (40 años de censura cinematográfica en España).* Barcelona: Euros, 1975.

GUBERN, Román y DOMÉNECH FONT. *Un cine para el cadalso. 40 años de censura cinematográfica en España.* Barcelona: Euros, 1975.

GUBERN, Romàn. *Cine contemporáneo.* Barcelona: Salvat, 1974.

GUBERN, Román. *La censura. Función política y ordenamiento jurídico bajo el franquismo. (1936-1975).* Barcelona: Península, 1981.

GUBERN, Romàn. *La censura: función política y ordenamiento jurídico bajo el franquismo (1936-1975).* Barcelona: Península, 1981.

GURPEGUI VIDAL, Javier. *El relato de la desigualdad. Estereotipo racial y discurso cinematográfico.* Zaragoza: Tierra A. C., 2001.

HABERMAS, Jürgen. *Historia y crítica de la opinión pública.* Barcelona: Gustavo Gili, 1981.

HENNEBELLE, Guy. *Los cinemas nacionales contra el imperialismo de Hollywood.* Valencia: Fernando Torres, 1977.

HEREDERO GARCÍA, Rafael. *La censura del guión en España.* Valencia: Edición de la Filmoteca (IVAC), Valencia, 2000.

HEREDERO, Carlos F. *Cuentos de magia y conocimiento. El cine de Manuel Gutiérrez Aragón.* Burgos: Alta Films, 1998.

HEREDERO, Carlos F. *Iván Zulueta: la vanguardia frente al espejo.* Alcalá de Henares: Festival de Cine de Alcalá de Henares, 1989.

HEREDERO, Carlos F. *José Luis Borau: teoría y práctica de un cineasta.* Madrid: Filmoteca Española, 1990.

HERNÁNDEZ LES, J. y GATO, M. *El cine de autor en España.* Madrid: Castellote, 1978.

HERNÁNDEZ LES, Juan. *El cine de Elías Querejeta, un productor singular.* Bilbao: Mensajero, 1986.

HERNÁNDEZ RUIZ, J. *Gonzalo Suárez: un combate ganado con la ficción.* Madrid: 21 Festival de Cine de Alcalá de Henares, 1991.

HERNÁNDEZ, Marta. *El aparato cinematográfico español.* Madrid: Akal, 1976.

HEUSCHÄFTER, Hans-Jórg. *Adiós a la España eterna. La dialéctica de la censura.* Barcelona: Anthropos, 1994.

HOOPER, John. *Los nuevos españoles.* Madrid: Vergara, 1995.

HOPEWELL, John. *El cine español después de Franco.* Madrid: El Arquero, 1989.

HOPKIN, J. *El partido de la Transición.* Madrid: Acento, 2000.

HORMIGÓN, Juan Antonio. *Teatro, realismo y cultura de masas.* Madrid: Edicusa, 1974.

IMBERT, Gerard. *Los discursos del cambio. Imágenes e imaginarios en la España de la Transición (1976-1986).* Madrid: Akal, 1990.

IMBERT, Gérard. *Los discursos del cambio. Imágenes e imaginarios sociales en la España de la Transición (1976-1982).* Barcelona: Akal, 1990.

IRAZÁBAL MARTÍN, Concha. *Alice, sí está. Directoras de cine europeas y norteamericanas. 1896-1996.* Madrid: Horas y horas, 1996.

JAIME, Antoine. *Literatura y cine en España (1975-1995).* Madrid: Cátedra, 2000.

JAMES CURRAN y otros. *Sociedad y comunicación de masas.* México: Fondo de Cultura Económica, 1981.

JARVIE, Ian C. *Sociología del cine.* Madrid: Guadarrama, 1974.

JONES, D. E. y CORBELLA, J. M. (comps.). *La industria audiovisual de ficción en Catalunya.* Barcelona: C.I.C./Generalitat de Catalunya, 1989.

JORDAN, Barry y BORGAN-TAMOSUNAS, Rikki. *Contemporary Spanish Cinema*. Manchester: Manchester University Press, 1998.

JOSÉ I SOLSONA, C. *El sector cinematografic a Catalunya: una aproximació quantitativa*. Barcelona: I.C.C., 1983.

JOSÉ I SOLSONA, C. *Tendencias de l'exhibició cinematográfica a Catalunya*. Barcelona: I.C.C., 1987.

JÜRGEN HABERMAS. *Historia de la crítica de la opinión pública*. Barcelona: Gustavo Gili, 1981.

KINDER, Marsha. *Blood Cinema. The Reconstruction of Hacional Identity in Spain*. Los Angeles: University of California Press, 1993.

LA BROSSE, Oliver de. *Diccionario del Cristianismo*. Barcelona: Herder, S.A., 1996.

LABOA, Juan María. *Iglesia e intolerancias. La Guerra Civil*. Madrid: Sociedad de Educación Atenas, 1987.

LANNON, Francés. *Privilegio, persecución y profecía. La Iglesia católica en España. 1875-1975*. Madrid: Alianza, 1990.

LARRAZ, E. *Le cinéma espagnol des origenes à nos jours*. París : Ed. Du Cerf, 1986.

LEBEL, Jean-Patrick. *Cine e ideología*. Buenos Aires: Granica, 1973.

LENNE, Gerard. *Erotismo y cine*. Madrid: Grafalco, 1999.

LINARES, Andrés. *El cine militante*. Madrid: Castellote, 1976.

LLINÁS, P. (comp.). *4 años de cine español 1983-1986*. Madrid: Dicrefilm, 1987.

LLINÁS, P. (comp.). *Directores de fotografía del cine español*. Madrid: Filmoteca Española, 1990.

LLOPIS, Silvia. *La comedia en 100 películas*. Madrid, Alianza Editorial.

LÓPEZ ECHEVARRIETA, A. *Cine vasco: de ayer a hoy*. Bilbao: Mensajero, 1984.

LÓPEZ ECHEVARRIETA, A. *Vascos en el cine*. Bilbao: Mensajero, 1988.

LÓPEZ ECHEVARRÍETA, Alberto. *Cine vasco: de ayer y hoy*. Bilbao: Mensajero, 1984.

LÓPEZ PINTOR, R y MARAVALL, J.M. *La política de la transición*. Madrid: Taurus, 1996.

LÓPEZ PINTOR, Rafael. *La opinión pública española: del franquismo a la democracia*. Madrid: CIS, 1988.

LÓPEZ VILLEGAS, Manuel (ed.), *Escritos de Buñuel*. Madrid: Páginas de Espuma, 2000.

LURKER, Manfred. *Diccionario de imágenes y símbolos de la Biblia*. Córdoba: El Almendro, 1994.

MAQUA, Javier. *El docudrama, fronteras de la ficción*. Madrid: Cátedra, 1992.

MARAVALL, José María. *La política de la Transición*. Madrid: Taurus, 1981.

MARTÍN MORÁN, Ana y DÍAZ LÓPEZ, Marina. "La asignatura de las fulanitas: mujer e imaginario masculino pensando a través de dos estrellas femeninas del cine de la Transición. En VV.AA. *El cine español durante la Transición democrática (1974-1983). IX Congreso de la Asociación española de Historiadores del Cine*. Madrid: Academia de las Artes y las Ciencias Cinematográficas de España. Pp. 181-200.

MARTÍN SERRANO, Manuel. *La producción social de comunicación*. Madrid: Alianza, 1986.

MARTÍN, Carlo María. *Comunicar a Cristo hoy*. Salamanca: Universidad Pontificia de Salamanca, 1998.

MARTÍNEZ BRETÓN, J. Antonio. *La Iglesia católica en la cinematografía española (1951-1962)*. Madrid: Haforama, S.A., 1987.

MARTÍNEZ BRETÓN, José Antonio. *Influencia de la Iglesia católica en la cinematografía española*. Madrid: Harofarma, 1987.

MARTÍNEZ DE MINGO, Luis. *José Luis Borau*. Madrid : Fundamentos, 1997.

MARTÍNEZ TORRES, A. (comp.). *Cine español (1896-1988)*. Madrid: Ministerio de Cultura, 1989.

MÉNDEZ-LEITE, Fernando. *Concha Velasco*. Valladolid: Semici, 1986.

MERTENS, Heinrich a. *Manual de la Biblia: aspectos literarios, históricos y arqueológicos*. Barcelona: Herder, 1989.

METZ, Christian. *Lenguaje y cine*. Barcelona: Planeta, 1973.

MONTERDE, José Enrique y RIMBAU, Esteve (coords.) *Historia General del Cine. Volumen XI*. Madrid: Cátedra, 1995.

MONTERDE, José Enrique. *Veinte años de cine español*. Barcelona: Paidos, 1993.

MORÁN, Gregorio. *El precio de la transición*. Madrid: Planeta, 1991.

MORODO, Raúl. *La Transición política*. Madrid: Tecnos, 1984.

MUÑOZ IGLESIAS, Salvador. *La Iglesia ante el cine*. Madrid: Centro Español de Estudios Cinematográficos, 1958.

NAVARRO, Julia. *Nosotros, la transición*. Madrid: Temas de Hoy, 1995.

NELSON, Cary y GROSSBERG, Lawrence (eds.). *Marxism and the interpretation of culture*. Chicago: University of Illinois Press, 1989.

NEUSCHAFER, Hans-Jörg. *Adiós a la España eterna. La dialéctica de la censura: novela, teatro y cine bajo el franquismo*. Barcelona: Antrhopos, 1994.

NIETO, Alejandro. *Corrupción en la España democrática*. Barcelona: Ariel, 1997.

NISBET, Robert. *La sociología como forma de arte*. Madrid: Espasa, 1979.

O'DONNELL, Guillermo y SCHMITTER, Philippe. *Transiciones desde un gobierno autoritario. Vol. 4: Conclusiones tentativas sobre las democracias inciertas.* Buenos Aires: Paidos, 1988.

OMS, M. y PASSEK, J. L. *30 ans de cinéma espagnol 1958-1988.* París: Centre G. Pompidou, 1989.

ORTIZ, Aurea y PIQUERAS, Mª Jesús. *La pintura en el cine: cuestiones de representatividad visual.* Barcelona: Paidos Ibérica, 1995.

ORTS BERENGUER, Enrique (coord.) *Prostitución y derecho en el cine.* Valencia: Tirant Lo Blanch, 2002.

PALACIOS BAÑUELO, Luis (coord.) *El Reinado de Juan Carlos I. Balance a los veinticinco años.* Madrid: Universidad Rey Juan Carlos, 2002.

PAYAN, Miguel Juan y LÓPEZ, José Luis. *Manuel Gutiérrez Aragón.* Madrid: JC, 1985.

PAYÁN, Miguel Juan. *El cine español actual.* Madrid: Ed. J.C., 2001.

PERALES, Francisco. *Luis García Berlanga.* Madrid : Cátedra, 1997.

PÉREZ MERINERO, David y Carlos. *Cine y control.* Madrid: Castellote, 1975.

PÉREZ MILLÁN, J. A. *Pilar Miró, directora de cine.* Valladolid: Semici, 1992.

PÉREZ PERUCHA, Julio (ed.). *Antología crítica del cine español (1906-1995).* Madrid: Cátedra / Filmoteca española, 1998.

PÉREZ-DÍAZ, Víctor. *España puesta a prueba (1976-1996).* Madrid: Alianza, 1996.

PIANA G. "Etica della comunicazione: problemi e prospettive", en *Corso di morale IV.* Brescia: Koinoma, 1985.

PIÑOL, Joseph M. *La transición democrática de la Iglesia católica española.* Valladolid: Trotta, 1999.

PONGA, Paula. *Carmen Maura.* Barcelona: Icaria, 1993.

POPPARD, Paul. *Cristianismo y cultura en Europa*. Madrid: Rialp, 1992.

PORTO, Juan José y FALQUINA, Ángel. *Cine de terror y Paul Naschy*. Madrid: Editorial Madrid, 1974.

PORTON, Richard. *Cine y anarquismo. La utopía anarquista en imágenes*. Barcelona: Gedisa, 1999.

POWELL, Charles T. *El piloto del cambio. El rey, la monarquía y la transición a la democracia*. Barcelona: Planeta, 1991.

POWELL, Charles. *España en democracia, 1975-2000. Las claves de la profunda transformación de España*. Barcelona: Plaza & Janes, 2002.

POZO ARENAS, Santiago. *La industria del cine en España*. Barcelona: Universitat de Barcelona, 1984.

PRESTIGIACOMO, Carla y RUTA, M. Caterina (Eds.) . *La cultura spagnola degli anni ottanta*. Palermo: Flaccovio Editore, 1995.

PRESTON, Paul. *El triunfo de la democracia en España, 1969-1982*. Barcelona. Plaza y Janés, 1986.

RENTERO, Juan Carlos. *Diccionario de directores*. Madrid: Ediciones JC, 1996.

RESEÑA, Equipo. *12 años de cultura española (1976-1987)*. Madrid: Encuentro, 1989.

RESEÑA, Equipo. *Cine para leer 1973*. Bilbao: Mensajero, 1974.

RESEÑA, Equipo. *Cine para leer 1974*. Bilbao: Mensajero, 1975.

RESEÑA, Equipo. *Cine para leer 1975*. Bilbao: Mensajero, 1976.

RESEÑA, Equipo. *Cine para leer 1976*. Bilbao: Mensajero, 1977.

RESEÑA, Equipo. *Cine para leer 1977*. Bilbao: Mensajero, 1978.

RESEÑA, Equipo. *Cine para leer 1978*. Bilbao: Mensajero, 1979.

RESEÑA, Equipo. *Cine para leer 1979*. Bilbao: Mensajero, 1980.

RESEÑA, Equipo. *Cine para leer 1980*. Bilbao: Mensajero, 1981.

RESEÑA, Equipo. *Cine para leer 1980*. Bilbao: Mensajero, 1981.

RESEÑA, Equipo. *Cine para leer 1981*. Bilbao: Mensajero, 1982.

RESEÑA, Equipo. *Cine para leer 1982*. Bilbao: Mensajero, 1983.

REVUELTA, Manolo y HERNÁNDEZ, Marta. *30 años de cine al servicio de todos los españoles*. Madrid: Zero, 1976.

RICHARDS, M. *Un tiempo de silencio*. Barcelona: Crítica, 1999.

RÍOS CARRATALÁ, Juan A. *El teatro en el cine español*. Alicante: Universidad de Alicante, 2000.

RIVERO SÁNCHEZ, José Antonio. *Diccionario del Cine Español*. Madrid: Ariel, 1996.

RIVERO SÁNCHEZ, José Antonio. *Diccionario del Cine Español*. Madrid, Ariel, 1996.

RODRÍGUEZ AISA, María Luisa. *El cardenal Goma y la guerra de España. Aspectos de la gestión pública del primado. 1936-1938*. Madrid: CSIC, 1981.

RODRÍGUEZ IBÁÑEZ, J. E. *Después de una dictadura: cultura autoritaria y transición política en España*. Madrid: Centro de Estudios Constitucionales, 1987.

RODRÍGUEZ MARTÍNEZ, Saturnino. *El NO-DO, catecismo social de una época*. Madrid: Editorial Complutentse, 1999.

RODRÍGUEZ ROSELL, María del Mar. *Cine y Cristianismo*. Murcia: Universidad Católica de San Antonio, 2002.

RODRÍGUEZ, Eduardo. *José Luis López Vázquez. Los disfraces de la melancolía*. Valladolid: Semici, 1989.

RODRÍGUEZ-MOÑINO SORIANO, Rafael. *Breve historia de la religión en España*. Madrid: Editorial Castalia, 2002.

ROIZ, Javier. *El experimento moderno. Política y psicología al final del siglo XX*. Madrid: Trotta, 1992.

ROMAGUERA, J. *Historia del cine documental de largometraje en el Estado español*. Bilbao: Festival de Cine de Bilbao, s/f.

ROMAGUERA, Joaquín y RIMBAU, Esteve (eds.) *La Historia y el Cine*. Barcelona: Fontamara, 1983.

ROSAY, Jean Mathieu. *Los Papas. De San Pedro a San Pablo II*. Madrid: Ed. Rialp, 1990.

RUBIO, R. (comp.). *La comedia en el cine español*. Madrid: Imagfic, 1986.

RUIZ-DOMÈNEC, José Enrique. *La ambición del amor. Historia del matrimonio en Europa*. Madrid: Aguilar, 2003.

SÁNCHEZ NORIEGA, José Luis. *Mario Camus*. Madrid: Cátedra, 1998.

SÁNCHEZ VIDAL, Agustín. *Borau*. Zaragoza: C.A.I., 1990.

SÁNCHEZ VIDAL, Agustín. *El mundo de Buñuel*. Zaragoza: Caja de Ahorros de la Inmaculada de Aragón.

SANTOS FONTENLA, César. *Cine español en la encrucijada*. Madrid: Ciencia Nueva, 1966.

SCHWARTZ, R. *Spanish Film Directors 1950-1981: 21 Profiles*. Methuen (Nueva Jersey): Scarecrow Press, 1986.

SERRANO Rodolfo y SERRANO, Daniel. *Toda España era una cárcel. Memoria e los presos del franquismo*. Madrid: Suma de Letras, 2003.

SIMMEL TAYLOR, Georg. *Cuestiones fundamentales de sociología*. Barcelona: Gedisa, 2002.

SORLIN, Pierre. *Sociología del cine*. México: Fondo de Cultura Económica, 1986.

SOTILLOS, Eduardo. *1982, el año clave*. Madrid: Aguilar, 2002.

STRAUSS, Frédéric. *Conversaciones con Pedro Almodóvar.* Madrid: Akal, 2001.

STRAUSS, Frédéric. *Pedro Almodóvar. Un cine visceral.* Madrid: El País/Aguilar, 1995.

TÉMIME, É; BRODER, A y CHASTAGNARET, G. *Historia de la España contemporánea. Desde 1808 hasta nuestros días.* Barcelona: Ariel, 1997.

TIMOTEO ÁLVAREZ, Jesús y otros. *Historia de los medios de comunicación en España.* Barcelona: Ariel, 1989.

TORRES, Augusto M. *Diccionario de directores de cine.* Madrid: Ed. Del Prado, 1992.

TORRES, Augusto M. *Diccionario Espasa del Cine.* Madrid: Espasa Calpe, 1997.

TORRES, Augusto M. *El cine español en 119 películas.* Madrid: Alianza, 1997.

TRENZADO ROMERO, Manuel. *Cultura de masas y cambio político: El cine español de la Transición.* Madrid: CIS/ Siglo XXI, 1999.

TUSELL, J. Y SOTO, A. (Eds.) *Historia de la transición (1975-1986).* Madrid: Alianza, 1996.

TUSELL, Javier. *La transición española a la democracia.* Madrid: Historia 16, 1997.

TUSELL, Javier. *La transición española. La recuperación de las libertades.* Madrid: Temas de Hoy/ Historia 16, 1997.

UNSAIN, J. M. *Hacia un cine vasco.* San Sebastián: Euskadiko Filmategia, 1985.

UTRERA, Rafael y DELGADO, J. F. *Cine en Andalucía.* Sevilla: Argantonio, 1980.

VALLÉS COPEIRO DEL VILLAR, Antonio. *Historia de la política de fomento del cine español.* Valencia: Filmoteca de la Generalitat Valenciana, 1992.

VALLÉS COPEIRO, Antonio. *Historia de la política de fomento del cine español.* Valencia: Filmoteca Generalitat Valenciana, 1992.

VECCHI, P. (comp.). *Maravillas. Il cinema spagnolo degli anni ottanta*. Florencia: La Casa Usher, 1991.

VERA, Pascual. *Vicente Aranda*. Madrid: JC, 1989.

VERÓN, E. *La semiosis social. Fragmentos de una teoría de la discursividad*. Barcelona: Gedisa, 1987.

VIDAL MANZANARES, César. *Diccionario e tres religiones monoteístas (judaísmo, cristianismo e islam)*. Barcelona: Alianza Editorial, 1996.

VIDAL, M. *Moral de actitudes III. Moral social*. Madrid: PS, 1996.

VIDAL, Nuria. *El cine de Pedro Almodóvar*. Barcelona: Destino, 2000.

VIDAL, Nuria. *Gerardo es un hombre de cine (Aproximación al trabajo de Gerardo Herrero)*. Huesca: Festival de Cine de Huesca, 1996.

VILARIÑO, Remigio; DÍEZ, José Luis y PEREIRA, Miguel. *El cine y los católicos*. Madrid: Aldecoa, 1941.

VILLÁN, Javier. *Y vinieron las suecas (Tránsitos y lujurias en los años 60)*. Madrid: Editorial Akal, 2002.

VILLEGAS LÓPEZ, Manuel. *Nuevo cine español*. San Sebastián: Festival Internacional de Cine, 1967.

VILLENA, Miguel Ángel. *Ana Belén*. Barcelona: Plaza & Janes, 2002.

VV. AA. *Miradas sobre el cine de Vicente Aranda*. Murcia: Universidad de Murcia, 2000.

VV.AA. *40 años de la Semana Internacional de Cine de Valladolid*. Valladolid: Semana Internacional de Cine de Valladolid, 1995.

VV.AA. *7 Trabajos de base sobre el cine español*. Valencia: Fernando Torres, 1975.

VV.AA. *Biblia de Jerusalén*. Bilbao: Desclee de Brouwer, 1975.

VV.AA. *Centenario del cine español*. Madrid: Unidad Editorial S.A., 1996.

VV.AA. *Cien años de cine*. Madrid: El País, 1995.

VV.AA. *Cine español 1896-1983*. Madrid: Ministerio de Cultura, 1984.

VV.AA. *Cine español, cine de subgéneros*. Valencia: Fernando Torres Editor, 1974.

VV.AA. *Cine español. 1975-1984*. Murcia: Universidad de Murcia, 1985.

VV.AA. *Cine español. Vol II*. Madrid: PPU, 1998.

VV.AA. *Cine europeo en Europa. Memoria del encuentro celebrado en Madrid del 26 al 31 de mayo de 1987*. Madrid: ADIRCE, 1988.

VV.AA. *Cine y educación. La escuela en el cine, los medios en el aula*. Madrid: UNED.

VV.AA. *Cine y libros en España*. Madrid: Ediciones Polifemo, 1997.

VV.AA. *Cinema, arte e ideología*. Oporto: Afrontamento, 1975.

VV.AA. *Conocer a Eloy de la Iglesia*. San Sebastián: Filmoteca Vasca / Festival Internacional de Cine de San Sebastián, 1996.

VV.AA. *Del Franquismo a la posmodernidad. Cultura española 1975-1990*. Madrid: Akal, 1995.

VV.AA. *Diccionario de sociología*. Barcelona: Larousse, 1995.

VV.AA. *Diccionario del cine español*. Madrid: Alianza, 2000.

VV.AA. *Doctrina social de la Iglesia. Manual abreviado*. Madrid: Biblioteca de Autores Cristianos, 1996.

VV.AA. *El cine en Cataluña. Una aproximación histórica*. Barcelona: Promociones y Publicaciones Universitarias, 1993.

VV.AA. *El cine español, desde Salamanca (1955/1995)*. Salamanca: Junta de Castilla y León, 1995.

VV.AA. *El cine español*. Barcelona: Larousse, 2002.

VV.AA. *El cine y el Estado*. Madrid: Ministerio de Cultura, 1979.

VV.AA. *El cine y la Transición española*. Valencia: Generalitat Valenciana, 1986.

VV.AA. *El cine y la Transición política española.* Valencia: Generalitat Valenciana, 1986.

VV.AA. *El cine y las normas pontificias de la Iglesia.* Madrid: Acción Católica, 1935.

VV.AA. *El sueño loco de Andrés Vicente Gómez.* Málaga: Festival de Málaga y Andrés Vicente Gómez, 2001.

VV.AA. *Escritos sobre el cine español 1973-1987.* Valencia: Filmoteca de la Generalitat Valenciana, 1989.

VV.AA. *España, diez años después de Franco (1975-1985).* Barcelona: Planeta, 1986.

VV.AA. *España: Historia gráfica del siglo XX.* Madrid: Prensa Española/ ABC, 1997.

VV.AA. *Historia de la democracia. La aventura de la libertad.* Madrid: El Mundo, 1995.

VV.AA. *Historia del cine español.* Madrid: Cátedra, 1995.

VV.AA. *Ideología y lenguaje cinematográfico.* Madrid: Alberto Corazón, 1969.

VV.AA. *Ilusión y realidad. La aventura del cine vasco en los ochenta.* San Sebastián: Editorial Filmoteca Vasca, 1999.

VV.AA. *La historia a través del cine. Europa del Éste y la caída del muro. El franquismo.* Guipúzcoa: Universidad del País Vasco, 2000.

VV.AA. *La Iglesia ante los medios de comunicación social.*

VV.AA. *La industria cinematográfica.* Bilbao: Servicio de Estudios del BBV, 1994.

VV.AA. *La moralidad del cine.* Oviedo: Fundación Municipal de Cultura, 1991.

VV.AA. *Las vanguardias artísticas en la historia del cine español.* San Sebastián: Filmoteca Vasca, 1991.

VV.AA. *Memoria de la Transición. Del asesinato de Carrero Blanco a la integración en Europa.* Madrid: El País, 1996.

VV.AA. *La Iglesia ante los medios de comunicación social.* Madrid: Paulinas, 1987.

WILLIAMS EVANS, Peter. *Las películas de Luis Buñuel. La subjetividad y el deseo.* Barcelona: Paidos, 1998.
WILLIAMS, Raymond. *El campo y la ciudad.* Buenos Aires: Paidos, 2001.
WOLF. *La investigación de la comunicación de masas.* Barcelona: Paidos, 1987.
YARZA, Alejandro. *Un caníbal en Madrid. La sensibilidad camp y el reciclaje de la historia en el cine de Pedro Almodóvar.* Madrid: Ediciones Libertarias, 1999.
YRAOLA, Aitor (comp.) *Historia contemporánea de España y cine.* Madrid: Universidad Autónoma de Madrid, 1997.
ZIMMER, Christian. *Cine y política.* Salamanca: Sígueme, 1976.
ZUMETA, Ángel de. *Un cardenal español y los obispos católicos vascos. La conciencia cristiana ante la guerra de la Península Ibérica.* Bilbao: Minerva, 1937.
ZUNZUNEGUI, Santos. *El cine en el País Vasco.* Bilbao: Diputación Foral de Vizcaya, 1985.
A.M.M. (Ángeles Masó). «Llegó con *El diputado:* Eloy de la Iglesia: `La izquierda ha heredado una moral que no es suya'». *La Vanguardia* (Barcelona), (24-10-1979).
ABC. «Dios te salve María». *ABC* (Madrid), (16-6-1985).
ALBERICH, Enrique. «La colmena». *Dirigido por...* (Barcelona), 97 (1982), p. 60.
ALBERICH, Enrique. «Patrimonio nacional». *Dirigido por...* (Barcelona), 99 (1982), p. 62.
ALEGRE, Sergio. «La Transición española, un documental histórico. Entrevista con Victoria Prego». *Film-Historia* (Barcelona), X (2000), pp. 169-178.
ALONSO IBARROLA, José Manuel. «Landismo viene de Landa». *Nickel Odeon* (Madrid), 5 (1996), pp. 78-81.
ÁLVARES ÁLVAREZ. «El adulterio ante la ley». *El País* (Madrid), (24-11-1976).

ALVIRA MARTÍN, Francisco. «La seguridad ciudadana en un estado de libertades». *Década* (Madrid), 6 (1981), pp. 22-24.

ANGULO, Javier. «Los homosexuales españoles no han conseguido sus objetivos». *El País* (Madrid), (12-1-1979).

ANGULO, Jesús. «El cine de Pilar Miró». *Nosferatu* (San Sebastián), 28 (1989), p. 22.

ARANGUREN, J. L. «La nueva cultura sexual y los sistemas de parentesco». *El País* (Madrid), (30-10-1976).

ARDANAZ, Natalia. «Los discursos políticos televisivos durante la Transición». *Film-Historia.* (Barcelona), X (2000), pp. 179-194.

ARENAS, José Eduardo. «Entrevista con Azcona». *ABC* (Madrid), (14-11-1999).

ARIAS, Juan. «Escepticismo de los católicos progresistas ante el sínodo que hoy inaugura el Papa». *El País* (Madrid), (26-9-1980).

B.C. «Organización de lesbianas en el País Valenciano». *El País* (Madrid), (1-11-1977).

BALAGUÉ, Carlos. «Bigas Luna. Caniche. Entrevista». *Dirigido por...* (Barcelona), 65 (1978), pp. 20-23.

BALAGUÉ, Carlos. «Caniche». *Dirigido por...* (Barcelona), 65 (1978), pp. 59-60.

BALAGUÉ, Carlos. «Entrevista con Emilio Martínez Lázaro». *Dirigido por...* Barcelona 54 (1977), pp. 54-59.

BALAGUÉ, Carlos. «Un hombres llamado Flor de Otoño». *Dirigido por...* Barcelona 55 (1978), pp. 58-59.

BARAGLI E., «Le nuove tecnologie di communicazione. Aspetti moral». *La Civiltá Cattolica* (Roma) 135 (1984)1, pp. 131-139.

BARCÍA BRUSCO, Carlos. «Colegas». *Dirigido por...* (Barcelona), 98 (1982), pp. 64-65.

BEAUMONT, José F. «Necesidades de una educación democrática y libre del poder político». *El País* (Madrid), (29-8-1976).

BERMEJO, Alberto. «Esperpento, costumbrismo y diversidad en democracia». *Nickel Odeon* (Madrid), 5 (1996), pp. 62, 76.

BORAU, José Luis. «En busca de la letra perdida». *Viridiana*. (Madrid), 4 (1993), pp. 7-15.

BRUSCO, García. «Cambio de sexo». *Dirigido por...* Barcelona 45 (1977), pp. 24-25.

CANTAVELLA, Juan. «Rafael Azcona: "Me da risa el hombre cuando se pone estupendo"». *Heraldo de Aragón* (Zaragoza), (5-11-1999).

CASTRO, Antonio. «Caudillo». *Dirigido por...* Barcelona 49 (1977), pp. 61-62.

CASTRO, Antonio. «Entrevista con Carlos Saura». *Dirigido por...* (Barcelona), 69 (1979), pp. 44-50

CASTRO, Antonio. «Entrevista con J. A. Bardem». *Dirigido por...* (Barcelona), 63 (1978), pp. 48-54.

CASTRO, Antonio. «Entrevista con Pedro Olea». *Dirigido por...* Barcelona 42 (1977), pp. 16-21.

CASTRO, Antonio. «Parranda». *Dirigido por...* Barcelona 43 (1977), p. 27.

CASTRO, Antonio. «Queridísimos verdugos». *Dirigido por...* Barcelona 44 (1977), p. 30.

CASTRO, Antonio. «San Sebastián 78. Lo que no debe ser un festival». *Dirigido por...* (Barcelona), 58 (1978), p. 43.

CASTRO, Antonio. «Siete días de enero». *Dirigido por...* (Barcelona), 63 (1978), pp. 59-60.

CÉSAR VACA, P. «El matrimonio y el cine». *Religión y cultura* (Madrid), 30 (1963), pp. 187-210.

CHACEL, Rosa. «Furtivos». *Viridiana*. (Madrid), 4 (1993), pp. 127-130.

COBOS, Juan. «El crack». *Nickel Odeon* (Madrid), 5 (1996), pp. 100-101.

COBOS, Juan. «Tamaño natural». *Nickel Odeon* (Madrid), 6 (1996), pp. 20-21.

COBOS, Juan; GARCI, José Luis y VALCÁRCEL, Horacio. «Berlanga. Perversiones de un soñador». *Nickel Odeon* (Madrid), 6 (1996), pp. 36, 159.

COBOS, Juan; GARCI, José Luis; LAMET, Juan Miguel y TORRES-DULCE, Eduardo. «Encuentro con Alfredo Landa». *Nickel Odeon* (Madrid), 5 (1996), pp. 162-211.

COLÓN, Carlos. «La música en la "cocina americana": Música y comedia en España (1951-1975)». *Nickel Odeon* (Madrid), 5 (1996), pp. 214-223.

COMISIÓN DE JUSTICIA DEL CONGRESO. «Aprobada la despenalización del adulterio y del amancebamiento». *El País* (Madrid), (14-2-1982).

COMPANY, Juan M. «El cine de la reforma». *Dirigido por...* Barcelona 43 (1977), pp. 32-33.

CUETO, Roberto. «Entre el desprecio y el olvido. La novela criminal en el cine español». *Cuadernos de la Academia.* (Madrid), 11/12 (2002), pp. 355-380.

DELCLÓS, Tomás. «Una década... de cine». *Las nuevas letras* (Barcelona), ¾ (1985), pp. 104-105.

DELEYTIO, J. M. «El aborto en España». *Tribuna Abierta,* 1 Dic. (1972), pp. 20-23.

DÍAZ, Lola. «Pedro Almodóvar: `Cuando me comparan con Fassbinder me parece una pesadilla´». *Cambio 16* (Madrid), (18-4-1988).

DÍEZ ALEGRÍA, José María. «Ante la ley del divorcio». *El País* (Madrid), (8-2-1981).

DÍEZ NICOLÁS, J. «La mujer española y la planificación familiar», *Tauta*, 8, 20 marzo, 1973, pp. 86-97.

DROVE, Antonio. «Nosotros que fuimos tan felices». *Dirigido por...* Barcelona 41 (1977), pp. 34-35.

EFE. «Dos tercios de la población española a favor de la despenalización de los anticonceptivos». *El País* (Madrid), (6-1-1978).

EFE. «Protestas feministas por las declaraciones papales». *El País* (Madrid), (1-10-1979).

EL PAÍS. «Debe reforzarse la legislación sobre la homosexualidad». *El País* (Madrid), (19-5-1977).

EL PAÍS. «Despido improcedente de una profesora que educaba sexualmente a sus alumnos». *El País* (Madrid), (14-7-1976).

EL PAÍS. «E l 41% de las norteamericanas mantienen relaciones sexuales prematrimoniales». *El País* (Madrid), 9-6-1978).

EL PAÍS. «El episcopado aprueba un documento contra la regulación de la natalidad, el aborto y el divorcio». *El País* (Madrid), (8-7-1979).

EL PAÍS. «La marginación de los homosexuales». *El País* (Madrid), (14-2-1979).

EL PAÍS. «La reforma del Código Penal sobre el estupro: un tema polémico». *El País* (Madrid), (26-1-1979).

EL PAÍS. «LCR, contra la negativa de legalizar a grupos homosexuales catalanes». *El País* (Madrid), (22-3-1979).

EL PAÍS. «Los homosexuales catalanes envían al Papa una carta de protesta». *El País* (Madrid), (17-10-1977).

EL PAÍS. «Nueva planificación episcopal de la educación religiosa en la escuela». *El País* (Madrid), (21-1-1982).

EL PAÍS. «Opiniones contradictorias sobre la ley de Peligrosidad Social». *El País* (Madrid), (3-6-1977).

ENGELS, Federico. *Sobre el origen de la familia, la propiedad privada y el Estado: a la luz de las investigaciones de Lewis H. Morgan*. México: Libros Digitales XHGLC, 2012.

FERNÁNDEZ SANTOS, J. «Fidelidad imaginativa en *La familia de Pascual Duarte*». *El País* (Madrid), (2-5-1976).

FERNÁNDEZ SANTOS, J. «Testimonio y simpatía». *El País* (Madrid), (2-5-1980).

FERNÁNDEZ SANTOS, Jesús. «Al servicio del cine español». *El País*, (Madrid), (24-10-1978).

FERNÁNDEZ SANTOS, Jesús. «Nuevo cine familiar». *El País*, (Madrid), (5-9-1979).

FERNÁNDEZ TORRES, Alberto. «Pepi, Luci, Boom... y otras chicas del montón» *Contracampo* (Madrid), 18 (enero de 1981), p. 73.

FERNÁNDEZ VENTURA, L. «Eloy de la Iglesia: lo popular y lo político». *Diario 16* (Madrid), (13-12-1977).

FIDALGO, Feliciano. «La Iglesia Reformada de Francia estudia cuestiones sexuales». *El País* (Madrid), (26-5-1977).

FONT, Doménech. «Dos no son siempre pareja. La novela realista en el cine español». *Cuadernos de la Academia*. (Madrid), 11/12 (2002), pp. 323-338.

FRANCIA, Juan I. y PÉREZ PERUCHA, Julio. «Primera película: Pedro Almodóvar». *Contracampo*, 23 (Madrid), (Septiembre de 1981), pp. 5-7.

FREIXAS, Ramón. «Comedia cinematográfica española. 1961 a 1977. Carcajadas en vía muerta». *Nickel Odeon* (Madrid), 5 (1996), pp. 42-60.

FREIXAS, Ramón. «Companys, process a Catalunya». *Dirigido por...* (Barcelona), 64 (1978), p. 67.

FREIXAS, Ramón. «Gary Cooper que estás en los cielos». *Dirigido por...* (Barcelona), 79 (1980), p. 62.

FREIXAS, Ramón. «La mujer del ministro». *Dirigido por...* (Barcelona), 86 (1981), p. 65.

GALÁN, Diego. «"Laberinto de pasiones" desata la vieja pasión de la censura». *El País*, (Madrid), (26-9-1981).

GALÁN, Diego. «Pepi, Luci, Boom... y otras chicas del montón». *El País* (Madrid), (30-10-1980).

GALÁN, Diego. «Pequeña movida». *El País*, (2-11-1982).

GALÁN, Lola. «*Dignitat*, una alternativa para homosexuales católicos». *El País* (Madrid), (28-9-1977).
GALÁN, Lola. «Los homosexuales piden el apoyo del movimiento obrero». *El País* (Madrid), (24-5-1974).
GARCÍA BRUSCO, Carlos. «Adios al macho». *Dirigido por* (Barcelona), 57 (1977), p. 40.
GARCÍA CANCLINI, Néstor. *Culturas híbridas. Estrategias para entrar y salir de la modernidad.* México: Random House Mondadori, 2012.
GARCÍA ESCUDERO, José María. «Hacia un cine en el que esté Dios». *Religión y cultura* (Madrid), 30 (1963), pp. 177-185.
GARCÍA PÉREZ, Alfonso. «La homosexualidad puede ser vivida digna y cristianamente». *El País* (Madrid), (20-1-1978).
GARCÍA SÁNCHEZ, José Luis. «El fenómeno Azcona», *El siglo XX a través del cine*. Fascículo 60, *El Mundo,* (Madrid), p. 4.
GÓMEZ TARÍN, Francisco J. "<<Arrebato>>: de la marginalidad al culto". En *Cuadernos de la Academia*. El Cine de la Transición. IX Congraso de la AEHC, nº 13/14, 2005.
GONZALEZ YUSTE, Juan. «La homosexualidad no es una enfermedad ni un informe genético». *El País* (Madrid), (19-4-1979).
GUBERN, Román. «Y la luz se hizo sexo». *Nosferatu*. (San Sebastián), 2 (1990), pp. 4-23.
HARGUINDEY, Ángel S. «Entrevista con el realizador cinematográfico J. A. Bardem», *El País* (Madrid), (4-2-1977).
HARGUINDEY, Ángel S. «Pedro Almodóvar: toma la fama y corre». *El País Semanal* (Madrid), (29-9-1984).
HARO IBARS, Eduardo. «La homosexualidad como problema socio-político en el cine español del postfranquismo», *Tiempo de Historia* (Madrid), 52 (marzo, 1979), pp. 88-91.
HEREDERO, Carlos F. «La "Ley Miró"». *Nosferatu* (Donosti), 27 (1989), pp. 42-51.

HEREDERO, Carlos F. «La producción crítica frente a "Furtivos"». *Viridiana*. (Madrid), 4 (1993), pp. 137-150.

HERNÁNDEZ RODRÍGUEZ, G. «Aborto y planificación familiar», *Revista de Investigaciones Sociológicas,* N° ENERO-MARZO, 1979, PP. 137-163.

HUERTA FLORIANO, Miguel y PÉREZ MORÁN, Ernesto (Eds). *El cine popular del tardofranquismo. Análisis fílmico*. Salamanca: Los Barruecos, 2012.

I.O.P. «Comportamientos sociales del turismo». *Revista Española de la Opinión Pública*. N° 27, (enero-marzo, 1972), pp. 163-352.

IGLESIAS DE USSEL, J. «La sociología de la sexualidad en España. Notas introductorias». *REIS,* n°21, ENERO-MARZO, 1983, pp. 103-133.

ITURRIGZ J., La verdad y la ética en los medios de comunicación social, en "Sal Terrae" 62 (1974) 653-661.

IZQUIERDO, Charo. «Pedro Almodóvar: `ahora está de moda el placer'». *Dunia*. (29-12-1983).

JUAN PABLO II. «Mensaje para la 24 Jornada Mundial de las Comunicaciones Sociales». *L'Obsservatore Romano*. (Roma), (25-1-1990).

LAMET, Juan Miguel. «No somos de piedra». *Nickel Odeon* (Madrid), 5 (1996), pp. 104-105.

LATORRE, J.M. «La siesta». *Dirigido por...* Barcelona 45 (1977), pp. 22-23.

LATORRE, José María. «El puente». *Dirigido por...* Barcelona 42 (1977), pp. 39-40.

LATORRE, José María. «Los ojos vendados». *Dirigido por...* Barcelona 55 (1978), pp. 57-58.

LATORRE, José María. «Sonámbulos». *Dirigido por* (Barcelona), 57 (1977), pp. 40-41.

LERENA, Carlos. «Sistemas de enseñanza e ideología en la década de la transición». *Foro de las ciencias y las letras* (Granada), 12/13 (1989), pp. 97-104.

LEWITT, David. «Almodóvar on the verge». *Weekend Guardian* (Londres), (23-24-Junio, 1990), pp. 12-16.

LOSILLA, Cárlos. «Las ilusiones perdidas. Adaptaciones literarias y modelo institucional entre 1975 y 1989». *Cuadernos de la Academia.* (Madrid), 11/12 (2002), pp. 117-146.

MARÍAS, Miguel. «El cine desencantado de Jaime Chávarri». *Dirigido por...* Barcelona 49 (1977), pp. 45-56.

MARÍAS, Miguel. «La sabina». *Dirigido por...* (Barcelona), 69 (1979), pp. 60-61.

MARÍAS, Miguel. «La saga de los Leguineche». *Nickel Odeon* (Madrid), 6 (1996), pp. 15-18.

MARÍAS, Miguel. «Mecánica nacional». *Dirigido por...* Barcelona 42 (1977), p. 40.

MARÍAS, Miguel. «Tigres de papel». *Dirigido por...* Barcelona 47 (1977), pp. 45-46.

MARTÍN, K. «Mayor tolerancia jurídica sobre la prostitución». *El País* (Madrid), (18-4-1978).

MÉNDEZ LEITE, Fernando. «El violador, el divisionario, el falangista y un alférez de regulares». *Nickel odeón* (Madrid), 19 (2000), pp. 128-129.

MINA, Ginna. «Esta película es mi plegaria «Asegura Scorsesse"». *El País* (Madrid), 2-9-1988).

MIÑARRO ALBERO, Lluis. «Entrevista con Bigas Luna». *Dirigido por* (Barcelona), 58 (1978), pp. 18-25.

MIRET JÒRBA, Rafael. «Elisa, vida mía. El gran teatro de Carlos Saura». *Dirigido por...* Barcelona 45 (1977), pp. 20-21.

MIRET JORBÀ, Rafael. «Los restos del naufragio». *Dirigido por...* Barcelona 55 (1978), pp. 59-60.

MOLINA FOIX, Vicente. «Diez años de cine en España». *Las nuevas letras* (Barcelona), ¾ (1985), pp. 102-103.

MONCADA, Alberto. «La educación actual es anacrónica». *El País* (Madrid), (24-12-1977).

MONTERDE, José Enrique. «¡Arriba Hazaña!». *Dirigido por* (Barcelona), 57 (1977), pp. 32-33.

MONTERDE, José Enrique. «Crónicas de la Transición. Cine político español 1973-1978». *Dirigido por* (Barcelona), 58 (1978), pp. 8-14.

MONTERDE, José Enrique. «El diputado». *Dirigido por* (Barcelona), 59 (1978), p. 62.

MONTERDE, José Enrique. «El negocio del inconformismo juvenil». *Dirigido por...* (Barcelona), 69 (1979), p. 26-37.

MUÑOZ, I. «Asignatura pendiente». *Dirigido por...* Barcelona 43 (1977), pp. 27-28.

MUÑOZ, I. «La viuda andaluza». *Dirigido por...* Barcelona 47 (1977), p. 60.

MUR OTI, Manuel. «Morir... dormir... tal vez soñar». *Dirigido por...* Barcelona 41 (1977), pp. 28-29.

NICKEL ODEÓN. "Entrevista a Fernando Fernán-Gómez». *Nickel Odeón*, 9 (Invierno, 1997), p. 84.

OMS, Marcel. «La Guerra Civil española vista por el cine». *Dirigido por* (Barcelona), 55 (1977), pp. 10-15.

OMS, Marcel. «La Guerra Civil española vista por el cine». *Dirigido por...* Barcelona 55 (1977), pp. 10-15.

ONAINDIA, Mario. «El arte de "Furtivos"». *Viridiana*. (Madrid), 4 (1993), pp. 155-173.

PADRUA, Monty. «Eloy de la Iglesia: el homosexualismo en el cine». *Catalunya Express*, (Barcelona), (19 de octubre, 1977).

PALACIO, Manuel (Ed.). *El cine y la Transición política española (1975-1982)*. Madrid: Biblioteca Nueva, 2013.

PRADES, Joaquina. «La división del voto de los centristas no impidió la aprobación del divorcio por mutuo acuerdo». *El País* (Madrid), (20-12-1980).

PREGO, Victoria. «*Operación Ogro*. El veneno de la serpiente». *El siglo XX a través del cine*. Madrid: *El Mundo*, Fascículo 85, pp. 1-2.

RENTERO, Juan Carlos. «Camada negra». *Dirigido por...* Barcelona 47 (1977), p. 59.

RENTERO, Juan Carlos. «Entrevista con Emilio Martínez Lázaro». *Dirigido por* (Barcelona), 54 (1977), pp. 54-57.

RENTERO, Juan Carlos. «Entrevista con José Luis Garci». *Dirigido por* (Barcelona), 55 (1977), pp. 48-56.

RENTERO, Juan Carlos. «Las palabras de Max». *Dirigido por...* Barcelona 54 (1977), pp. 63-64.

RENTERO, Juan Carlos. «Las palabras de Max». *Dirigido por...* Barcelona 55 (1977), pp. 48-56.

RENTERO, Juan Carlos. «Las truchas». *Dirigido por...* Barcelona 54 (1977), pp. 59-60.

REVENGA, Luis. «Caperucita y roja». *Dirigido por...* Barcelona 41 (1977), pp. 33-34.

RÍOS CARRATALÁ, Juan A. *Usted puede ser feliz. La felicidad en la cultura del franquismo.* Barcelona: 2013.

RIMBAU, Esteve. «El asesino de Pedralbes». *Dirigido por* (Barcelona), 57 (1977), p. 35.

RIMBAU, Esteve. «El papel del guión en la historia del cine español: una radiografía de urgencia». *Academia de las artes y ciencias cinwematográficas de España.* (Madrid), 5 (1994).

RIMBAU, Esteve. «La escopeta nacional». *Dirigido por* (Barcelona), 57 (1977), pp. 33-34.

RIMBAU, Esteve. «La vieja memoria». *Dirigido por* (Barcelona), 58 (1978), p. 49.

RIMBAU, Esteve. «Mamá cumple cien años». *Dirigido por...* (Barcelona), 67 (1979), pp. 63-64.

RODRÍGUEZ ROMÁN, Emilio. «La seguridad ciudadana». *Década* (Madrid), 6 (1981), pp. 20-22.

SAN JOSÉ, Antonio. «La galaxia Berlanga». *Nickel Odeon* (Madrid), 6 (1996), pp. 191, 194.

SÁNCHEZ SALAS, Daniel. «En otras realidades. La obra literaria de Clarín, Galdós y Valera en el cine español». *Cuadernos de la Academia.* (Madrid), 11/12 (2002), pp. 189-210.

SEGUNDO J.L. Educación, comunicación y liberación: una visión cristiana, en "IDOC-Internacional" 17 (1971) 29-40.

SOTO PERALES, Vicente. «No a las relaciones sexuales prematrimoniales». *El País* (Madrid), (10-9-1978).

SUÁREZ, Carlos. «Grandeza y servidumbre del plano secuencia». *Nickel Odeon* (Madrid), 6 (1996), pp. 208, 210.

TORREIRO, Milito. «Entrevista con Imanol Uribe». *Dirigido por...* (Barcelona), 69 (1979), pp. 52-55.

TORRES, Augusto M. «Entrevista con Fernando Colomo». *Dirigido por* (Barcelona), 50 (1977), pp. 14-19.

TURRO, Albert. «La prima Angélica». *Dirigido por...* 13 (1973), Barcelona, p. 25.

UMBRAL, Francisco. «Almodóvar». *El Mundo* (Madrid), (25-1-1990).

VALCÁRCEL, Horacio. «Teatro Int. Noche». *Nickel Odeon* (Madrid), 5 (1996), pp. 137-138.

VALCARCEL, Isabel. «Mi hija Hildegart». *Nickel Odeón,* 9 (Invierno, 1997), p. 26-28.

VARGAS LLOSA, Mario. «Prólogo de "Furtivos"». *Viridiana.* (Madrid), 4 (1993), pp. 130-136.

VEGA, Javier. «Eloy de la Iglesia», *Contracampo* (Madrid), noviembre-diciembre, 1981, pp. 21-41.

VV.AA. «Ethiques el comunieation», en Le *Supplément* 149 (1984) pp. 3-140.

YANKE, Germán. «¡*Arriba Hazaña!*. La educación franquista». *El siglo XX a través del cine.* Madrid: *El Mundo,* Fascículo 83, p.1.

ZALDIVAR. «Glosas a lo visto y oído». *Religión y cultura* (Madrid), 30 (1963), pp. 279-287.

ZUNZUNEGUI, Santos. «De cuerpo presente. En torno a las raíces literarias del "Nuevo Cine Español"». *Cuadernos de la Academia.* (Madrid), 11/12 (2002), pp. 103-116.

ÍNDICE

Introducción — 5
   Análisis de la investigación — 6
   Objetivos — 7

La actitud de la Iglesia Católica ante temas sociales contemporáneos y su reflejo en el cine — 11

1. El aborto — 13
   1.1. Aborto: Política, movimiento social y sociedad — 13
      1.1.1. Aborto y sociedad — 16
   1.2. El aborto en el cine español de la Transición — 18
      1.2.1. Precedentes cinematográficos — 18
      1.2.2. El aborto en el cine de la Transición — 20
      1.2.3. "El embarazo masculino" — 33
   1.3. Conclusión — 34

2. Anticonceptivos y cine español — 37
   2.1. Anticonceptivos, política y sociedad — 39
   2.2. Los anticonceptivos en el cine de la Transición — 42

2.3. Conclusiones	44
3. El adulterio en el cine español de la transición	47
3.1. El adulterio en España	47
3.2. El adulterio en el cine español	51
3.2.1. Precedentes	51
3.2.2. El adulterio en el cine de la Transición	56
3.3. Conclusión	76
4. El divorcio	79
4.1. Ley e Iglesia frente el divorcio	79
4.2. El divorcio en la sociedad española	81
4.3. El divorcio en el cine	83
4.3.1. El divorcio en el cine de la Transición	83
4.4. Conclusiones	94
5. La homosexualidad	97
5.1. El inicio de los movimientos homosexuales	97
5.2. Homosexualidad situación política	100
5.3. La Iglesia católica española y la homosexualidad	107
5.4. Homosexualidad y sociedad	111
5.5. La homosexualidad en el cine español de la Transición	116
5.5.1. Precedentes	116
5.5.2. La homosexualidad según Eloy de la Iglesia	117
5.5.3. La homosexualidad según Almodóvar	130

5.5.4. La homosexualidad según Ventura Pons 137
5.5.5. Otras referencias a la homosexualidad 139

5.6. El lesbianismo en España 143
5.6.1. El lesbianismo según Pedro Almodóvar 145

5.7. Travestismo 151

5.8. El Transexualismo 153

5.9. Conclusiones 154

6. La familia en la sociedad española de la transición 157

6.1. La familia en la sociedad española de la Transición 157
6.1.1. Relación de la familia conservadora
y vida sexual 162

6.2. La familia en el cine de la Transición política 166
6.2.1. La desmitificación del progenitor 167
6.2.2. La descomposición de la familia burguesa 172
6.2.3. La decadencia de la familia aristocrática 180
6.2.4. La comuna juvenil 181
6.2.5. La nueva situación de la tercera edad 183

6.3. Conclusión 184

7. La prostitución 187

7.1. La prostitución en la España de la Transición 187

7.2. La prostitución en el cine español de la Transición 190

7.3. Conclusión 199

8. Las relaciones prematrimoniales   201

    8.1. Política, religión y relaciones prematrimoniales   201

    8.2. Las relaciones sexuales prematrimoniales
en la sociedad   203

    8.3. Las relaciones prematrimoniales en el cine   208
       8.3.1. Las relaciones prematrimoniales
en el cine de la Transición   208

    8.4. Conclusiones   226

9. La virginidad   229

    9.1. Religión, ley y sociedad ante la virginidad   229

    9.2. La virginidad en el cine español de la Transición   233
       9.2.1. La virginidad femenina   233
       9.2.2. La virginidad masculina   243

    9.3. Conclusión   244

Conclusiones generales   247

Bibliografía y hemerografía   251

Editorial LibrosEnRed

LibrosEnRed es la Editorial Digital más completa en idioma español. Desde junio de 2000 trabajamos en la edición y venta de libros digitales e impresos bajo demanda.

Nuestra misión es facilitar a todos los autores la **edición** de sus obras y ofrecer a los lectores acceso rápido y económico a libros de todo tipo.

Editamos novelas, cuentos, poesías, tesis, investigaciones, manuales, monografías y toda variedad de contenidos. Brindamos la posibilidad de **comercializar** las obras desde Internet para millones de potenciales lectores. De este modo, intentamos fortalecer la difusión de los autores que escriben en español.

Nuestro sistema de atribución de regalías permite que los autores **obtengan una ganancia 300% o 400% mayor** a la que reciben en el circuito tradicional.

Ingrese a www.librosenred.com y conozca nuestro catálogo, compuesto por cientos de títulos clásicos y de autores contemporáneos.